Not In His Image

地球の簒奪者

偽の神との訣別

下

女神ソフィアを知る
【グノーシス秘教徒】は
こうして消された!

ジョン・ラム・ラッシュ
John Lamb Lash
Nogi訳

ヒカルランド

「グノーシス主義と異教徒の秘儀について、ラッシュ氏は驚異的な知識と洞察力を本書で披露している。想像力を刺激する迫真の内容は、必読の一言である」(ロサンゼルス・タイムズ紙)

「誤解され、蔑《さげす》まれ続けてきた歴史の裏側にある真実を、独自の鋭い観点から暴く名著」(『失われた女神の復権』原著者バーバラ・ウォーカー)

「グノーシス主義の真髄が描かれる本」（ＣＯＢＲＡ）

「この世には、世界を変えてしまう本と出会う機会がある。たとえば本書がそのうちの一冊である。とにかく明瞭で、刺激的で、よく勉強している著者であり、その分、専門家気取りの主流派の連中には、我慢がならない内容と言えよう」（クジラ研究の第一人者ロジャー・ペイン博士）

2006年の初版発行以来、世界中の読者たちの人生観を変えてきた本書では、生きる智慧の女神の存在についてが、かつてないほど生き生きと描かれている。女神の秘儀が完全に抹消されてしまう前に、グノーシス主義が全人類に伝えたかったことを知りたければ、本書を是非読んでいただきたい。

ヤハウェは、アルコンがプレローマを模造してできた世界という「偽の現実」を本当の現実として強制してくる、甚《はなは》だ傲慢《ごうまん》な宇宙存在である。本当なら我々は有機生命の溢れる現実世界に生きていたはずなのに。

アルコンの基本戦法は「模造」と「欺瞞《ぎまん》」を駆使して、コピー品にオリジナルとは真逆の性質を付与するというものだ。木に似せた無機物のメノーラは、有機的な木ではない。むしろ、木々が大嫌いな神であることを自分で表しているようなものである。

一神教の男神は同じ戦法で非常に厳格なルールを課してくる。「いかなる偶像も拝むことを禁ずる」と、ヤハウェは選ばれし民による創造力を利用するだけに満足せず、更なる侵略行為に及んだ。

旧約聖書の物語は、愛憎入り組み機能不全となったファミリードラマの最終章を、創造主兼父親の手に委ねるという、独特の様相を呈している。これがユダヤ人たちの出した歴史ドラマへの答え「父神による最後の裁き」である。

そして、ユダヤ神聖歴史と先住民の神聖物語の間の、第二の違いについて。それが聖書という名の「神からの指示台本」の存在の有無である。この書物が、人間の本来の自然性を損なうようにできている代物なのだ。

ユダヤ教・キリスト教・イスラム一神教の指示台本（聖書）は、人類の自己裏切り行為に拍車をかけていると言える。なぜなら、この文書は本来の我々の台本である「共進化の物語」の模造品であるからだ。

模造される過程で、反人間的で反自然的な主義が植え込まれてしまったわけだ。ヘブライ一神教は倫理的な理想主義に基づいていることが多い。そこに何者にも勝る父なる神が出てきて、道徳規範の指示書を書かせてきたので、これが地球上で最良の行動規範のように錯覚してしまったのだ。

歴史が贖罪者《しょくざい》コンプレックスで形作られていることについて、大衆の意識が低く、十分に認知されていない。「神の犠牲」という概念は、簡単には覆せないほどの圧倒的なパワーを身につけてきたのである。父系制を打破するには、力でねじ伏せるのではなく、父系制物語の自己正統性をただ否定してしまえばいいのだ。

下巻　目次

第三部　最難解の歴史的教訓

第四部　ソフィアと我々の現実を取り戻す

第二十六章　人間とは（生まれつき善の感覚を台無しにしたもの）　249

上巻　目次

第二部　女神の紡ぐ物語は全人類を導く

カバーデザイン　重原　隆
校正　麦秋アートセンター
本文仮名書体　文麗仮名（キャップス）

第三部

最難解の歴史的教訓

「秘教の守り手　女神デメテルとアテナイ初代王ケクロプス」

第十七章　父権制の終焉（偽の創造神）

一神教は、木々を嫌う神によって始まった。

あなたがたの追い払う国々の民が、その神々に仕えた所は、高い山にあるものも、丘にあるものも、青木の下にあるものも、ことごとくこわし、その祭壇をこぼち、柱を砕き、アシラ（女神アーシラト）像を火で焼き、また刻んだ神々の像を切り倒して、その名をその所から消し去らなければならない。（申命記　第12章2－3節）

旧約聖書のデミウルゴスはとにかく嫉妬深い。彼の前で、いかなる神々の信仰も許されない。つまり、すでにそこには他の神々がいたので、邪魔だから追い出そうとしていたということだ。異教の神々は自然界のいたる所に宿る。あらゆる生き物、雲、川、木、さらには岩にさえ宿る。一神教にとって、何かの内側に感覚を持つ神力が宿るというのは、絶対に許せない教義なのだ。

一神教にとっては地球自体は神性のかけらもないただの岩の塊であり、地球人は皆、地球外出身の神の所有物だという設定だ。

そもそも神がこの世界を創造したというのなら、なぜその美しい仕事ぶりを褒め称えるのを禁ずるというのだろう。芸術家が自分の作品ではなく自分自身を崇拝しろと主張したら、変質者か何かだと思われるはず。だがヘブライ人たちの唯一神にとっては、それが正常だと考えている。ヤハウェの短気で荒々しい気まぐれな性格も、正気の人なら「何かが怪しい」と考えるはず。グノーシス主義はこの神と呼ばれる存在が詐欺師であることを見抜き、それを指摘した。このような暴れん坊の狂った神は偽物であると、真っ当な反論をしたのだ。あるグノーシス派学者がこの神についてこう書いている。「いつも不機嫌なキレやすいイジメっ子で、子分の天使団《アルコン》を率いて、その中でお山の大将。イジメっ子の典型だ。」ccxxiv「デミウルゴスと手下のアルコン」という書き方はユダヤ教聖典のパロディである。彼奴らがしでかしたのはそれだけではないことは分かっている。作家フィリップ・K・ディックが、この神のなわばりを「黒い牢獄」と比喩したように、アルコンは人間の精神を獄中に閉じ込め、不自然な妄想話を見せているのだ。

ユダヤ人から一神教信条を受け継いだキリスト教徒は、「神は異世界からやってきて、この地球の本質は悪である」という負《ネガティブ》のメッセージを発し、グノーシス主義に責任を負わせようとした。CCXV しかもどういうわけか、「異教徒たちは人間を憎み、現実世界を拒絶している」と非難した。非常にばかげた理論だが、告発者たちの方が反生命教義の信者であることを覆い隠すために、敵を見つけたがっていたのだ。そしてその策略を続けるための障壁となるのが、グノーシス派世界観の中心である「地球神性」の教えであった。キリスト教がその後も存続するために、この考えを全否定しなければならなかったのである。だが女神はそう簡単に消されない。旧約聖書では、ヤハウェによる創世を讃える文は、全て神の「叡智」を讃える文として残されている。叡智というのは言うまでもなく、女神ソフィア、つまり地球の智慧の神性のことである。古代オリエント世界において国際的な文学活動をしていた集団が残した「智慧文《サピエント》学」も、同じ地母神のことを指している。ラテン語で「Sapientia」は「智慧」の意味で、ホモ・サピエンスは多様な地球種族の中で「サピエンス」という特徴を唯一持つ地球人類種というわけだ。唯一智慧を持つ人類種だが、偽の神である圧政者に騙されて魂が堕落した者がいるということを、グノーシス主義者たちは主張していたのだ。地球外から来た父神を讃える宗教は、ソフィア自身であるこの地球と人間との間の「共感の絆」を壊す兵器である。そして、今日ではこの宗教が、欧米人の歴史と精神そのものになったと言える。

神々の女王アーシラトと燭台メノーラ（アルコンの偽造作戦）

『申命記』に描かれる「神の命令」を完璧にこなすことは、人間業とは言えないほど難易度が高いことだった。そして、法の遵守の強制は恐ろしい結果をもたらした。例えば、「古代ユダヤ人はカナンの自然崇拝の隣人から自らを遠ざけること」という法。これは実質的には、自然界そのものとの交わりから人間性を遠ざけるという、反自然神学だ。環境保護主義者ポール・シェパードは、キリスト教はユダヤ教の反自然的精神を受け継いでいるとして、「キリスト教の福音は世界に人間の居場所を作ることを目指すというものではなく、逆に人間を自然界から孤立させるための教えである。それ以前の世界では、人間に教養と自然への愛と神性を身に付けさせるのが目的の宗教が多かった。それなのに、この新興宗教はあらゆる自然現象に神の御心を見つけるという目的にのみ、固執している」[ccxxvi] この「新興宗教」は、地球の歴史上、制定当初から人類と地球との絆に背を向けるような教えを撒き散らしていた。「万物は流転する」が、人間をその自然の循環的連続性に、含めないように考えていた。「不可思議な神の御心」によって、自然崇拝の聖地や神聖な森や、緑豊かな場所を冷血に冒瀆《ぼうとく》することを余儀なくされてきた。自然界の官能的な美しさ、女神から人間の心へと流れる神聖な力、これらから目を背け、否定する行為は、元々は唯一神への「恐怖心」に起因している。それを認めたくない彼ら狂信者は、異教生命論を感じさせるものを自ら全て破壊してまわるようになった。詩人D・H・ローレンスが述べたように、「キリスト教圏では、一世紀の時代から今日まで、綿密な犯罪計画が実行されてきた」のである。ccxxvii

ヤハウェに不適切と判断された祭壇、柱、偶像などは、森の奥深くに安置されていた。カナン人の女神アスタロトの名前は本来「神聖な木」を意味する。もっとも、古代近東や欧州の人々にとって全ての木々は神聖だったので、この翻訳の仕方も多少おかしな部分もある。木が神聖ということは木彫りの像も神聖であるということで、礼拝の対象となった。だが、どうして自然に生えている木ではなく偶像にしたのか。この遷移はよく連想されがちな「若者の伝統離れ」が原因とは言えない。おそらく、紀元前4000年以降のサハラシア地域での壊滅的な気候変動によって、鬱蒼とした森林や豊かな草原の殆どが失われたことによる、「人々の自然環境」の考え方の変化」によるものであろう。ccxxviii その筋で行くと、ヤハウェによる接収は「逆心埋学」的な心理的反応によるものだったのだろうか。それか、肥沃な田畑や豊かな森が年々失われていくのを目の当たりにして、人々の心に無力感が生まれ、それが自然に対する復讐心に変わっていったのだろうか。「自然が森や野原を破壊するのをただ傍観してはいられない。自分が代わりに自然を破壊してやる」これが原因としての「前傷」なのかもしれない。そしてこの傷が、暴力的で反自然的な性格の父権制宗教に繋がったのか。

ヘブライ語の「アーシラト（アスタロト、アシラ、アシュタルテ）」という言葉は、聖書の最初の五書に40回以上登場する。異教徒たちの太母神という意味もある。あるいは、木彫りの女神像を指す。[ccxxix] 元々は近東とパレスチナで信仰された女神だが、本当は「木の女神」として世界中で信仰されていた。ギリシャ神話の木の精霊ハマドリュアス、アポロンに追われ月桂樹に変身したダプネーもそう。エジプト神話の女神イシスは、多くの葉で覆われた木の柱身で表される。インド神話の水の精アプサラスは切長の目を持つ官能的な天女で、木の女神である。同じく釈迦の生母の摩耶夫人も、木の女神とされている。[ccxxx] ヤハウェのアシェラへの呪いは、単なる私怨によるものではない。これはかつて自然崇拝をしていた人間たちの心の奥深くに根差した、病的な自然界への復讐心が発生源であると言える。女神信仰が抑圧され、偶像は薙ぎ倒され、木々は無惨にも切り倒され、ユダヤ人たちは破壊しろと主神に命じられたものに代わり、「メノーラ」という燭台を発明した。七分枝あるこの燭台は、自然を抽象化した偶像である。神聖な木であるアーシラトの代替模型というわけだ。

アルコンによる自然界の無機質模造《シミュレーション》能力は、グノーシス用語で「ＨＡＬ」という。有機形態から抽象形態への移行過程で、物事はそれまでの価値を全て失い、再構成される。その際、反有機生命の価値が失われた価値と等しくなることや、あるいはそれより優れた価値が付与されることもある。これがアルコンの「偽造戦術」の常套手段だ。

（余談だが、現在は「アルコン偽造２０２０」というべき事態の真っ最中である。人々の命を守るための施策が人の命を奪い、自殺を誘発している。ウイルスを予防するという謳い文句で、ＩＴ連動型ワクチン兵器が、自然免疫系を攻撃する。人々の健康を守ると言って行う除菌は、実は健康に悪影響を及ぼす。命が惜しくばソーシャルディスタンスをしろと言うが、これは悪名高いアルファベット３文字の組織が使う、心理的拷問の手法である。マスク着用は水責めのようなものだ。しかも自分の唾液で窒息させようという魂胆である。二酸化炭素は有毒とはいえ、他人を守るというのなら、本来は再呼吸すべきなのだ）

女神アーシラトが巡り巡って燭台メノーラに変えられていった。どれだけ人間の精神の奥底に「嘘」が紛れ込んでいるかが分かる。宗教学者ジェフリー・バートン・ラッセルは、ゾロアスター教における「嘘の概念（drugh）」について、次のように説明している。

最初の人間の男女は自由意志を持っていた。そして光の神アフラ・マズダー（オフルマズド）を愛し、従うことを決めた。だが絶対悪のアーリマンが罪の源である嘘をつき、人間を罪に陥れようとする。その嘘とは、「この世界はアフラ・マズダーではなくアーリマ

ンが作った」というものである。人類史初の人間マシュヤグとマシュヤーナグのつがいは、それを信じてしまった。ccxxxi

このシナリオを自分たちの宗教的概念としてそのまま採用した古代ヘブライ人は、この世界を作ったのはソフィアではなくヤハウェだと信じるようにした。今ではそれを疑うこともなく、完全に信じ切ってしまっている。アルコンが創世をしたという妄想物語は特にヘブライ人たちの精神に襲いかかり、彼らの神話にまでなって、後世に多大な影響を与えた。邪悪なペテン師は、常に押し付けてくる契約書に、忌々《いまいま》しい条項を紛れ込ませてくる。まず、偽の創造神は信者たちに「選ばれし民の特権的地位を与える」と約束する。要は、「がんばったら、最後はこの土地はあなたのものになりますよ」という、不動産条項だ。その使命を忘れないためにも、いつしか自分たちの人種こそが、地上でもっとも優れた人種だと思い込むに至った。そこから何世紀も経つ頃には、全員が本格的な精神病を拗《こじ》らせてしまい、次のようなことを宣《のたま》うようになっていた。「我が民族は単に惑星外の神に仕えているのではなく、いつか神そのものになるのである」(1666年、偽メシアとして知られるシャブタイ・ツヴィを信奉したサバティアン・フランキストの発言)。一体、どこをどう解釈したら、このような突飛すぎる答えを出せるというのか。極めて傍迷惑な危険思想であり、あたかもエイリアンが地球人の代理人の神経回路を侵入《ハッキング》して、命令して操っていると信じたくなるような奇妙さだ。ヘブライ人の運命は、世界を支配することに執着する「父神コンプレックス」の苦悩に翻弄され続けている。そのすべては、アルコンが世界の創造者であるという嘘が遠因になっている。これぞまさに偏執的統合失調症の極みである。

メノーラの例で分かるように、ユダヤ教は初めからアルコンの「すり替え」手口に騙された犠牲者であった。キリスト教徒の間でも病的なゼデク派過激思想が浸透し、やがてパンデミックを起こしたように、新興宗教思想に既存の異教のイメージや思想を採り入れて、全体主義的な社会正義思想と入れ替えて全員の改宗を促すという、聖アウグスティヌスのような思想家による巧妙な犯行手口があった。

神殿、偶像、森などが当局の許可のもとで倒される場合、当事者は功名心ではなく、嫌悪感によって動かされていることは明白である。しかしながら、壊したものを盗んだり私的な使用に流用することは、慎まなければならない。そうすれば当事者の破壊行為も私情や欲望によってではなく、敬神の聖なる行いであると示せるからだ。しかし、略奪品が我々の利益となり、我らが主へと捧げられるのであれば、不信者も聖物盗みも、真の信仰者と同様の扱いを受けられる。ccxxxii

『申命記』に明文化されたヤハウェの鉄則は、教会を政治組織に変えた。今でも教会は表向きには宗教団体を装っているが、裏では引き続き軍事政権のままだ。キリスト教は得てしてユダヤ教で禁止されているような「視覚的宗教表現」を多く用いている。なぜこの違いは生まれたのか？　それは、欧米人とその植民地の先住民たちの創造性を盗用し、土着信仰を強制的に自分たちの宗教的要素に採り入れてきたからに他ならない。ただし、無理矢理改宗させられた者たちも新宗教に反抗する心は完全に失っていなかった。その豊かな創造性を使い、一見キリスト教芸術に見えて実は土着信仰や民族アートで自らを主張することも、しばしばあった。イスラム教はゼデク派教団ウイルスの突然変異体の一種ではあるが、土着民族への攻撃性がより高い株であると言える。ウイルスの突然変異は、人体の免疫防御を突破するために起きるが、これも全く同じ原因で起きた変異であった。イスラム教は聖像破壊運動《イコノクラスム》を再び発症し、自然界を偶像で表そうとする運動を壊し、再び抽象的表現に戻そうとした。ここにもアルコン侵入の気配が見受けられる。

グノーシス的「過ちの理論」では、「アルコンによる過ちから悪行への瞬間的移し替え技術」について注意深く観察していたものの、決して人為的ミスと犯行を同一視しなかった。「嘘(Drugh)」は数ある過ちの中でもとびきり簡単に口走ることができ、邪悪な行為へ変異してしまう要注意エラーである。嘘つきは、悪だ。その嘘が過失や盲目、あるいは無知に因るものであっても、詐欺は詐欺であり、悪人の所業だ。ソフィアはデミウルゴスを指して「サマエル（盲目の者の意）」と呼んだ。ゾロアスター教では、嘘は真実と正義の原則「アシャ」に反するとしている（アシャはアーシラト（Asherah）の語源でもある。英語の「真実（truth）」は古語の「木（dreu）」に由来し、さらにこの単語はギリシャ語の木の精「ドリュアス（dryas）」や、シャーマン聖職者を表すケルト語の「ドルイド（druid）」にも派生する。いずれにせよ、真実は木にある）。バビロン捕囚の間、ヘブライ人聖職者が元はゾロアスター教の観念の「本源が二つに別れて二元性になった」という説を採用するようになってから、奇妙な自家製バージョンを醸成していった。ユダヤ教史上、逸脱の最大の原因となったこの「偽造」によって、父権制や唯一父神などの歪んだ考え方が世界的に浸透していった。

現代のテクノクラートたちは、人工知能（ＡＩ）で世界を支配することを自らの至上の使命と感じているようだ。「考えるのはやめて、全部人工知能に任せればいい」という主張は、アルコンの嘘の本質をよく表している。

ユダヤ道徳規範のアルコン的性質（模造コード）

人々の生活ルールを父神に決めてもらうというのは、実は神学的には想定すらされていなかった。むしろこれは、有機的現実が無機質の模造品現実に取り込まれてしまう際にひとりでに発生する、「精神固着化現象」と言える。先述したように、五感を通しての経験が物理的な自然界ではなく、抽象的または超俗的な、仮想世界での経験になる場合に、こういった奇妙な現象が起きる。女神アーシラトを鎮めるためにまだ生きている木々を破壊したり、「緑があるところで」行われていた聖なる儀式などは、全て禁じられた。果ては、木という有機体をメノーラという無機物に代用しだしたが、メノーラは木そのものではなく、仮想木である。このように、有機体から無機物の代用品へと移行する際には、本来の現実とは全く逆の価値観が植え込まれる危険性があるのだ。ニューエイジ系のフェミニスト著名人バーバラ・ウォーカーは、メノーラを太母の神性を表す女陰《ヨーニ》のシンボルと同一と声高に宣言し、さらに七本の枝を持つメノーラは聖書にも出てくるプレアデス星団と、それが表すプレアデス七姉妹を表していると言及している。[ccxxxiii]　こういったニューエイジ系の話は、そもそもユダヤ教の典礼とは相容れない。ユダヤ教にとって、この世界は唯一の男性神によって七日間で造られたことになっているのだから、最初から女性的要素を省いている宗教なのだ。グノーシス派にとって数字の「7」と言えば、アルコンの人数を表す。「第七《ヘブドマド》」と言う時、それは世界創造主を騙る狂った神ヤルダバオートの領域を示している。グノーシス神話で語られるように、メノーラは生きた木の模造品である。その移行の際、女神ソフィアの自然性が、反自然性の価値観に置き換えられたのだ。心の中に思い浮かべた自然は無生命であるのに、それが本物の自然と妄言を吐くような倒錯ぶりだ。

ユダヤ一神教の興隆は人類史の中でも強烈に印象付けられる出来事となった。一神教が人類にとっての真の善良で正しい宗教だからというわけでは当然なく、男性の唯一神という概念が人々の現実に固着化されてしまったからである。グノーシス主義者は、この概念が本来の現実性よりも仮想性《シミュレーション》を舞台としては好むことに気づいており、これがいずれ全人類最大の危機に成長する恐れがあると考えた。なぜ人類だけがそうした危険思想を持ち得るのかというと、人間だけが現実形成と物事の抽象化に優れた能力を発揮する種だからである。**人間は脳の活動の前面に出てくるこの「模造への意志」を偽りであると見破り、種としての限度を保てない限り、いつか自らの意志に自分を食い破られてしまうことになる。**「男性創造主」などという妄想話を活性化し続けているのが、まさに自分の中で生じる模造への意志なのである。そのような妄想心を満たそうとする主犯は、ヤハウェ（ヤルダバオート）に他ならない。彼奴らの私事のために、我々の優れた現実形成力が利用されているのだ。鏡に映るその自分像は、偽の唯一神の姿に似せて造られた自分自身の姿だ。

造られたものと同じものを模造し、それをまた模造してゆくという具合に、「模造」は自己増殖を繰り返す性質がある。その考えでいくと、最初はこの世界は単一の存在の中に包括されていたのではないかという考えに誘導される。するとそこで、「世界全てを造った唯一最高の神がいる」と錯覚しやすくなる。ソフィア神話によると、アルコンが支配する惑星系はプレローマのフラクタル様式を転用しただけの「立体模型」であり、生命のない機械体である。地球やプレローマのような有機的感覚と認知の世界ではない。だが、たかが無機質とその力を侮ってはいけない。水晶や骨の構造を見て分かるように、無機物の模造力は驚異的である。無機物の構造は確かに壮大であるが、そこには命がない。感情がない。だからこそ、「模造」は決して「生きた経験」とは言えないのである。抽象的信念のために生きることは、本当の意味で生きているとは言えない。そのような生き方は人を駄目にする。無知蒙昧で人間嫌いな、動く屍《ゾンビ》に変えられてしまう。

ヤハウェは、アルコンがプレローマを模造してできた世界という「偽の現実」を本当の現実として強制してくる、甚だ傲慢な宇宙存在である。本当なら我々は有機生命の溢れる現実世界に生きていたはずなのに。アルコンの基本戦法は「模造」と「欺瞞」を駆使して、コピー品にオリジナルとは真逆の性質を付与するというものだ。木に似せた無機物のメノーラは、有機的な木ではない。むしろ、木々が大嫌いな神であることを自分で表しているようなものである。一神教の男神は同じ戦法で非常に厳格なルールを課してくる。「いかなる偶像を拝むことを禁ずる」と、ヤハウェは選ばれし民による創造力を利用するだけに満足せず、更なる侵略行為に及んだ。我々人類の種の道徳性と選択の自由に影響するもう一つの特異能力、それは「語り部《ストーリーテリング》」としての能力である。物語を語って意図を伝えるという重要な役目を奪った父神は、自らを唯一の語り部であると一方的に決めつけた。こうして人類の運命の物語の唯一の著者が、彼奴にさせられてしまったのだ。経験から学び、それが相互作用して進化し、現実世界を形作るという自然な物語は抑圧され、超自然的な天の采配だけでこの世の全ての運命が決まるという全体主義ドラマに書き換えられてしまったのである。忘れてはならないのが、アルコンの模造能力《シミュレーション》（コプト語でいう「ＨＡＬ」）は、単なる模造ではなく、反生命《アンチライフ》の価値観を途中で植え込んでくることだ。人類の「語り部」としての能力を模造することで、父神は人類種の自律進化に対し優位性を保とうとした。

旧約聖書で語られるユダヤ教神聖物語は、先住民の物語と大きく二つの点で、劇的に異なる。第一に、旧約聖書では何度も歴史的人類虐待が起きるが、それらは「神の采配」であるとして泣き寝入りを強制する。それに比べギリシャ神話では、神々の争いは人間界での戦争として反映されると物語られる。異教神話は常に心理面に重きを置いており、神々の心の葛藤を描くことが多い。人間の内面の、本能同士が衝突して生まれる物語である。よって、その葛藤は、人間という枠組みの中で解決すべき「内輪争い」ということになる。古代ヘブライ人の聖典では対照的に、地球外から来た短気な父神が介入してくれないと内的葛藤を永遠に解決できないと教えるのである。神の怒りに怯え、唯一神による解決に頼らざるを得なかったということもある。結局のところ、人類史におけるさまざまな暴力は、この「家庭内暴力」に根ざしている。[ccxxiv] ヤハウェはファザー・コンプレックスを神格化したものである。よって起源だけとれば、特定の文化だけでなく地球上の至る所に現れる可能性があるのだ。厳格な父親が家庭内の暴君となって、独裁したり報酬を勝手に決めたりという現象は、人間の家庭では珍しいことではない。家族が一つの星座であるならば、最も強大な権力を持った星が、たまたま父親だったというだけのことである。そして生まれた時から父親が最強と教えられて育てば、家庭内での父親の立場が確固たるものになる。旧約聖書の物語は、愛憎入り組み機能不全となったファミリードラマの最終章を、創造主兼父親の手に委ねるという、独特の様相を呈している。これがユダヤ人たちの出した歴史ドラマへの答え「父神による最後の裁き」である。

そして、ユダヤ神聖歴史と先住民の神聖物語の間の、第二の違いについて。それが聖書という名の「神からの指示台本」の存在の有無である。この書物が、人間の本来の自然性を損なうようにできている代物なのだ。先住民の神話では普通、人間が自然界からどのように生じ、どのように関わって生きているのかが語られるが、物語はあくまでその範囲に留まる。人間は自然界で多種族と寄り添い、自然の法律を守りながら暮らしていく種族であるという教えである。一方、聖書では地球外の存在から一方的に規律を押し付けられて暮らしていかなければならないと説かれている。ユダヤ道徳規範のアルコン的性質を顕著に示されているのが分かる。さらに、今では全人類がこの教義を正統な話として、あてにしているという有様だ。模造神話の書かれた書物それ自体に、それを示す暗号が含まれているのである。すなわち、「救世主主導の神聖物語こそが人類の共進化の唯一の方法」とか、「メノーラはアーシラトである」といった、模造コードに皆が騙されているのだ。

裏切られた人類（聖書の救世物語は裏切りに拍車をかける）

おそらくその歴史線上で、人類が認めるのが最も難しいと思われる教訓とは、聖書の救世物語は人間を天国に導く話であるどころか、「人類への裏切りの物語」であったということではないだろうか。つまりこれは、神格化してきた父親に最後は裏切られる結末の話であるということだ。このような酷い裏切りの結末に直面することは、どんなにメンタルが強くとも、できるだけ避けたいものだ。そうなれば、空想の解決策を考案しなければならないというのが、人間の心理というもの（エーリヒ・フロムもD・H・ローレンスも、ユダヤ・キリスト教は空論の解決策をでっち上げることで、神の非人道的な要求に応えられない自分を誤魔化してきたと、共通の認識をしていた）。裏切られたという経験はトラウマとなって、何世代にもわたって遺伝病のように受け継がれていく。やがてそれは、「自己裏切り行為」へと変貌していく。西洋での宗教にまつわるこれまでの信念と言動の不一致の数々は、自分に関心を持ってくれない父親の愛情を勝ち取ろうと無駄な努力をして、自らを偽り続けてきたことの結果であったのだ。

ユダヤ・キリスト教・イスラム一神教の指示台本（聖書）は、人類の自己裏切り行為に拍車をかけていると言える。なぜなら、この文書は本来の我々の台本である「共進化の物語」の模造品であるからだ。模造される過程で、反人間的で反自然的な主義が植え込まれてしまったわけだ。ヘブライ一神教は倫理的な理想主義に基づいていることが多い。そこに何者にも勝る父なる神が出てきて、道徳規範の指示書を書かせてきたので、これが地球上で最良の行動規範のように錯覚してしまったのだ。何しろ全能の神による行動範囲の保証なのだから。しかし、人間が初めから先天的な道徳的洞察力を持っていたことを理解すれば、上から命令されたことしかやらない生き方など必要ないことが分かるようになる。部外者から押し付けられた規則や公式を通して強制されるなど、初めからもってのほかなのだ。最悪なのは「権力者」や「支配者」にその命令権が委託される場合だ。人間が本来持っていた良心はそこでことごとく破壊され、最後は人間らしさのカケラもない世界になってしまうだろう。

「模造」を理解することは容易《たやす》いことではないが、自由になりたいのならば、模造がどのように機能するのかを知らなければ、話にならない。著名な神話学者で文化史家のウィリアム・アーウィン・トンプソンなどの切れ者でさえ、アルコンの救世物語から精神的に抜け出せないでいた。トンプソンは未来に向けたホームスクーリングのカリキュラム概略が示された『歴史変容（*Transforming History*）』で、旧約聖書を指してこれを「意識の文化的進化における重要文書」と呼んでいた。「歴史とは、心に神を見出し、運命に向かうための媒体である」と断言するまでに、聖書を信頼している。[ccxxxv] 聖書が人類史においてどれほどの規模の人間の道徳規範となってきたかは見ての通りだが、人類と地球の生活の質の向上のために役立っていたと言えるだろうか？　もしその道徳性が弱肉強食の精神を全人類の行動基盤としたいのなら、完全に間違った主張と言える。危険なほど間違った思想だ。古代ヘブライ人は正しい物事を判断できる力「良心」を発見できなかった。やっているのはただ、「こうするのが正しいと教わった」と繰り返すだけだ。

ディープエコロジー的生命倫理を主張したアルネ・ネスは、「呼吸するのに道徳は必要ではない。他者を思いやるのに道徳的勧告も何も必要ではない」と述べた。[ccxxxvi] 確かに、人間は備え付けの支配構造に准じる責任など、生まれ持っていない。どちらかと言えば、自然界からそうした「偽物」を根こそぎ排除する使命を持っていると言える。その使命にこそアルコンは潜入し、内部から破壊工作を行う。すなわち、「偽物を滅せよ」メッセージを「神とともに自滅せよ」にすり替えてしまうという模造だ。アルコンの模造工作で造られた世界観を正し、その先を行くこと。それこそが人類の命運を決定する「意識の戦い」なのかもしれない。正面からぶつかるだけでは駄目だ。もっと良い他のやり方でないと克服できない難題である。「歴史の終わりには救世主による救いが待っている」という巧みなレトリックにごまかされ、今日も同じ現実が続いている。

我々人類とその惑星にもたらされた大破壊は、まさに恐怖の歴史である。自然界、命が育まれる場に対する畏敬の念が変質的なねじ曲げられ方をした。そしていつも競争していて、貪欲で、約束事に縛られていて、状況に応じて裏表の性格を切り替えて生きる一貫生のない存在に、私たちは成り果ててしまった。鬱屈した思想は、いつか来る世界の終わりの恐怖へと注意を向け、浪費される。あるいは退屈な毎日と過去の栄光に縋ることにも、忙しく消費する。人類史の主役であるのに、歴史そのものから非難され続け、それに対しても無力でいる。ccxxxvii

歴史が本当に伝えたい教訓とは何なのか。それは容易に捉えられない。なぜなら、それは歴史についての教訓であるとともに、歴史から描き出さねばならない教訓であるからだ。ディープエコロジストのポール・シェパードが述べたように、偽神話と偽歴史のベールを突き破るには、多くの文書の隅々にまで目を通し、分析して答えを導き出す必要がある。そしてさらに重要なのは、人間の精神を冷静に見つめることだ。救世論を支持する人類史の裏には、人類の心の一番ナルシスト的で自己破滅的な衝動があるということを知らなければならない。

少なくとも、歴史は真の人間性について直接答えを教えてくれない。だが、いかなる非人間性を受け入れることも、実践することも、なんでも自由にやらせてくれるということは教訓としてある。これは聖書という名の指示台本で操られたユダヤ・キリスト教救済論に対抗した、グノーシス派抗議の真意に迫る教訓でもある。レヴァント地方のグノーシス主義者は地球との共進化という人類の本来の役目を捨ててでも、人間性《アントローポス》の神性に対する裏切り行為を働く新興宗教を警戒した。それだけ警戒に値する権力者・支配者文化の心理的源流を、洞察していたのである。ある学者が鋭く指摘したように「グノーシス派は父権制の社会構造の本当の原因は、デミウルゴスにあることを知っていた」というわけだ。ccxxxviii

木を嫌う神。彼奴が有害な父権制の黒幕だ。

悪への従属（信者全員が地球生物圏を脅かす共犯者！）

地上で始まった父権制は、最初から虐殺、環境破壊、性的抑圧、児童虐待、社会的支配、精神的支配などの実施のために「救世論」を利用してきた。何もかも権力者に都合良く進んだ。当然だ、そのように黒幕が書いた指示書《シナリオ》なのだから。聖書には神の愛と許しと慈悲についてが書かれている善意の書のはずなのに、なぜ悪行の裏付けとなっているのか？　一見すると理屈に合わないし、不可能な理論に思われる。だがその勘違いも、「物事は全て見た目通りではない」ということに気づくまでの話だ。聖書の救済論は犯行保証の物語である。裏の権力者《アルコン》の筋書きを正当化するための、作り話だ。新約聖書には神の恩寵だとか恩赦などの陳腐な金言とは裏腹の、悪意が覆い隠されているのだ。

人類を救う神の物語と、それを妄信する者。宗教的理想論は、暴力に対する救済策などではなく、かえってそれに加担する理論なのである。理想の妄信から病気が始まるのだ。信者はそれを人に分け与え、感染を拡大し、自らの悪行を正当化していく。理解できるだろうか？　おそらく歴史上、最も飲み込むのが困難な、我々の歴史の苦々しい教訓である。

自らの信仰を擁護しようと、ヤハウェや主、アッラーの名のもとに人道に対する蛮行を行なった者は、本当の宗教的信条に謳われている愛、平和、寛容の原則を理解していない「過激派」による行為であり、自分たちの宗教は悪ではないと主張する信者がいる。しかし、過激派の方は自らを「真の信者」と称し、無私無欲で神の教えに基づいて行動していると主張する。

どちらが正しいだろうか？　テロリストは自らの犯罪行為を悔やみ、神による裁きを求める「信者のお手本」なのか？　それとも常軌を逸した殺人犯として、同じ宗教を信仰しているものも皆同類と考えていいのだろうか？

再び歴史を眺めてみる。やはり、救世論に付随する宗教的理想が、あらゆる暴力、強姦、ジェノサイド、自然破壊に一貫して利用されてきた「言い訳」であることが分かってくる。今も世界のどこかで、自然嫌いな神学が生態学的危機を引き起こし、宗教紛争の暴力沙汰やテロに人々が巻き込まれ苦しんでいる。イラクでは自爆テロ犯が日常的に自国民を虐殺しているが、これは占領軍と共謀したか、預言者ムハンマドの後継をめぐる中世からの争いを未だ引きずっているかの、どちらかなのである。占領軍の最高司令官は、「キリスト教の父神が彼の政治的決断を指導してくれている」と公然と発言し、それゆえに近東と世界中の無数の人々に対し行われるファシスト的虐殺と弾圧は「神のご判断」ゆえであるとしている。ここでの加害者は二通りの宗教的仕事をこなす。すなわち、人民の命を奪うことと、生活の場を滅ぼすことである。狂乱の騒ぎから一歩身を引いて、イスラム教徒、キリスト教徒、ユダヤ教徒たちが大切にする信念の下で、何が実際に行われているかを傍観する幸運な機会があれば、実態が見えてくる。まとめると、宗教的信念を暴力や殺人として表現する者の数は、信仰者全体でみるとほんの一部に過ぎないのかもしれないが、実際に地球上でのこうした出来事や歴史、社会のあり方を形作っているのは他ならぬ信者であり、信者全員が地球生物圏を脅かしている「共犯者」なのだ。

しかしなぜ、ここまで宗教的原理を歪曲した少数の非常識人が、これほど圧倒的な力を世界中で行使できるようになったのだろうか？

一つはっきりしている理由として、「信者たちの信仰が一致しているから」という単純な考え方がある。大多数の信者たちが受け身になって、実際には犯行には及ばなくとも、少数の過激派が同じ信仰を言い訳にして、自らの暴力行為を宗教で正当化するのだ。例えばユダヤ人、キリスト教徒、イスラム教徒も、「敵への天罰」という信条を共有している。しかし、大多数の善良で礼儀正しい信者たちは、普段はそんな信念を基に行動をしない。神の裁きを自らが代行して、他人を傷つけようなどと、正気なら考えつかないことだ。だが例外も当然、いる。ごく少数の過激派の理想が、世界中が苦しめているのである。このように過激派思想は、同じ信念体系を共有する人々の受動的同意を巻き添えにして、過度に大きな力を獲得している。同じ宗教の信仰者が世界中に何十億と存在しているのだから、当然その分大きな勢力になれる。キリスト教徒などは、自分たちの信仰が戦争や政治のために利用されていると認めたがらないが、少数の義人による神の計画の実行使命（贖罪者コンプレックス第二構成要素）や、神による最終決裁の日（第四構成要素）などの信念を共有していることを今更否定できやしない。同じ信仰を持つということはすなわち、同じ宗教の信者としてのアイデンティティを共有できて心強い代わりに、一人一人の背負う罪を皆で共有しようという、「全体束縛力」であるのだ。だが、この見えざる結束力は、一部の過激派の行為の責任も信者全員の犯した共謀罪として背負うという、諸刃の剣なのである。

ここまで論じても、私の主張に対しまだまだ異論は尽きないだろう。例えば「平和を愛する善良な人々が過激派と同じ信念を持っているはずがない」という意見があるはずだ。それは、その主張者の「感想」であり、実際の宗教的な力はその感想通りに動かない。現実として、周囲の解釈はどうあれ、「神の名のもとに」流血事件が起きている。そして隙あらばいつでも、宗教的信念という便利な「隠れ蓑」が用意されている。ここにも二つの力が一致して作用している。すなわち、宗教的信念と自分の信念の同一化と、信仰という台本化された神聖物語への参加希望という、二つの力学である。平和を愛する非過激派の人々は、自分たちの信念的アイデンティティを宗教的信念の中に見出しているが、それを理由に破壊行為を起こしてはいないだけで、過激派と同じ宗教を信仰している。また、自らを神聖物語の一部であると信じてはいても、それはあくまで個人的な信仰体系であり、他者に強要するものではないと解釈したがっている日和見主義に過ぎない。過激派は自分の信念を表現するために他人に暴力を振るう。非過激派とは異なる形での物語への参加であって、信仰は同じである。それに、カルト宗教家や原理主義者の振るう暴力は、神話を上演する立場からというよりかは、むしろ物語に符号化された自らの信念を主張したがるという姿勢だ。いずれにしても、同じ宗教を信じていることに変わりはない。

支配者の叙述トリックを看破し、これ以上服従しない！

どんな性格の信者でさえ危険な狂信者団体に変えてしまう物語。まさに狂気である。救世論歴史物語の呪文にかけられると、どんな人格者でも逸脱した非人道的な行動にいつの間にか駆り立てられるのだ。人間というものは、人間として生まれたのに反人間的な行動を取ることができる。「人間は間違っている。人間は妄想癖がある。誤った期待を抱いている」というようなことが指示台本に書いてあれば、それに従い、虚構を現実のものとして、自然な人間性に反する行動をとることができる生き物なのだ。これこそまさにグノーシス派が初期キリスト教徒の掲げる救世物語に見た危険性であると、私は考える。

加害者は自爆テロやイラク侵略などの暴力行為を正当化しようと聖書の一節を引用する。しかし実のところ、加害者の原動力は「物語」の一部に自分がなっているというナルシスト的な思い込みに依るところが大きい。今日、社会のさまざまな派閥が、誰が最も暴力的かつ劇的な方法で物語の最終章を演じることができるかを競っている。宗教という全体束縛力が「過激派」に有利に働くのは、彼らが人間を超えた存在により書かれた筋書きに従っていると、単に思い込んでいるからである。反対に、平和主義者の非過激派信者は、そのような超人的権威に逆らうなんてとてもできないと自分を卑下して考える。故に、脚本自体に挑戦する信者は皆無である。平凡で何事にも寛容な、平和を愛する信者たちは、自分たちの信仰する物語を暴力的に表現することはないが、同じ宗教である以上は、その物語に内在する暴力性に同意し、味方しているのである。いわゆる「穏健派」と呼ばれる信者集団は、自分たちの宗教的信念が符号化された物語に対し、疑うこともなく、さぞかし深い敬愛の念を抱いているのだろう。あるいは単に、感傷的な愛着を抱いているだけなのか。いずれにせよ、正気になって考えれば、単なる「本」が人間に指示を出したり、計画を実行させたりするわけがない。問題は同じ宗教という枠組みに属することで、そういった危険人物とも同類にされてしまうことの恐ろしさだ。ここが歴史から学ぶべき苦い教訓である。加害者の信念体系を共有することによって、善良な人々であっても悪に従順になれるということである。信念とは、信じる者全員の人生に関与する。信者でいる限りは、当事者の一人なのだ。

困難な状況を理解するためにすべき事とは何か？　それは、「この状況をなんとかしないと、とんでもないことになる」という危険性を認識することである。非過激派の善良でまともな大人たちが、狂信者の暴走に対して多数派の信念力を行使できたとしたら、どうなるだろうか？と言うより、そんなことができるのか？　宗教的束縛力は、少数が多数を支配する力学的状況を作り出す。いわゆる穏健派が狂暴な少数派と直接的かつ劇的に、対等になって決着をつけない限りは、その力学に変化はないと思われる。穏健派が傍観者としてではなく、断固として過激派の企てを食い止めようと責任ある行動をとらない限りは、加害者側が常に優位に立つ仕組みになっている。同じ信念体系を持つ多数派の受け身な結びつきから、過剰な権力が供給され続けるからだ。なぜ穏やかで優しく寛容で礼儀正しい人々の方が異常者よりも遥かに多いのに、世界に邪悪な悪行が横行しているのか。やはりこれで説明がつくと思う。

よって、横行する暴力に対処できる全体主義的解決策は存在しないという結論になる。世界にはさまざまな暴力の原因と種類がある。歴史上の暴力行為すべてが救世物語の追従者によるものとは限らない。だが、世界全体を最も大きく深く形作ってきたその暴力は、人間にとって最大の「苦難」という代償を強いて、人間以外の生き物にも計り知れない害をもたらし、自然環境に壊滅的な悪影響を及ぼしてきた。その暴力の発生源となったのが、贖罪者コンプレックスなのである。そしてその暴力を打ち消すことができれば、人類にとって大きな精神的勝利となり、明るい未来を創り出せるだろう。

「父系制」は歴史的に見ても、男性中心に社会を支配する有用な手段として、各地で活用されてきた。そこにさらに宗教による束縛力の土台作りとして、救済物語の信念体系が採り入れられた。だが、文化人類学者ルネ・ジラールが述べたように「宗教は、その究極的な基盤が暴露されない限り、人間を保護してくれない」というわけだ。ccxxix 予備知識なしではとても認めるのが難しい、驚愕の発言ではある。だがよく考えていただきたい。「保護というが、我々は何から保護されるべきなのか？」もちろん、他者からの暴力からの保護だ。「ちょっと待て、救済物語には、神の寛容さと慈愛が私たちを暴力から守ってくれると書いてある」と異論を唱える信者もいるだろう。それでも、ジラールはこの無知な考えに反対したし、私もそうする。よく考えていただきたい。宗教が本当に守っているのは人類ではないだろう。宗教的信念を通して人類が暴力という病気に集団感染している事実を伏せるための、見せ掛けの弁解だ。秘密裏に人類を攻撃しているのを見られないようにしているのだ。暴力の種類は数多くあり、これが唯一のやり方ではない。だが、人類史上最も狡猾で、致命的で、広大な感染範囲を誇る病気がこれであることは、認めなければならない。

何度も繰り返すようだが、筋金入りの加害者は自分たちの個人的信念が物語に書かれている全体的信念と同じだと思い込み、その役割を狂信的に演じている。その点で、無害な信仰者とは異なる。親切で礼儀正しい善意の信者も同じ物語を尊重するので、物語の登場人物として積極的に生きることはなくとも、その役割を引き受けた狂信者たちに支配される宿命にある。さて、この「共謀の鎖」をいかに破るか？　グノーシス主義者はただ救済信念の不純を暴露し、反論することを良しとした。一番大事なのは、支配者の主観で語られる叙述トリックを見破ることで、彼らの物語の呪縛を打ち消すことだ。救済物語への不服従。実現すれば、ソローやガンジーの不服従運動に匹敵するような、歴史的な精神的不服従運動となるだろう。

父系制を打破するには、力でねじ伏せるのではなく、父系制物語の自己正統性をただ否定してしまえばいいのだ。

これなら代々同じ宗教を信仰してきた人々であっても、できるはずだ。穏健派も愛や慈善、平和、寛容の原則への信仰を維持できる。いつでも自己正当化できる物語から離れてしまって大丈夫なのかと最初は心配するかもしれないが、大丈夫。ここでやらなければ、世界は救済主義に滅ぼされてしまう未来しかない。それに、生来のその優しさは、宗教を支配の口実にしている邪悪な連中と共謀することなく、維持し続けられるということを保証する。支配者の物語を否定しつつも、自分の生来の優しさに忠実なままでいてくれて良い。礼儀正しく平和を愛する穏健派は、どのような形にせよ、救済物語から自分を切り離してしまうだけで、大きな助けになる。これが権威主義的システムとの共犯関係を終わらせるための、最も効果的な方法と言えよう。支配者の叙述トリックを看破し、これ以上服従しない。それこそが、全人類を正気に戻すための戦いの決着をつける、我々の持つ切り札《ゲームチェンジャー》である。

第十八章　神の犠牲（スーパーSMゲーム）

なぜ新大陸で大虐殺を行い、自然の無差別破壊に従事したのが、他でもなく「ヨーロッパ人」であったのか、考えてみよう。先住民の大虐殺は、歴史的に見ればすでに過ぎ去った遠い過去の、「終わった出来事」だ。しかし実際には、今ではIT技術に姿を変えて世界中で着々と計画を進める、現在進行形のジェノサイドである。先述したように、私にとっては被害者と加害者の鎖は人類史上で「家庭崩壊」として機能していると考える。贖罪者コンプレックスは救済主義の陰湿な中核思想となって、あらゆる苦しみを正当化し、神聖化することで非人道的犯行を誤魔化してきた。これが「苦しみには贖罪的価値がある」の主張の元にもなっている。厄介なことに、被害者と加害者の鎖は、感染範囲を極めて大きく広げる性質がある。新世界への侵略者は、パレスチナ発の救世主コンプレックスという病気に感染したエウロパ先住民の子孫であった。ウイルスに感染した彼らは、今度はアメリカ先住民の生活様式をかつて自分たちがやられたように、破壊した。祖先の改宗キリスト教徒のように、自らが犯した罪は神が償ってくれると信じていたのだ。「罪が償えるなら、もっと罪を犯してもいいんだ」そう考えた彼らは、神の目的という大義名分のために、侵略者となって苦しみを振りまき、自らの悪行を神聖視するまでになった。挙げ句の果てには「この苦しみも神の采配である」と偉そうに宣《のたま》う始末だ。スペイン出身のカトリック宣教師バルトロメ・デ・ラス・カサスによると、スペイン人傭兵団が中米の先住民13人を焼き殺す際に「わが慈悲深き主と十二使徒に敬意を表し」と言い放ったという。[ccxl]

被害者の神格化と被害者量産メカニズム

加害者と被害者の鎖はこの狂気の具象化であり、驚異的な虐殺機関となっている。この恐ろしい共謀関係の闇はさらに深く底がない。「罪深き人間にとって神は何を表す象徴であるのか」という問いを提示した作家アラン・ワッツは、自らの問いに対し次のように結論した。「神は、人の超常的マゾヒズムから生まれた、神学的悪夢である」[ccxli] この「超マゾヒズム」という言葉は、「被害者と加害者の共謀の鎖」とも言い換えられる。被害者も加害者も、自分たちが共有する信念に自ら進んで関与しているだけでなく、あらゆる行動を通して複雑かつ密接に「共依存」しているのである。被害者と加害者はサドマゾ関係として、互いを切実に必要とし合っている。その鎖を維持するためにお互いを犠牲にし、利用し合っている仲なのだ。もちろんこれは出し抜けに被害を受けた者には当てはまらないことだが、中には「被害者」という世間から神聖視される立場の魅力に取り憑かれ、より多くの被害を求めて戻ってきた被害中毒者もいる。加害者がいる物語に自ら飛び入り参加し、「自分は危害を加える者よりは立場が上」という妄想に陥り、挙げ句の果てには「みんなのために自分が代わりに苦しんであげている」と言い出すのである。

ここで私の主張に対し、再び大きな反論の声が上がることだろう。「贖罪者コンプレックスが完全に間違いで、人類の本質である善意に反しているのなら、なぜ誰にも止められずこれほどまでに強力な勢力になったのか？」「救世物語が完全に狂っているのなら、なぜここまで大勢を気づかせずに騙せたのか？」まだ誰も答えていないようなら、再び明示しよう。「なぜなら、まだ贖罪者コンプレックス四大要素が完全に世間に暴露されておらず、理解されていないからだ」歴史が贖罪者コンプレックスで形作られていることについて、大衆の意識が低く、十分に認知されていないからだ。「神の犠牲」という概念は、簡単には覆せないほどの圧倒的なパワーを身につけてきたのである。

文化人類学者ルネ・ジラールは、『世の初めから隠されていること』と『暴力と聖なるもの』という二大主要著作で、この「贖罪者コンプレックス」について深くまで掘り下げている。彼の分析はまさに贖罪神学のグノーシス的解読であり、見どころが多い。人間社会に対する脅威の実態に非常に近くまで迫っている。ジラールはこの脅威を、すべての宗教が生み出す「生成メカニズム」、もしくは「被害者量産メカニズム」、「代理被害症候群」と呼ぶ。[ccxlii] ジラールはカトリック歴史修正主義者であり、ポストモダン脱構築主義者であり、文化人類学者のフランス人学者である。難しいテーマであるが、平易な言葉に直すならば「生け贄」というべき被害者生成メカニズムと言える。社会という枠組みの中で制定化されていくシステムであり、犠牲者を制定すると同時に罪の贖《あがな》いがコース化され、これによって暴力が生ずる源についてまでは触れず、そのまま罪と罰の応酬が永続するという、生け贄《スケープゴート》の儀式であるのだ。

「犠牲《スケープゴート》」の由来は古代ユダヤ教の「贖罪のヤギ」である。これは元々、「聖王」の意味があった。紀元前４０００年頃に男性優位の神権主義が出現する前の時代、都市形成過程にある集落に住む人々は、犯人の分からない悪行に対する落とし前をどうつけるかについて、日々頭を悩ませていた。問題は、犯罪行為が起きても、加害者が誰だかどうやっても分からないという場合、つまり迷宮入り事件の決着だ。加害者を処罰するどころか見つけ出すことすらできない場合、被害者はそのまま泣き寝入りするしかない。被害を受けたにもかかわらず、犯行を示す証拠がないとして、社会からなんの補償も受けられず、気持ちの区切りもつかないまま、これまで通りの生活を続けることを強いられる。そのような状況に陥る被害者は、今の世の中でも決して珍しくない。過ちを犯す人間社会にいる以上、常に正義の鉄槌が下されるという保証はない。我々の祖先はこのような状況に陥った人々を憐れみ、これでは被害者があまりにも可哀想で耐え難いと感じる、繊細な民族だったようだ。しかし、それを避けるためにでっち上げの犯人に濡れ衣を被せたり、暴力行為を見て見ぬ振りをするほど、落ちぶれてはいなかった。それよりも良い解決策を思いついたのである。

犯人が見つからない場合、その罪をコミュニティの男性首長に押し付けて全員で糾弾することに決めたのだ。父系社会が普及する前の社会では、部族の長や王は女神の代弁者である巫女によってその権限を与えられていたということを思い出してみよう。ヒエロス・ガモスの儀式、神聖な性交は、王となるべき男だけ受けることが許された。勇気があり優しく、気高く純真無垢な男性だけがその資格を得たのだ。そのような村人たちからも敬愛されし勇者だけが、巫女長と人間としては最も密接な行為を行うことが許されていた。当人としては無辜《むこ》であっても、治めているコミュニティ内で犯された罪を償うため、王は「代理犠牲者」となった。古代の感覚では、生命を生み出す女性を「犠牲」に選ぶことは共同体にとって死活問題になり得ることから、避けられていた。そのため代理犠牲者を務めるのは常に男性であった。「聖王」であることには確かに多くの特典があるが、同時にそれはコミュニティで起きた未解決事件の罪を全て償わなければならないリスク（最悪の場合殺されることとも）を背負うことでもあった。古代ギリシャでは、犠牲となる王を「パルマコン（*pharmakon*）」と呼んでいた。ジラールによると、パルマコンは「毒」と「薬」の両義を持つ言葉だという。「生け贄に選定された者は、元の犠牲者に感染しているすべての暴力を自分自身に引き寄せ、自らの死を介することで、忌まわしき暴力を社会に有益な力へと変換する役目を負わされていた」ccxliii

なぜこのような風変わりな処刑システムが、上手く機能したのか。それは、王が誠実さと優しさの模範生であったことと、共同体全員が王のように行動するよう奨励されていたからだ。しかしそれはあくまで、王という役割の模範化が優れていたという話であって、それよりもはるかに重要なのは、**王を犠牲の山羊とすることで暴力による報復をコミュニティから排除できていたという事実**である。犯行の動機が特定できない状況は、放っておくと絶対に陰惨な事態に発展する。異教社会にもかつては「前父系社会」と言える慣習が存在していた。悪事を働いた者が誰か知られていて、被害者とその親族が直接罰したい（殺害したい場合も）というのなら、私刑を許可していた。所謂、「目には目を、歯には歯を」の報復律だ。これこそが最もシンプルで公平な対処法と考えられていたのである。しかし、報復的暴力の標的が無差別で、さらに宗教的信念で神聖化され、正義感に駆られて行われる時、地球生態系への大量破壊兵器に変貌するのだ。これ以上の終末的兵器が、他に存在するだろうか。

このような「生贄王権」は、ジラールの「被害者量産メカニズム」の原点として挙げることができる。これは元々の小規模な共同体だから、うまく機能していた体制と言える。時が経ち、都市社会の複雑さが増すにつれ、王の犠牲制度も複雑な社会病へと発展してゆき、人間の本性である報復への欲求が、「贖罪者コンプレックス」に姿を変えていった。

どういうわけだか、「聖王の犠牲」は「救世主の犠牲」と合致するという理解がされてしまったのである。

嘘で作られる秩序（虐げられるのも神の采配⁉）

犠牲のヤギの風習は時代を経て、ただ平和維持のための簡素で暫定的な儀式慣習に留まらず、世界の全ての悪を正そうとしたり、全ての不正を打ち負かす目的に転用されるようになった。現代でも続いている壮大な宗教による世界救済計画である。ジラール曰く、「これはもうただの宗教的妄想ではない、最も恐ろしく、面倒くさい宗教的妄想だ」ccxliv そう、これは全部、あくまで宗教的妄想なのだ。さらに、宗教がこれほど大きな社会的・政治的な権力を有しているのには、犠牲教義を引き継いだからだ。信者はそれに気づいてすらおらず、今日も犠牲者の量産システムはひたすら機能し続けている。何度でも言う。「宗教が人間を守るのは、その究極的な基盤が明らかにされない限りである」

犠牲者であることの利点を享受する者は、自分自身の中の暴力性を制御できていると感じているかもしれないが、その実、他人が暴力の道へ突き進むのを黙って許しているのである。「これで自分は暴力と全く関係なくなった」という思い込みでしかないのであって、何の解決にもなっていない。自分が犠牲になることで、赦免と錯覚しているのだ。その裏では密かに、被害者と加害者の双方を「暴力の渦」という病的な取引にサインをさせ、監獄の外に出られないようにしてくる。被害者と加害者の病的な契約は実質的には「共謀」であると分析したジラールは、このことを世に知らしめようとした。被害者は「自分は絶対に他人に暴力を振るわない」と言う。加害者は「自分は他人に暴力を振るっていない」と言う。**その根底にあるのは、同じことへの「否認」である。**現代の人間社会の根底には「嘘で塗り固めた秩序」があり、犠牲システムはその中心である。ccxlv

贖罪者コンプレックスは犠牲の病が極端に変異したものである。皆の罪を代わりに引き受けてくれた贖罪者を「神の犠牲者」の至高神として奉ったのだから。加害者はキリスト教を利用して自分たちの悪行を正当化できるが、それは加害者と被害者の両方が悪の問題に対する解決策が同じであるということに、心の奥底では同意しているからだ。これが痛みや苦しみも善良な至高神に由来すると主張する、二元性二源論の世界観を信じる宗教の掟《おきて》であるのだ。だから、暴力の正当化だけでなく、解放にも正義にも弁護にも宗教が利用される。双方にとってまさにウィンウィンの状況を作り出すのだ。救世主義は、殺人、拷問、強姦、嘘、操作、支配のためのオープンライセンスである。被害者側が加害者側と同じ救世物語を信じていれば、加害者が何をしようが被害者の神格化が両者の裏での共謀によって、常に保証される。被害者は常に正しい。救済主義が被害者の高い道徳的地位を保証しているのだ。新約聖書でイエスがまさにそうしているように。犠牲者は「苦しみは救いの元」として苦しみをありがたがり、加害者は神の裁きを受けると信じていれば、いつまでも苦しみ痛めつけられ、殺されても構わない。どんなに傷つけられても、そうやって敬虔に生きていれば、いつか父神に自分の潔白を証明してもらえ、救済者の一人としてまた現世に蘇らせてもらえるのだと。同時に、自分は神の計画の代行者と思い込んでいる少数の狂信者社会支配層は、人々を抑圧し世界を強制的に自分たちの「神の計画」に組み込むことを正義と確信している。これが犠牲者と加害者が共謀して遊び続ける「スーパーSMゲーム」である。この惑星は、真正の加虐性愛《サド》と被虐性愛《マゾ》の変態が織りなす、歪んだ世界的ゲーム場になっているのだ。

偽の神は「世界を創造したのは自分だ」という嘘だけでは飽き足らず、「最後は被害者にも加害者にも褒美として大地を分け与えてやる」という黙示録的大犠牲シナリオを用意した。

「神の犠牲」もアルコンの模造の一つである。元々は原始宗教における正義の裁きの手段としての象徴「聖王」からコピーしたものであるが、当然ただの模倣ではなく、そこに正しい裁判を求める人間の感覚を圧倒するような、超自然的価値観が付与されている。グノーシス主義者たちはその欺瞞を感じ取り、世間に暴こうとしたわけだが、騙された贖罪狂信者が苦しみを称揚しながら彼らの口を封じようと狙ってきた。「犠牲者」を神格化し、無自覚に自他共に傷つけている信者が増えていくのを見て、さぞ恐ろしい光景だったことだろう。致死性ウィルスのように爆発的感染拡大をする暴力性の次なるターゲットが自分であることに気づいた時には、時すでに遅しであった。

被害者と加害者の共謀は、旧約聖書と新約聖書の両方で主要テーマとして、鮮やかにドラマ化されている。中でも「キリストの受難」の話は、「人類史」の枠組みで贖罪者コンプレックスを究極的に再現した話である。このドラマの中心人物はご存じ、この世の全ての罪を背負った無垢なる小羊（本当は山羊）だ。聖書では処刑された犠牲者に「神の犠牲」というドラマチックな神性が付与され、全ての罪への解決策として奉られる人物像となった。ジラールはこんな解決策は単なる妄想だと示すことに尽力したが、残念ながら現在もこの宗教的妄想の解決策が有効と思われている。

絶望しないで聞いてほしいのだが、この妄言が機能するのは妄想人たちの世界だけである。狂気の世界では、狂気が理にかなっているものだ。そこは強調しておきたい。

多くの人々が簡単には受け入れ難い歴史の教訓の一つが、「社会が神の救済アジェンダに従っている限りは、人類は地球との共進化を達成できない」ということだ。現代宗教と政治が、はるか昔にカナンの地で取り交わされ、初のキリスト教徒ローマ皇帝コンスタンティヌス一世によって公式化された「地獄の取引」なぞをいまだに信頼して支持しているようでは、地球との共進化など夢のまた夢である。細菌学者で人道主義者のルネ・デュボスが人類生存に必須とした「自然宗教」を思い描くためには、まだまだ前途多難と言える。救済主義の信念体系を有する思想であればキリスト教でなくとも問題ではあるが、その中でもやはりローマ・キリスト教がずば抜けて救世思想の永続化に成功していると言える。地球上にこの世の地獄を作ったのは、紛れもなくこの宗教だ。グノーシス主義を根絶し、土着の秘儀伝統を破却し、古代の学問の聖地を粉砕し、エウロパの異教徒たちの心をズタズタに引き裂き、産婆やヒーラーたちを見つけ次第殺害し、地球を隅々まで植民地化し、アメリカ大陸先住民の子供たちを吊し上げて焼き殺し、環境汚染事業へ惜しみない資金援助をして、第三世界の人々に大嘘をついて劣悪な環境に閉じ込め、自らの犯罪行為をひた隠しにし、60世代以上にもわたって壮大な「罪悪感と無知」の呪文をかけ続けているのは、この宗教だ。

人類全体にかけられたこの呪いを解けば、あるいは救済神学の呪縛から人々が解放され始めるかもしれない。人々が正気に立ち返れば、神の犠牲などという不自然な裁きが時代遅れな恥ずべき過去の遺物として、空中分解するだろう。

第十九章　神の愛の言葉？（イエスの発言は本人のものか⁉）

神聖犠牲は苦しみへの解決策も、苦しみを乗り越える希望も見せてはくれない。ただ燃えるような情熱で自分を奴隷化しているだけだ。犠牲制がその効果を発揮するのは、苦しみの力が生命の力よりも強く見えている世界においてのみである。

愛するように命じられて（嘘作戦の最高傑作⁉）

最後のトリックについてお話ししよう。あまりに深い奈落《アビス》の闇であるので、おそらく多少の眩暈《めまい》は避けられないものと思って聞いていただきたい。有刺鉄線が体の中に入っていて、それに気づいていないようなものだから、対処のためにできるだけのことをしておきたい。犠牲の巨大な力は被害者と加害者の結託によるものだが、救済物語の主人公である神の犠牲者《イエス・キリスト》は、ただの被害者ではない。彼は「至上の愛の言葉」を人類に伝えるべく、神から遣わされた使者である。だから神の使者イエスこそが最高の愛の伝道師と人々に信じられている。ファリサイ（パリサイ）派が「すべての戒めのうち、一番の戒めはどれですか」とイエスに尋ねた時、彼は次のように答えた。

イエスは答えられた。「第一のいましめはこれである、『イスラエルよ、聞け。主なるわたしたちの神は、ただひとりの主である。心をつくし、精神をつくし、思いをつくし、力をつくして、主なるあなたの神だけを愛せよ』第二はこれである。『自分を愛するように、あなたの隣人を愛せよ』これより大事ないましめは、ほかにない」（マルコの福音書　第12章29－31節）

これを聞いて、やはりイエスは素晴らしいと感じる人もいるのだろうか。では問おう、「なぜ愛せよと命じられなきゃいけないのか？」愛するように命じられたから何かを愛することが、まともだと言えるだろうか？　愛の対象が人であれ、動物であれ、自然であれ、場所であれ、芸術作品であれ、何であれ、人生の中で何かを愛したことがある人は誰でも、愛は自発的であると知っている。愛するよう他人に命令などできないし、愛するのに命令される必要などない。例えばなんでも良い、グランドキャニオンを思い浮かべ、それを愛するように命じられたら、どう思うだろうか？　別に好きじゃない人もいるだろう。グランドキャニオンを愛する人であれば、「そんなこと命令されなくても愛している」と思うだろう。愛は自発的。愛は愛そのものだ。だから命令など不可能だと誰でも分かることだ。人間として生きていれば自明なことなのに、なぜそれが「神の愛」と言われると、つい信じ抜いてしまうのだろう。

「愛の命令」こそは、権威主義の嘘作戦の最高傑作であり、人間という動物の道徳的主権にまで深く入り込んでいる毒物である（D・H・ローレンスの二行詩『イエスへの反論（Retort to Jesus）』では、「自身に愛を強要する者は誰でも、胸の中に憎悪の殺人者を生み出している」と述べられている）。勝手に命令されて腹が立つのを堪えて、一旦冷静になって見てみると、もしかしたらこれは父神が人類へ父性主義を受け入れてほしいという「懇願」だったと言えるのかもしれない。自分が直接人類に頼み込む代わりに、イエス・キリストという代弁者をよこしたという話なのかもしれない。イエスの発言とされるものの多くは、今見たように本来の人間性に反することを言っている、全くのデタラメの戒めであるのだが、誰もそれに気づかないでいる。なぜか？　それはイエスが、この世で最も権威があるとされる唯一神が選定した犠牲者であるからだ。人間の姿をした神の愛の使者である。信者にとって、そのイエスに反論することは、犠牲の山羊《スケープゴート》制における自らの恩赦の力を失うほど、重大な違反なのである。一度この犠牲制からはみ出してしまうと、私たちは従うべきルールもなくなり、何が善で何が悪かを神ではなく人間的基準に頼って判断することを余儀なくされ、すると加害者への赦免も被害者への弁護もない世界に放り出されて、全ての裁きを完全に自分自身でやらなければならなくなるという面倒なことになる。犠牲制に慣れ親しんだ信者にとっては、とても耐えられなさそうな現実に思えるのだ。だが、それはただ信者が「そんなの無理」だと思い込んでいるだけで、試したこともないことをリアルに感じることは、誰にだって難しいものだ。実際に試そうと努力したこともないのなら、尚更である。人間の精神には多くの宗教、歴史の制約が重ねられている。それ故に、裸の真実を知る道を妨げている。精神科医ロナルド・D・レインが主張したように、人間を徹底的に破壊するならその「経験する能力」を破壊すればいいのであり、これはまさに父系一神教が宗教を口実に行ってきた術である。グノーシス主義者は、人間が学び、進化するための「理性・精神《ヌース》」の能力を人は生まれつき持っていることを主張し、救世主義はこれを破壊しようとしていると警戒していた。人間は、自分たちだけで自立できる。前代未聞であることから怖がっているだけだ。しかし、自分の力を試すにしても、超人的な思想体系にいつまでも頼って生きているようでは、まず試すことすらできないというわけだ。

「愛の伝言」が被害者と加害者の癒着という釣り針の針部分で、針に刺さったエサが「イエス」である（イエスが漁夫として巨大な釣り針にかかったまま天から降ろされる様子を描いた中世の木版画を紹介していたのは、確かジョセフ・キャンベルの著書だったか）。「不幸な男」が愛の言葉を発するなど、人間の本質にあまりに反しているため、それを少しでも正当化しようと教会は何世紀にもわたりずっと弁明してきた。アラン・ワッツ著『神学を超えて（Beyond Theology）』には次のような記述がある。

我々の精神はイエスの呪文によって麻痺している。無神論者でもイエスが最高の善人と思われていることを覆せない。彼の唱える道徳性に誰も逆らえないようになっている。個人的な意見など関係ない。皆一様に、イエスの言葉を強制的に信じさせられる。哀れなイエスよ。言葉の一つ一つにこんなにも大きな権威が付与されることを予見できたのなら、何も言葉を発せず黙っていただろうに。ccxlvi

これは過ぎ去った昔の話ではなく、今でも続いていることだ。環境保護論者ビル・マッキベンの『自然の終焉―環境破壊の現在と近未来』の中に、『キリスト教のパラドックス――信仰するほどイエスの間違いを知る』という題名のエッセイがある。ここでマルコの福音書第12章の「愛するよう命じる」場面について言及がある。「正しい認識力は美辞麗句の魔力を弱まらせるとはいえ、それはあまりにも強い、恐らく史上最強の過激派概念である」ccxlvii 確かに、聖書の聞こえの良い言葉を真実と仮定したら最後、イエスの教えに常に従うことこそが唯一人間という檻からの解放になると信じ込み、なんでも言うことを聞く奴隷になってしまうだろう。それに、イエスの崇高な助言を聞かず、実践することもできないと言ったら、全ては自分たちのせいにされてしまう。イエスが全人類の生き方を定義していると決めつける者は、決してイエスの言うことに逆らえない奴隷なのだ。これは重大な問題である。

だが、イエス本人が過ちを犯していたのならば？　ついていけないと思った読者には悪いが、問題はここからさらに拡大する。

再び歴史に目をやる。イエスはいつの時代も正義、「義人」と言われてきた。彼が間違っていたと言った者をすぐに思い浮かべることができるだろうか？　反論者はほぼ皆無の無双状態である。なぜなら、グノーシス主義が隠蔽されたように、イエスに対する反論も悉《ことごと》く破壊されるからである。ここから色々なことが分かってくる。ベルギーで古くに設立したルーヴェン・カトリック大学の神学図書館には、私もグノーシス主義著作や死海写本の研究のためしばしば訪れるのだが、「イエスは常に正しい」と主張する本ばかりが並べられている。唯一キリスト教を批判しているのは『英訳ナグ・ハマディ写本』ただ一冊のみである。サッカースタジアムほどの規模の悪臭のする埋め立て地で食パンの欠片を見つけるくらい、キリスト批判は探し出すのが困難になっているのだ。

どの棚にもグノーシス主義への反論を書いた教父たちの著作が我が物顔で立ち並ぶ。イエスが絶対正義であることを証明しようと、時に不可解な弁明や弁護を重ねた父権論の山脈だ。しかも、これは世界規模で見たらほんの一部の著作に過ぎない。ここから理解できるのは、イエスを正しいと思うのは過去の教父たちの、膨大な「言い訳」の努力のおかげであるのだ。だが、イエスを正しいと言う方が99・9％を占めるからと言って、イエスが本当に常に正しいという論拠にはならない。真実は全くの逆で、いつか突然ひっくり返されるかもしれない。教父たちの弁解著作の山は、悪徳信仰へと人類の精神を誘導する工作の、膨大な量の証拠であるのかもしれない。

なぜ我々はイエスに抗えないのか？　先述したような贖罪者コンプレックスの脅威的な複雑性と、被害者と加害者の呪縛という病理学的理由以外にも、単に常人では成しえないほどの並々ならぬ忍耐力が、真実を知るまでに必要であるからだろう。実際にイエスに反論するにあたり、二つの大きな障害がある。一つは「イエスの教え」で提起される問題である。これがまた実に厄介で、複雑なのだ。

ところでイエス自身は何も書き残していない。彼の言葉とされているのは全て、彼の口伝《くでん》を弟子たちが書き留めたとされる言葉である。つまり、主の言葉を信じる前に、弟子たちが正確に記録していたと信頼しなければならない。イエスが実在し、人類全体へ愛の言葉を届けに来たと信じることと、伝言を書き留めたとする人物たちを信頼することは、全くの別問題であるということをまず理解しないといけない。だがここは、新約聖書に赤字で印字されたイエスの格言が、彼自身の言葉であったと仮定し、話を進めよう。イエスの発言のみを抽出して分析してみる。すると、イエスの教えとされているのは彼自身が発した言葉そのものだけでなかったことに気づく。イエスの言葉について書かれた言葉、つまり「解説」が混ざっているのだ。それら「イエスの言葉についての言葉」も、教えの一部として信者は無視することはできないものとされる。ここで、同じ問題に直面していることに気づく。「解説者」が嘘を言っていないと信頼することを強制されるのだ。しかも、イエス本人の言葉からまた一歩離れることになる。そして「イエスがこう云われた」と主張する無名の人物の言葉をひたすらに信頼しなければならないのである。要は、イエスを信じるためには、イエス本人以外の言葉も真実として信用しなければいけない立場に、我々は強制的に立たされるのだ。

だが問題の回避法ならば、ある。イエスの言葉を逐語的に忠実に書き記したとされる、赤字で印字された「教え」に、言葉の本質があるかもしれないのだ。これで作業範囲をかなり小さくできる。それに、イエスの発言であればどれにでも、本人の本質的メッセージが隠れているはずだ。発言一つからも本質が分からないのであれば、どの言葉を見ても同じく、一生分からないだろう。繰り返すが、逐語的記録が本当にイエスの言葉であったかを確かめることは不可能であるので、そうであると仮定して話を先に進める。少なくとも言葉そのものや、それがどの言語で話されたか、表現の仕方などからも、どのような教えが示されたのかをある程度割り出すことはできる。

なにも徹底的に精査しなくとも、途中でイエスの発言が本人の言葉でないことが分かるはずだ。有名な「あなたの隣人を愛しなさい」という戒めは、ガリラヤ人（イエスの異称）に由来するものではないことも分かる。レビ記第19章18節には次のようにある。「あなたはあだを返してはならない。あなたの民の人々に恨みをいだいてはならない。あなた自身のようにあなたの隣人を愛さなければならない。わたしは主である」つまり、ユダヤ人共同体の中で起きた争いごとを抑えるための戒律が、イエスの言葉の元だったのである。その意図はあくまで、部族という範囲内での報復的暴力を抑制することにある。「わたしは主である」と宣言しているのは、これは人間を超えた存在からの絶対命令であることを強調するためだった。つまり、これは教えですらない、神の命令だ。何人たりとも逆らってはいけない絶対の戒律であり、人はそこからそれ以上学ぶことはない。しかも、元はといえばユダヤ人小部族のために発せられた命令なのであって、イエスはこれを全人類に対して繰り返し伝えたことになっており、神の命令であるので、そこに「教え」もなにもない、強制なのだ。このように、彼は古代の戒めを引用しただけだ。それについて別の文脈で次のように言っている。

『隣り人を愛し、敵を憎め』と言われていたことは、あなたがたの聞いているところである。しかし、わたしはあなたがたに言う。敵を愛し、迫害する者のために祈れ（マタイの福音書　第5章43－44節）

ここにイエスの教えの本質が示されているように思える。イエスは旧約聖書の「目には目を」の復讐法、つまり異教や原始宗教における犯人が誰か分かっている場合での分かりやすい解決法を、否定したのである。キリスト教が普遍的愛のために「目には目を」を否定したことで、ユダヤ教よりもキリスト教の方が寛容で進歩した宗教と世間で思われる所以である。だがここで、「犠牲の山羊」を思い出してみよう。神の犠牲者はここで、被害者について何を言っているだろうか。雰囲気に飲まれず、注意深く観察してみよう。ここでのイエスの提案は、つまり「被害者と加害者の鎖」を人間の道徳性として保証する発言だ。「自分を傷つけた者に良いことをしなさい」と信者に戒めることで、鎖を強化していることが一目瞭然だ。さらに、この戒めが「贖罪者のために」実行されれば、尚のこと好都合である。あらゆる虐待や迫害が、神に救いを保証されるからだ。「わたしのために人々があなたがたをののしり、また迫害し、あなたがたに対し偽って様々の悪口を言う時には、あなたがたは幸いである」なぜなら被害者が痛めつけられ、虐げられるのは神の采配であると、洗脳したいからだ。

束縛的道徳性の二つの顔（人心掌握と操作の奇術⁉）

イエス独自の教えと言われる金言のうち、二つ目に「人にしてもらいたいと思うように、人にもしなさい」という言葉がある。だがこの格言も、彼のオリジナルではない。まず、これは世界中のあらゆる文化圏で見られる金言である。ユダヤ民族には、イエスの同時代人で優れた精神・倫理指導者であったユダヤ教律法学者ヒレルを中心に、同じ教えが伝えられていたことが知られている。ヒレルはイエスと同じ「すべての戒めの中で第一のものはどれか？」と弟子から問われたとき、「自分が憎むことを人にしてはならない」と答えた。しかしイエスがヒレルの言葉を引用したとき、構文を元の「否定形」から「肯定形」に改変している。これは重要なポイントである。というのは、この変更によって、同じ原則の本来の意味が完全に損なわれているからだ。

「自分にとって嫌なこと」は当人にとっては明確だ。だから、他人にされて嫌だったことは、実体験からすぐに分かる。金言と呼ばれるものは本来、報酬だとか罰などの損得論的な言葉を避けて表現された、実行可能な範囲での抑止力であった。社会心理学的にも賢明な指針と言えよう。理想郷《ユートピア》のような、聞こえが良くとも実行不可能な理想論ではないのだから。その分、正直で実存的なルールになる。しかも試せばすぐに効果を実感できる即効性のやり方だ。ところが、イエスの発言だと二重の、全く異なる意味にとれてしまう。嫌なこと、容認できないことではなく、「他人からしてほしいこと」である。他人からいつも何かしてもらえると期待して生きるなど、非常に逸脱した考え方だと言える。誰かが自分に何か施しをしてくれると期待しながら生活する者に、健全な友好関係が生まれるわけがない。人間関係の基本的倫理を滅茶苦茶にした馬鹿発言と評しても過言ではない。これではエゴへの執着から一生離れられなくなってしまう。

そこにはさらに「第二の歪曲」がある。「～を他人にしてはならない」ではなく「～を人にしなさい」というのはつまり、これはイエスからの「命令」であるということだ。このように言い換えてもいい。「他人を、なんでもいいので自分がしてほしいように扱え」実際にそう命令されたら、人はどう動くか？　私は、隣人からタヒチでの無料バカンスをプレゼントしてほしい。じゃあ、私は隣人にタヒチ無料旅行を提供しなければならないのか。

イエスの金言で遊んで虚仮《こけ》にするのも悪くないが、いかに馬鹿げた、有害な言葉かはお分かりだろう。「自分が嫌いなことを他人にするな」の方が絶対に正気で正直だと言える。滑稽な喩え話も、今考えて見たが思いつかない。イエスの物言いは、倫理学者が「賢慮的倫理」と呼ぶ義務的な考え方である。つまり、自分の魂の質を向上させるという利益のために、自分に言動を義務付けるという道徳的「戒律」だ。良いことをすれば後で報われるから、そうするのが賢明であると言いたいわけだ。『異端者の信仰（*The Faith of a Heretic*）』を書いた作家ウォルター・カウフマンは、「ユダヤ・キリスト教徒は報酬（あるいは罰）への期待なしに自分の行為の本当の価値を判断できなくなっている」と主張している。「旧約聖書の倫理学は賢慮と報いの思想で形作られている。まるで、善行でポイント稼ぎをしているようだ」ccxlviii（「まるで」というより、まさにそうである。聖書にそう明言されている。カウフマンはドイツでルター派として生まれ、9歳の頃にユダヤ教に改宗した経緯もあり、抑え目な表現をしたのだろうか）。イエスの戒律は、賢慮思想に個人的欲望の要素を併せ持たせるように仕向けてくる。もう一度言い換えてみよう。「あなたが自分のために他の人に何をしてもらいたいかを考えなさい。そして、彼らの損得については考えず、あなたにもたらす利益のために、彼らにそれを行いなさい」と言う方が正確だろう。賢慮的倫理とは、他人に対する配慮や責任などまるで考えに入れない、倒錯した行動である。

よくよく考えてみると、イエスの教えは被害者量産を促進するための三流カウンセリングにしか思えなくなってくる。他にも逐語的な記録はあるが、その全てを原文通りだったのか他所から借用したものなのか、それともただの妄言なのかを精査している暇はない。それに、上に書いた二つの考察で全体を推察するには十分だろう。いわゆる「教え」は、実は全く何も教えていない。ただの「神の父権制宣言」に過ぎない。イエスの「山上《さんじょう》の垂訓《すいくん》」も同じだ。人々の内面を一貫性のないものにしようと、わざと二重束縛式の言い方をしているのだ。聖書でその部分を赤字で強調するなど、なんという悪意だろうか。なんと狡猾であることか。神の犠牲者に帰する教えは、極悪非道な策略と言って差し支えない。イエスの甘言や分裂した倫理観は、被害者にとっては加害者との共謀に適した環境を提供する、最高のエサだ。イエスが説く原則のほとんどは人間的でないし、全くと言っていいほど実用的でもない。

間違いだらけのイエスの教えだが、その中でも最低な誤りを一つ挙げよう。人類に向けての怪しげな助言の中に一際有害なオーラを放っているのが、「悪に抵抗するな」「頬を打たれたら、他の頬も向けろ」という有名な命令文だ。こんな蛮行を皆が実践したら、どのような社会になるか想像してみてほしい。犯罪者を野放しにするに等しい。悪事を働く者だけが常に勝者になる修羅の世界になってしまうだろう。明らかに不条理な助言だし、本当に全員が頬を向けたとしたら誰も他人の頬を打たないので矛盾しているではないか。だがこの命令を通して、加害者に完全な犯罪の自由を与えるという、紛れもない本当の目的は果たしている。

イエスは本当に誠実に人々にこのような行動を提案していたのか、それとも意図的に逸脱した行動を促していたのか、判断することは今となっては難しい。しかし考えてみてほしい。まともな道徳の教師が、他人に危害を加えようともしない善良な一般人に、加害者を想定させて、さらには両方の頬を打たせるなどという無防備な行動を義務づけるだろうか？　例えば他人を傷つけて従わせることを疑問にも思わない者が両頬を突き出すような無抵抗の人間に対峙したからといって、今さら自発的に行動を改めるよう反省するものだろうか？　そんな出来事を、これまで歴史上の事件や社会生活の中で、見たことがあっただろうか？　そう、そんなことは起こらないのだ。暴力に抵抗することも報復することもない羊のような被害者を量産し、一方で加害者が善意で暴力に訴える道徳を提案しているというのなら、これ以上ない分裂症の天才のなせる業と思う。

もしかしてこのような倫理観の出処は、そもそも加害者側ではないのかもしれない。そう疑い始めている。

いかな巧妙な手口を使うカルト教団であっても、「イエスの教え」の分裂症的才能には嫉妬するだろう。「柔和な人たちは、さいわいである、彼らは地を受けつぐであろう」という山上の教えは、イエスの時代から70世代以上にわたって被害者と加害者の鎖を効果的に強制してきた。コンピュータ科学者ジャック・ヴァレは、「理解不能さが、人を信仰の道へと導く」と述べている。例えば不可知の地球外生命体の話や謎多きＵＦＯ現象が人間の心を縛り付けて操っているという側面についても論じていたことがあったが、キリスト教倫理もこれと同じような話なのかもしれない。戒律と生きていくのだから、誰だって自然に間違いを犯すだろう。最悪なのは、「自然にと言ったが、自然と言うのは命令されない状態のことだ。だからお前は信者失格」と言われてしまうような、理不尽でどうしようもない道徳であるということだ。

それと、これも認めるのが難しい教訓の一つであるが、「イエスの教え」という父権主義をさらに歪めた倫理観は、人生を改善したり、愛に満ちた責任ある人間的行動へと人々を導いたりするために考案されたものではない。正確には、上辺だけでもそのような善人に見えるように、仕向けられているだけだ。人心掌握と操作の達人のなせる奇術である。さらに、隠し味に救世倫理のサドマゾ神秘を入れ込んでくる。福音書は個人の正しい道徳の指針書としては無力であるが、心理社会的コントロールには非常に効率的な道具として権力者に利用される。

非人間の尊厳（神の命令という毒物）

イエスを悪く言うのはかなりの勇気が要る。周囲からは即、悪者と断定されてしまうからだ。どうみても狂っている贖罪者倫理に公然と反論するのを難しくしているのが、この問題である。

イエスに反論したり軽蔑したりすると、周囲の人々が感情的になって、自分の人間性が疑われてしまうのだ。非常に奇妙な現象だが、やってみると敵意を感じるのが分かるし、実際にそうなるのである。

さらにイエスへの反論に対する圧力は、人類がその神聖な生得権を取り戻す道を阻む、大きな障害物となっている。なぜこの圧力はこれほどまでに根深いのか。**それは、神の犠牲者像が人間の尊厳を示す「お手本」として、意識の深くに定着しているからである。**したがってイエスに対するどんな攻撃も、人間全体の尊厳を軽んじるものとして感じてしまうのだ。イエスという唯一の尊い存在を否定することは、人間性を否定することだと信じてしまっている。今や、人間という種そのものの自己評価を表す存在にまでになった。イエスという人物に対するいかなる攻撃も、神が贖罪者を通して人類に与えた愛の言葉に対するいかなる批判も、これを生来の人間性だと認識している全員にとって、自傷行為として感じられるのだ。

だが、「これこそ正しい人間の姿である」と思い、信頼を寄せていた団体（または人物）、居場所が、ずっと間違っていたと分かったとき、どうなるのだろう？

旧約聖書に出てくるデミウルゴスは傲慢で狂った、偽善者である。そして人間を「我が姿に似せて造った」と嘘をついた。アブラハム三大宗教の共通標語である。。「神の姿に似せて造った」というのは、人間の魂に烙印を押したということで、人類を異星人の計画に完全に隷属させるということである。グノーシス主義の観点でみると、救済主義の台頭は人類に新しい道徳的啓示が示されたという現象では全くなく、人類という種にとって唯一最悪の過ちであり、侵略行為であった。「世界愛」ほど、黒幕である隠れ支配者にとって利用しやすい道具はない。それを丁寧に印字された活字で「悪に抵抗するな」「敵を愛せ」「害を加える者には善を行え」「頬を打たれたらもう片方の頬を向けろ」「苦境を受け入れろ」「加害者を許せ」という、正気とは思えないし現実的でもない狂った命令に仕上げて、全人類に受け入れさせている。「愛の言葉」という甘ったるい砂糖の表膜《コーティング》の下には、「神の命令」という毒物が隠されている。その実態は、被害者と加害者の鎖を強化、維持するためのアルコンの計略なのだ。

つまり、どれだけ努力しても神の父権主義から愛や善の言葉は取り出せないから、やめておこうということだ。発信源からして腐りきっている。これは歴史から学ぶ教訓の中でもダントツで理解が難しい事柄である。

人間にとって、愛は正しい道徳（すなわち思慮深く分別があり、人間的であること）の表現のための中心的な必要要素ではあるが、絶対の善悪の判断基準にはなれないということは、直観的に分かる。では、愛に代わる道徳の基準とは、何であるべきなのか？　それは、「生命を感じるかどうか」である。そこに生命力を信じ、尽くしているかどうかが、本来の道徳かどうかの基準なのだ（精神科医ヴィルヘルム・ライヒは、人生を賭してこの声明を発表した。父権主義の権威主義や見せ掛けの屈強さを批判し、社会全体が感情的な疫病に罹っているとを説明した彼は、人間の尊厳についた原始的な深い傷跡や、神権父系制についても語っている。そして社会悪を正すための治療法として、男女間の誠実な相互理解を基にした自己制御を提案した）。生命信仰は愛という自発的な力の理解を促してくれる、というより、愛を信じられるよう後押ししてくれる。命令などの外部からの強制は最初からない。生命を直感することで、「愛し方」を経験から学ぶ自信を身につけられる。愛がない絶望的状況であっても、あくまで愛のために挑戦する方法を知ることができる。しかしながら、直観的知識は途中で外部からの影響、特に宗教の影響を受けやすいのが難点だ。救済主義で条件付けされたことが原因で、古代エウロパ人たちの生命信仰の感覚は破壊され、残忍な性格を持つよう価値観が改変されてしまった。その後、新大陸アメリカの先住民族に遭遇した際に、彼ら自身が体験した過去の傷を先住民の中に見てしまい、自分につけられた傷を先住民につけようとしたのだ。本当に欲しかったものがそこにあるのを見て、羨ましくて耐えきれず、壊すしかなかった。決して自分の一部にできないと分かった瞬間、人は所有権を無理にでも主張するか、奪うかのどちらかを選ぶ。贖罪倫理への改宗は、全世界の人々から、豊かで大きな霊的知的財産を奪った。ところがそれは、失ったら二度と知ることができない、掛け替えのない遺産だったのである。

古代から続く智恵を失ったことで、アメリカ大陸を侵攻したヨーロッパ人たちは、先住民と自分に共通する「人間性」に気づけなかった（コロンブスなどは先住民たちの幸福な様子に困惑していた）。超人理想、キリストの欺瞞により、人間性への感覚がすでに汚されていた侵略者たちは、本来の人間性に沿った人道的行動倫理を思い出せなくなっていた。

人は信じているものしか見ようとしない生き物だ。征服者たちが見ていたのは、自分に侵略されるべき自然界の処女性であり、盗まれるべき富であった。自分たちが過去に奪い尽くされたように、自分は略奪する生得権を持っているのだと思い込んでいた。精神性も道徳性も枯渇した状態に陥っていた彼らは、まさに征服者にうってつけの人材となった。その精神状態では決して手に入らないものが目の前に大きく展開し、当然、彼らは貪欲を制御できない。それほどまでに先住民の生命信仰は豊かで広範で、自然であった。内側で失ってしまったものを、今度は外側に求めていったのだ。

ソフィアはデミウルゴスに「サマエルよ、あなたは何も分かっていない」と言い放った。アントローポスという光り輝く真の人間性が見えていない彼を、遺憾に思ったのである。ヤルダバオートやアルコンは真の人間性を決して理解できない。これは「人間は神に似せて造られた」という信念を強く揺るがす、グノーシス的警告である。本来の人間性とは何かを理解できず、尊重できない者が、自分に似せて人間を創造などできるわけがないのだ。

先住民の智慧はこう伝える。「それぞれの生命はその生息地、つまり生命圏に似せて創られた」我々人類もその例外ではない。グノーシス主義者はソフィアによる「修正」を心待ちにしていたが、どうやって初めにそれがあることを知ったのかは分かっていない。人類という神聖な系統に生まれたことに感謝し、私がグノーシス主義者の代わりに「ソフィアの修正」について知ってやりたいと思っている。というか、グノーシス主義であろうとなかろうと、今では世界中で同じ認識を持った者がますます増えている。固着した「神の犠牲者」という人間像から解放された、真の人間性に根付いた自己イメージを持つ者を見かけるようになった。贖罪者コンプレックスには、真の人間性であるアントローポスを通じて真の自分自身を知る力を妨げる、邪悪な意図がある。自分の代わりに十字架に張り付けにされた男など、誰だって本当は見たくもないはずだ。自分に神聖な生得権を与えてくれる生きる大地を、犠牲者のために放棄したいだなんて、思っていないはずだ。「犠牲の山羊＝人間像」という構図を受け入れてしまったら、真の人間性とはいかなるものであったか、自分だけでは分からなくなってしまう。キリスト教は我々から人間性を奪った。その手口は元々、人類を救う義人や超人に憧れを抱いたゼデク派教団から受け継いだものだ。

生命を愛すること（イエスの呪力は人間の精神を蝕む劇薬!?）

人間の姿をしたイエスという、父神の遣わした我らが罪の贖い主は、人間の尊厳という神聖な人物像を持たされている。だがその裏では、イエスは人間の正気を損なわせる元凶であると言ってもいい。贖罪者という名の通り、世界中の人の罪を一身に背負って、人類を救うためにこの世に遣わされた神の唯一の代理人であるという触れ込み通り、彼は「完璧な人間像」として仕組まれたのである。救世物語は、彼こそが人類史上最高の人間であると言い張っている。この物語の心理的、霊的な本当の影響は、この物語を受け入れた者たちの主張や、物語に符号化された信念を実行していると思っている者の主張とは、実際には大きく異なっている。実際には、イエスの呪力で彼らの精神が麻痺させられているのだ。約束された「救い」という名の薬は、実際には人間の精神を蝕む劇薬である。自分たちの尊厳を守るためにと造り上げたその人物像は、実際には自分たちの尊厳につけられた傷跡を広げ、致命的にしているのである。

他に、人間の尊厳を最も深く、延々と傷つけているものは何か？　それは超人思想だ。地球生命体の自己像からあまりにかけ離れたイメージであるが故の、疎外感によって傷ついている。

そのような思想は、ガイアとその上に住む他種族との生命の繋がりを元から断ってしまう。それに、それはただの虚像である。ただの妄想の産物なのだ。それから、我々人類は環境に適合して今の形になったのであり、彼奴の姿に似せて製造されたのではない。自然界を見て、そのイメージの中で自分たちの在り方を見て、私たちは今の姿に創造されたのだ。太母信仰の揺るぎない献身の中で、秘教学が学んだ教訓がこれだった。

魂を救う救わない以前に、人間としての尊厳を持っていることに気付こう。「死」の扉の前に立つとき、エゴが扉の向こう側に何を期待しようと、我々人間はあくまで謙虚に「人間の尊厳」をそこに求める。神の父権主義を強制するアブラハム三大宗教から、人間の尊厳を取り戻す時は今だ。

「神の犠牲者」とは、女神アーシラトが燭台メノーラに模造されたのと同じで、アントローポスから偽造された概念である。このすり替えによって、人間の自己評価自体が哀れで無様な人間像に置き換えられてしまった。十字架に磔にされて苦しむ男の姿には、アントローポスの生命と喜びに満ちた本来の人間性は一片も見られない。生命力ではなく病気や怪我で苦しむ姿を、本当の自己愛の代わりにナルシスト的苦悩を、イエスの姿に「模造」しているのである。イエスは隣人を自分自身のように愛するよう命じた。だが、どのように自分自身を愛するか、一言も教えていない。故にこのアドバイスは役に立たない。本当の自己愛とは、生命そのものを愛するようになることで、自然発生する副産物である。イエスは「あなたがたは他人を愛するのと同じように、自由に、自発的に、何の見返りも求めずに、自分の命を愛しなさい。命そのものを愛することで、人間愛の力を知るでしょう。得ることもあれば失うこともあるでしょう。それでも自由に、流れに任せ、見返りを求めずに生命を愛せば、他人からの愛を受け取ることもあるでしょう」とは言っていない。聖書に赤字で書かれてもいない。被害者と加害者の鎖の維持特化型としての偽愛の言葉は、人間が苦しみを理解しようと努力することすらさせない。鎖の外側にある真実には決して触れさせない。当然、人間愛の神秘を明らかになどさせない。新約聖書の「福音」とやらには期待しない方がいい。同族を愛することも（「共生者」の存在を認識し）、他種族を愛することも、絶対にさせてくれない。期待するからイエス・キリストの非人間性に気づけなくなってしまうのだ。

　歴史学者セオドア・ローザックの『不毛の地の行き着く先（*Where the Wasteland Ends*）』は、ユダヤ・キリスト教の救世物語による支配が人間本来の想像力を深く傷つけ、人類の物語創作《ストーリーテラー》能力を損なわせているという思索を示した名著だ。「キリストは歴史物語の主人公であるので、もはや無敵である。キリスト教の出現は、人間の神話創作能力に再起不能な傷を負わせた。ユダヤ教でさえここまでの破壊はなし得なかった」ccxlix

　我々の想像力を破壊する宗教の襲来を予見したグノーシス主義は、宗教の倫理観と救済主義イデオロギーの両方に抗議した。想像力を破壊し、それで何が人として正しいのか分からなくさせて、分別力を持たなくなった隙を狙い、異常性、ナルシシズム、自己執着が心に入り込んできた。2000年前、秘儀の守護者たちは人間の潜在能力を引き出し、人類の進むべき道へと自分の足で歩むよう指導してきた。それが人間のゾンビ化を誘発する宗教の出現により、本来の分別力が完全に損なわれてしまった。「人類の道」として示されたそれは、見せかけだけの「模造品」だ。それを手に入れても、本物は手に入らない。十字架に磔にされたのはイエス・キリストではない、人間の想像力である。そしてそれは、我々人類種の先天的能力だ。それを磔にした犯人を見つけ出して今更和解しようとしても、起きたことが巻き返されることはない。神の犠牲者《イエスキリスト》こそが世界の希望の光であるという偽の宣言は、既にされてしまったのだから。

第二十章　宗教を超えて（死海文書、ナグ・ハマディ写本の暴露）

ローマ皇帝でありエレウシスの秘儀入信者でもあったマルクス・アウレリウス・アントニヌス（紀元121－180年）は、異教倫理学の本質を簡潔に述べている。「自然は相互扶助的な理性的存在の群体である。それぞれがその価値観に応じて仲間を助け、他者に危害を加える知恵を本来持たない」[ccl]『自省録』の言葉である。ドナウ川流域の豊富な森林資源の中で育まれた新石器時代の集落ダヌビアン文化があった人里離れた野営地にいたマルクスが、帝国を侵略から守るために苦悩していた時に書いた哲学的な考察日記だ。特筆すべきは、他の古文書よりも異教徒の倫理的価値観をより明確に示している点である。マルクスは異教社会（奴隷から皇帝まで）にとっての名誉や親切さの規範を、シンプルで直接的な言葉で表現した。

よく言われている「キリスト教は民主主義だから勝ち残った」という文句は、もちろんあてにならない。異教道徳の衰退について筋が通らないからだ。異教は単に、平等主義的であったために衰退したに違いない。平等主義の社会では全ての人が同じ価値観を持つ。そこでは一人にとっての苦しみは、全員にとっての苦しみになる。あるいは苦しみに打ち勝つことも、全員にとっての勝利となる。そして、運命の前では誰もが平等である。救世論者の倫理学だと、信仰心の篤い者にだけ与えられる特権によって運命は変えられるものと想定されている。これにより、「苦しみは救世のためであり、神によって与えられた条件である」という思想に基づいた全体主義的社会が設定される。苦しみは神によってのみ救われるという考えだ。救済主義は次に書くような民主主義的なアプローチによって力を得ている。一つは、信じる者は救世神の加護を受けるという信条。二つ目に、神の意向には逆らえないという信条を人々に持たせることだ。いかに破綻した証明のしようがない理屈であっても、信じる者がいることで力を持つ。最後の仕上げとして救済主義は苦しみを普遍的価値観として人々に吹き込み、超常的な付加価値を与える。異教文化はその異常性に対する解毒剤を持ち合わせておらず、感化を許してしまったのである。

『自省録』からは古代異教文化の寛容さが伝わってくる。肉体的感覚を基にした神秘の教えが中心のグノーシス主義と、人間を自然現象の一つと捉えた人間主義であるストア学派。この二つが見事に収斂《しゅうれん》しているのを見て取れる。『自省録』の美と精巧な描写は、その重厚な自然の観察によって引き立てられている。それに、義務感で書かれていないのがこの書物の良いところだ。社会において、人は義務を果たさねばならないと言って挑戦し、失敗すると「少なくとも挑戦はした」と言って心理的に優位に立とうとするが、この本にはそのようなずるい打算がない。損得勘定で倫理学を語るどこかの宗教とは大違いだ。信じる者は救われる（だから神を信じろ）とか、信じれば死後に現世に蘇らせてもらえる（だから神を信じろ）だとかの、「神の寵愛」をいちいち考慮していない。「最後の裁き」などという地球外的なエンドゲームの話もない。現実感に基づいた人間らしさを冷静に語っている。人間が潜在性を追求した果てに実際に得られる究極性《テロス》について話しているのだ。追求した挙句失敗した時は、その分悲しみも大きい。それだけ真剣に「人間とは何か」について妥協せずに追求したのだから、仕方がないことだ。

マルクス・アウレリウスは随分と思い詰めていたようで、全体的に陰気な雰囲気が漂ってはいるが、『自省録』を3ページ読めば新約聖書全部よりも断然マシな道徳を身につけられることは保証しよう。

ガイア人の道徳（真の善行）

社会的秩序は自然界の至る所に存在する。それは、本や法律が発明された時代よりも、ずっと前からそこにあった。私たちが本来持っていたものであり、そのパターンは体や石の構造と同じように繰り返しの均衡に従って出来ている。私たちが社会や政府の秩序と呼んでいるものは、自然界の原理から心が計算ではじき出して出来た姿である。[ccli]

贖罪者コンプレックスに対するグノーシス抗議がただの難解な神学的問題をめぐる議論以上のものであったことは、すでにお分かりのことと思う。魚座の時代の幕開けとともに始まった世界規模の「大忘却」に真正面から立ち向かうのは無謀な戦いであった。とはいえ、人類が生き延びようとする意志と生命力そのものを潰そうとしてくる悪に立ち向かう者は他にいなかったことも事実だ。

自死に向かう救済主義とは対照的に、秘教は生命力である「エロス」のエネルギーを生命の源たる地球（ガイア）に根付かせようとした。秘教学校の創設者たちは、人間の道徳性は自然との関係性に根ざしていなければならないと語った。つまり、人間の道徳は人間それ自体からは全部を学べないということだ。今日でも多くの人々が同じ信念を抱き始めている。すなわち、土着宗教《ペイガニズム》の知恵を復活させ、贖罪者コンプレックスから抜け出し、ガイア倫理へと方向性をシフトしていこうという提案だ。「人間以外の種族との触れ合いの中でこそ、自分たちが人間であったと思い出す」と哲学者デイヴィッド・アブラムが『官能の呪文（The Spell of the

Sensuous)』に書いた通りだ。[cclii] アルネ・ネスとジョージ・セッションズが提案した「ディープエコロジー運動の八つのプラットフォーム原則」は、人間という種の生来の「善」であることを前提としている。これはつまり、適切に自然と結びつけば、人間は命令されなくても自然発生的に善行を行う生き物であるという主張になる。これはガイア倫理学の第一原則でもある。

『自己実現と世界に存在することへの生態学的アプローチ』と題するエッセイの中で、アルネ・ネスは次のように述べている。

呼吸をするのに善悪を規定する倫理は必要ない。拡大した「自己」が別の存在を内側に包含する時、その人は他者を思いやるのに道徳も警告も必要としない。自分自身という全てを思いやるのだから、同調圧力もない。ノイローゼで苦しんでいる人は、自己破壊的で自分自身を憎む方向に突き進んでしまっているのに気づいていないのだ。[ccliii]

優しさは、自然であれば自然にやってくるものだ。飴と鞭を使って他人を従わせるやり方で飼い慣らされてきた現代人にとっては、すぐには理解できない発想かもしれない。それほど支配者文化に人間の精神が堕落させられてしまった。呪われた人々は「権力者」に指示される時のみ動き、何の強制力もない道徳性などは信じられなくなっている。贖罪にはまず堕落が必要だ。仕組まれた贖罪の運命、これが権力者《アルコン》の手口だ。しかしエウロパ先住民は簡単には堕落しなかったので、ユダヤ・キリスト教の贖罪洗脳プログラムを乱暴なやり方で押し付ける必要があった。洗脳プログラムはさらに激化していった。何度も何度も執拗に抑圧し、時には極めて残忍な手段に頼った。強制堕落からの贖罪など、マフィアの「保護サービス」提供のようなものだ。罪人に仕立て上げてから贖罪を提供するというシステム。一度嵌ると抜け出せず、絶望的になってサービスを求め続けるという仕組みだ。

本物の道徳は何も命令しない。偽の道徳は遠隔操作によるものだ。人間性や自然などを何も気にかけないエリート支配層に従属している、偽物の社会において遠隔で実行される「模造規範」である。遠隔操作の偽道徳は、本来持ち得た善の才能を宗教で滅茶苦茶にされてしまった無数の人間の成れの果てによる、偽物の社会適応の道である。ゼデク派教団の超人主義が未だに人間の善と自然の美や、その他自然発生的なすべてを堕落させ、異質なものにすり替えている。テクノクラートの影の首謀者たちの「グレート・リセット」計画も、人間の行動を全て遠隔操作したいという願望の具現化に他ならない。人間の皮膚に擬似生命の「オペレーティング・システム」を植え込むというコロナワクチンを作るモデルナ社は、そういう危うい、歪んだ願望を抱いている。巨大製薬会社はこのようなｍＲＮＡ操作医薬をワクチンと呼称するが、このような代物がただのワクチンであるわけがない。ここまでは正気になって考えれば、誰でも分かるはずである。２０２０年以降の人類は、軍産複合体よりも軍「医」複合体の脅威にさらされているように見受けられる。いまだに先が見えないくらい、悪化の一途を辿っている。コロナウイルスが新興宗教と同じくらい早く広がっていると興味深い観察をする声もある。中絶胎児から抽出した物質を「聖餐」として人類に施すなど、アルコンどもの悪趣味ぶりにはまったく辟易する。現代のコロナウイルス関係のデマは、彼奴らの「模造」のまさに集大成である。

私は、グノーシス主義の実践こそが全ての宗教に代わる真の精神的運動になり得ると考えている。問題は、ソフィア神話が既存の宗教の道徳に代わる人生観を提供できるかという点だ。宗教的教義に縛られない道徳性ならば可能かもしれない。神秘体験の全てを無機質な地球外生命体にもたらされるのを待つのではなく、生命力そのものに根付いた至上体験を人々が求めるようになれば、あるいは。だが全員が救済主義の倫理観の超越に成功できるかどうかは、現段階では定かとは言えない。神の愛や天罰がごっちゃになった言葉が聖書に書かれ、約２０００年前に人類に導入されて以来、ずっと人類の心の中に巣食う贖罪者の亡霊がいて、簡単に追い出すことはできない。「平和の王子（イエスの呼び名の一つ）」が見守っているはずの世界はますます分裂しお互いに殺し合い、混迷を極め、信仰に篤い者はますます父神の最後の裁きを信じて、ただ待つだけになる。これだけ残虐なやり方で人間を追い詰めてきたというのに、どういうわけだか、視覚トリックの妙で全部忘れさせることができるようだ。社会福祉家ヘレン・ケラーが見据えていたように、ほとんどの人々は実は、自由になりたいとは思っていない。何も考えず従う方が楽だと思っているのだ。なぜなのか？　それは、彼らは単に、安全に生活したいだけだからだ。その「安全神話」がたとえ砂上の楼閣だとしても、何もないよりはマシと考えているのだ。ただし、信念が変わることで宗教を卒業することは可能であるし、このループから抜け出せないわけではない。できればそうなってほしいものだが、贖罪宗教の暴力や強制力を克服するには、ただ弱点を見つけて反論しようとしても無駄だ。宗教は常に平和をもたらし、世界を安全な場所にしてきたと主張してきて（最近ではコロナウイルス対策を主導する権力者も同じことを言っている）、人々は受け身にそちらの説を信じてしまう。人類が進むべき正しい未来とは、宗教がない世界なのだろう。

異教徒にとって人間には固有の道徳性があり、したがって神や超人に倫理観の承認をもらう必要もない。自然詩人ゲーリー・スナイダーは、「社会秩序は自然界の至る所に既存し、我々人間もそれを生まれつき持っている」と主張した。同じことが道徳的秩序にも言えるのだ。人間は自分自身を知り、倫理的な行動をするように創られている。これこそがガイア・ソフィアの原理である。この考え方はこの著者独自のものではなく、生態学者、生態心理学者、文化史家などの多くの知識人によって説かれている智慧である。倫理的価値観と生存能力の両方を同じ超自然的な授かりものである「ヌース」から進化させていくということは、秘教の本質的な教えであった。正確に言うなら、秘儀入信者の智慧の倫理的本質である。

自然道徳だけでは不安という声もあると思われる。なぜなら、死や悪や不正がなぜ存在するか、そしてなぜ自分はここにいるのかという、永遠の問いかけに答えを与えてくれないからだ。世界はなぜ存在するのか？　もしかして、本当は全く何も無いのではないか？　哲学者ハイデッガーはそう問いかけた。救世論はそういった永遠の問いに対する答えを提供しているように思えるので、信者も多いのも分かる。しかし、もしその答えが間違っていたのならどうするだろう？　偽物でも構わないから、安心したいだけなのかもしれない。昔も今も、答えが間違っていても、全く答えがないよりも良いと思う人の方が多数派だ。

もし私たちが本当は、人生に関するこれら大きな疑問に答えを見つけるために、信仰を必要としないと分かったら、どうなるだろう。完全に素の人間であるためには宗教に頼らず、積年の謎が発生する状況を突き止めて開目し、全てを抱擁する必要があったのだと知ったら？　死後の世界についてあれこれ推測して先入観に塗れるよりも、かえって赤裸々に「自分はいつか必ず死ぬ」と意識してしまえばいいと分かったのなら？　どうすれば死を避けられるか、どうすれば死後に天国に行けるかなどと神に交渉するのではなく、いつか必ず失《な》くすものだからこそ、正しく認識すべきではないだろうか。人生のすべてがうまくいくわけがない。だから、常に自分が正しいと思わない方がいい。だが、それを知ってなお勇敢に、そして寛大に生きられるのか不安に思うだろう。理解するのが難しい人生最大の謎を心の中で抱擁しろと言われても、受け入れのために少しばかり不安解消のために、多少の嘘に頼る必要があるのではと思うかもしれない。いいや、嘘は要らない。自然道徳があれば、謎は受け止められる。私たちならできる。チベット仏教の「大いなる完成」ゾクチェンでは、自然女神カダグをあらゆる行動の基盤としている。その自然行動はいかなる人工の規律にも縛られていない。「純粋に在るということは、善を表現するということである」西洋で急進的な仏教観の発議者として有名になったチョギャム・トゥルンパは、「宗教は自分自身を罰する教えだ」と考えた（加えて、見返りを求めようとする教えだと、私は考える）。「人々は原罪などという考えをまだ真面目に捉えているが、そんな考えは今すぐ捨てるべきだ。本来の善がいつか原罪にとってかわるだろう」と過激なことも言っている。カダグは道徳的な義務に左右されない、自発的な善である。「何かを判断する前、何かを信じる前に、自身の真の知性に触れることは可能である。それは真の現実との出会いであり、そこには多くの発見と資源がある」[cclix]

　グノーシス主義もまた、プレローマの無限の善は、人間の本性の中に存在すると断言した。だから一定のルールに従う制限ある行動では、究極の善には辿り着けない。私たちは、本当はアントローポスになって生きるべきである。真の善行はそこから生まれる。

「寛大な宗教」の罠（アルコンの人類侵入）

キリスト教徒は世界中に何十億人といる。だが、自分でその宗教を信じたいと選んだ者の割合はほんの僅かだ。生まれた家がキリスト教徒の家庭だったからという信仰理由が極めて多い割合を占める。同じことがイスラム教にも当てはまり、現在では78億人以上いる世界人口の約5分の1をイスラム教徒が占めている。ユダヤ人は人種として生まれつき宗教を信じる定めである。つまり、自分たちの人種的アイデンティティそのものを宗教にしているのだ。いずれにしても、彼らは皆「選ばれし者」になることを目指している信者たちだ。異端（*heresy*）という言葉は、ギリシャ語の「選ぶ（*heraisthai*）」から来ているということは現代ではほとんど忘れられているが、異端者であるということは元々、「選択肢を持つこと」であった。誰かに強制されたり、義務づけられたりしないという意味だ。「異端者」とは何を信じて、何を信じないかを自由に選べた者のことであった。

宗教を超えていくには、立ちはだかる幾つもの強い障壁を乗り越えていかねばならない。中でも厄介なのは、この三つの贖罪宗教が寛大な宗教であるという誤解が広まっていることだ。

どうやればそう解釈できるのか、甚だ疑問であるが、よほど聖典を自らの疑念を入れずに盲目的に読んでいるのか、開いて読んでいるふりをしているだけなのだろう。実は信者の多くは、聖典を読まないか、あるいは自分の信仰について疑念を抱くのに消極的なだけだったりする。それか、例えばパウロの手紙の中から、信仰、希望、慈愛などについて語る、高尚なことを言っているように見える部分だけを切り取って、選択的に読むだけだったりする。信念よりも聖典に書かれたことを重要視しているのだ。全体的に全く寛容さがないものを寛容であると信じるには、聖書が実際に伝えていること全てに、見て見ぬふりをしなければならない。そうして信じたい部分だけを抜粋している。西洋の宗教歴史を見れば、アブラハム三大宗教がいかに不寛容な宗教かがよく分かる。グノーシス主義者が最初から見抜いていたことだ。そして気がつけば、宗教的理想の名の下で行われた対人類戦争の最前線に立たされたのだ。

　キリスト教徒の多くは、聖書の語る古代ユダヤ人歴史観を、あたかも人類全体にとって大事な物語であるかのように捉えている。しかしそうした原理主義者は、キリスト教神話の源流を確認するためにも、ぜひ死海文書をその目で読んでみてほしい。そこに救世主義流の解決策が書いてある。例えば『戦いの書』では、「光の息子たち」の軍服、軍備、戦闘部門の掟についての記述が18列分ある。この巻物ではクムラン教団と契約を交わし、最後は救ってくれる「愛に満ちた慈悲の神」が称賛されている。「神は心が溶けてしまった者を裁きにかけ、神の賛美を歌わせるために閉じた口を開けさせ、弱々しい手に武器を持たせ、敵を残らず殲滅するために、諸君らを集められた」[cclv] 読み進めていくうちに、巻物で描かれる栄光の神はとにかく乱暴で厳格さが過ぎ、人類に脅迫ばかりして、どこが寛容なのかと思えてくる。キリスト教の伝道活動がクムラン文書の戦争好きな性格をよく受け継いでいることも見えてくる。『見よや十字架の』の聖歌では「すすめつわもの」と歌われ、キリスト教救世軍にとっての英雄を讃えている。まるで軍隊のようではないか。

『戦いの書』には、ゼデク派教団の掲げた殺害予定者の一覧《ヒットリスト》がある。一番上に載る名は、彼らにとっての「最悪の敵」というわけだ。11列目の文章には、ゼデク派教団が主に「全滅させよ」と命じている敵の名が連なっている。東方の預言者バラムの予言（星と杖の予言）にも同じ文章が見られる。「ヤコブから一つの星が出て、イスラエルから一本の杖が出て、モアブのこめかみと、セツのすべての子らの脳天を撃つであろう」ユダヤ人社会に伝承されてきたヘブライ語聖書『マソラ本文』に記された、『民数記』第24章17節の文言である。死海文書に書かれたものはマソラ本文より1000年近くも前のものだが、聖書に書かれたこの一節をさらに拡大した記述がある。

　ヤコブから星が出て、イスラエルから笏が出て、モアブの額を打ち砕き、セスの息子らすべてを引き裂き、そしてヤコブから彼が降臨して、都にいる残党を滅ぼすであろう。敵は占有され、イスラエルは勇敢である。[cclvi]

『星と杖の予言』は、ゼデク派教団にとっての国歌に等しい。名指しされた敵は、クムラン派にとっての不倶戴天《ふぐたいてん》の敵であるということだ。ところでこの「セスの息子」とは、何者か？すでにお察しのこととは思うが、グノーシス神秘主義者のことである。「モアブ」とは死海（現在のヨルダン）の東側にある高原地帯のことで、そこはグノーシス派が何世紀にもわたって栄えたナバタイ王国の領土であった。つまりこの11列目には、敵の名前と住所が記載されているということだ。ゼデク派教団はグノーシス主義を全滅させようとしていたという確固たる証拠であるが、これだけでは計画の全体像は不明瞭で、証拠不十分である。さらには、第三の宿敵を明示する文が、同じ文書内にある。

第11列の7行目は水滴で文字がぼやけてしまい、ある一文字を特定することができなくなっている。ほとんどの学者はワイズ、アベッグ、クック訳の「都市（city）にいる残党を滅ぼす」という文を引用するが、この滲んで見えにくくなった部分の文字が「都市（city）」ではなく「セイル（shin）」という名詞であるとする学者もいる。[cclvii] この説が正しい場合、「セイルの残党を滅ぼす」という訳になる。セイルは聖山の名前であり、レヴァント地方のグノーシス派にとってのその起源となる聖地でもあった。その地のグノーシス主義者もそう名乗っていたし、ゼデク派教団にとっても敵を示す暗号だったということだ。セイルの残党を標的にするということは、グノーシス主義運動を根絶するということである。

『戦いの書』はグノーシス主義者の名前、住所、本拠地の三つを標的に書かれた戦争文書だ。巻物の他の部分にはこれほど激しく明らかにグノーシス派を敵視している箇所は無い。しかしながら、秘儀の守護者を標的にしていたのは、死海文書の著者だけでは無い。『ユダヤ古代誌』を記した帝政ローマ期の歴史家フラウィウス・ヨセフスは、石板に秘密の教えを刻んだことで知られる「セツ派」について言及している。『物事の在り方の秘密』と呼ばれる死海文書の欠片「4Q417と418」があるが、その秘密についてが文書中で言及されている。その秘密とは、イスラエルの神が明かした「真の目的」についてであった。クムラン派の文章は、選ばれし少数となった自分自身を勝ち誇ったような書き方をしている。「あなたがたは理解できる者である。あなたがたの貧しさは、思い出すための報酬である……令は刻まれた……罰は刻まれた……神の御前で石に刻んだ令のために……概して、セトの子らに。」cclviii 欠落部分が多々あるものの、ここでの神がセツ派、つまり「セトの息子ら」を叩き潰そうとして具体的な暗殺計画を持ち出していることが明らかである。死海文書研究家であり、ユダヤ教終末論の専門家であるジョン・J・コリンズは、文章の空白部分を埋めて、「邪悪なるセトの子らに対する神

の勅命」と書き直した。cclix

死海写本には、エジプト写本を記したグノーシス派についても具体的かつ多数言及している箇所がある。この二つには非常に重要な繋がりがある。ただ、ゼデク派教団とグノーシス主義の接点は文書だけではない。ナグ・ハマディ写本の翻訳文を編纂した『グノーシス聖典（The Gnostic Scriptures）』の編集を手がけたベントレー・レイトンは、「グノーシス教団とその敵対者」と題した関係図を著書の中で提供している。この図には、グノーシスの教えと教師、各出来事に関連する30の考古学的遺跡が示されている。第16番の場所には、紀元350年頃に「アルコン派」と名乗ったグノーシス派の野営地が示されている。クムランのすぐ南、死海の西岸に位置するこの場所は、ゼデク派の前哨地のすぐ近くである。cclx

グノーシス派はゼデク派をスパイするために、わざとエルサレム近くの荒野に野営していたということだろうか。考古学的な証拠を精査しても、そのように考えて不自然ではない。なにより、「アルコン派」という名前がそれを物語っている。秘教徒の派閥は場所や目的によって分けられる。サモトラキ島の秘儀はサモトラキ派と言った具合だ。それから、ディオニソス派やオルフェウス教のように教え特有の神性や、特別な修行や専門知識によっても区別されていた。例えばオフィス派はデミウルゴスへの最初の反抗者である「蛇《オフィス》」の力、すなわち「クンダリーニ」の使い手であった。「アルコン派」はおそらく、アルコンの監視を任務とした教団だったのだろう。

レイトンは考古学的証拠を見て、おそらくゼデク派の領土にグノーシス派が潜んでいたことを指摘した。これを裏付ける証拠は、ナグ・ハマディ文書の中にあるだろうか。コプト語で書かれたグノーシス派資料には、特定のユダヤ教の宗派は名指しされていない。しかし、他の方法で紛れもない証拠を示している。ナグ・ハマディ写本には「義人ヤコブ」と思われる人物の描写をしている文書が三つある。ヤコブはエルサレム神殿でゼデク派過激運動の先頭に立っていた先棒担ぎである。その三つの文書とは、『ヤコブのアポクリュフォン』（I, 2）と、『ヤコブの第一の黙示録』（V, 3）と、『ヤコブの第二の黙示録』（V, 4）だ。二つの「黙示録（アポカリプス）」は、ユダヤ教とキリスト教の神学に対するグノーシス主義の「偽滅の刃」である。第一の黙示録では、なんとグノーシス賢者がヤコブに直接、ユダヤ教に扮したアルコンの狂計画について、教示する場面が描かれるのだ。「エルサレムは多くのアルコンの住処である」と、グノーシス賢者がゼデク派教団の長ヤコブに伝える（V, 3, 25.18）。先述したように、グノーシス主義はアルコンを精神内に巣くう異星人であり、人類を本来の進化の道から逸脱させるサブリミナル的侵入を試みる、全ての元凶であると見なしていた。アルコンの人類侵入は、アブラハムとメルキゼデクの出会いというユダヤ救済物語の一点から開始した。これだけだと一見、私がただの扇情的な反ユダヤ主義《アンチセミティック》の主張をしているように見えてしまうだろうから、揮発性の高い繊細に扱わなければならない問題と意識しながら、少し時間をとりつつ考えを巡らせてみよう。

コプト語の資料にも大量の「反ユダヤ」の要素が含まれているのが、グノーシス主義は人種としてのユダヤ人に反発していたのではない。ユダヤ救済主義の病原である、贖罪者コンプレックスという思想に反対していたのだ。『ヤコブの第一の黙示録』で、多くのアルコンの住処とされたエルサレムだが、「住人のユダヤ人たちはイエスの受難に関して、すでに免罪されている」と続けている。[cclxi] グノーシス学者のK・W・トロガーによると、コプト語資料の3分の1は反ユダヤであるという。これに反キリスト教的な要素を加味すると、全体の半分以上がユダヤ・キリスト教批判になる。これまで話してきたように、キリスト教は神に選ばれた証として、苦しみを賛美する。つまり、ユダヤ教から贖罪者コンプレックスを直接引き継いで普遍化させた犯人として、この場合は一緒に批判してしまって構わない。『大いなるセトの第二の教え』などの文書でも、ユダヤ・キリスト教を併せて厳しい言葉で非難している。

断っておくが、グノーシス主義者は全ての宗教を毛嫌いする頑固者の集団だったわけではない。G・R・S・ミードは、「教父たちがグノーシス主義者の倫理的な一面をひた隠しにしただけのことだ」と説明している。[cclxii] なぜ隠すのか？　私見だが、グノーシスの教えは常に温和で偏らない、模範的回答であるため、非難も風刺も不可能であったからだ。それに、抗議したと言ってもユダヤ・キリスト教の真に倫理的な部分まで全否定したわけではない。抗議したのはあくまで、その元凶となるイデオロギー部分のみであり、宗教そのものを嫌っていたのではない。異教の秘儀参入者は、人々に信仰の選択の自由を与えていた。ただし、人間の信念体系の起源を見通す力に長《た》けていた故に、逸脱や妄想などアルコンの仕業と断定したものに対しては、極めて冷酷な態度をとった。

　グノーシス賢者は義人ヤコブに、エルサレムの人々は「アルコンの一部」であると伝えた。これはつまり、贖罪神学の思想ウイルスに精神が感染してしまったと言い換えることができる。このように『第一の黙示録』の著者は、ヤコブに考えを押し付けることなく、ユダヤ・キリスト教の救済主義に反対するグノーシス主義理論と、その後の選択の余地を与えていることが分かる。無名の異教徒がクムランのゼデク派最上位にあたる人物に対し、真剣な話を持ちかけ、トーラーの戒律を拒否するという選択肢を提示したのである（32.5-10）。グノーシス主義は宗教というより反人道的な教義や妄想的な考えを毛嫌いしていることは、ナグ・ハマディ文書などを読むことで理解できる。ヒュパティアもそうだが、異教知識人「グノースティコイ」は皆、宗教の多様性については寛容な態度を示していたことは否めない。そんな彼らが公の場に出て強い言葉使いで批判するのだから、よほど例外的な、危機的状況であったことが窺える。そのイデオロギーが全人類を狂わせる重大な脅威であったと認識していなければ、有り得なかったことだ。

悲しいことに、異教徒の寛大さも罠にかけられてしまうことになった。風刺作家ヘンリー・ルイス・メンケンが説明したように、寛容さは人間として高貴であり社会を成り立たせている立派な性質ではあるのだが、不寛容さを寛容してしまう場合、自滅の道を辿ってしまうことになりかねない危険性をも孕んでいるのである。しかも不寛容に反対する抵抗運動がないと、そのまま助長して危機的状況を確実に優勢にしてしまう。そうなると最後まで不寛容性が有利なまま、社会全体が自滅の一途を辿る。救済主義に対するグノーシス主義の抗議は、「言葉での知的論争」だけを想定していた。つまり、実際の暴力から身を守るための武力などは想定されていなかったのである。キリスト教はゼデク派教団の遺産である「闘争的使命」、すなわち「セト派の残党を滅ぼせ」という押し付けの神命を受け継ぎ、異教の寛容さを利用して侵入、智慧を破壊していった。

霊的な戦争（ユダヤ人全体が巻き込まれた）

『ダルマ・ガイア（*Dharma Gaia*）』という、仏教と生態学を題材にした著作集がある。その序文で、「母なる地球が、私たちに行動を呼びかけている」と述べられている。地球もまた、私たちに「どのように行動すべきかを教えてくれる」と付け加えたいところだ。「過去の環境破壊を許そう。自分たちの無知ゆえに生み出されたものだと知ろう」というダライ・ラマの助言もついている。cclxiii だが、勘違いしてはいけない。自然や自然志向の生き方に対する過去の大犯罪を全て許したり、野放しにされた加害者を見て見ぬふりをしたり、遺族が受け続ける苦しみから目を背けたり、現在進行中の闇の計画を容認することは、断じてしてはならない。加害者との和解を求めても、世間の「贖罪者倫理」によって被害者が常に優位に立たされ、いつか加害者側にまわるという、イタチごっこのリスクが常につきまとう。信仰の自由は一つの寛容性であるが、それと信仰を社会全体に押し付けるのを容認することは別物であり、断じて混合してはいけない。異教徒は容認したことで全滅につながったのだ。

これは戦争である。詩人ゲーリー・スナイダーが「愛の戦士」と呼ぶ奉仕者によって、『ダルマ・ガイア』で提案されている「生物霊性」と「宇宙道徳」が守られなければならない。チベット仏教行者チョギャム・トゥルンパの「現代人は戦士の道の悟りを開くため、自分だけの経験を何度も何度も繰り返し、その果てに無条件に我々全員の心の内を信じる可能性を知る。人間の根底にある善を、生きながら体現する」の言葉の真意が、これである。cclxiv このような

「勇者育成学科」が、秘教学校には足りていなかった。中国仏教の少林寺のような、自衛もできる生徒を育てる寺院があれば良かった。多くの芸術を教えたテレスタイだが、武術は教えていなかった。結果、異教徒は教えと伝統を暴力から守ることができなかった。知力はあっても、自分たちの生活や設立した学習機関を守れなかった。自らの信仰を他人に押し付けようと暴力を振るう者に対しては、ただ屈服するしかなかった。

「ガイア人倫理学」は人間という種の可能性を信じる自然道徳であり、余所者の神への信仰を求めない。自然を蔑ろにする行為や、人間の天賦の才を阻害する信念に付する場合、信仰は悪となり得る。信仰が正義感を伴って地球の神性を否定しだしたら、人間種そのものの生存が危ぶまれる事態に発展し得る。信仰が暴力に屈し、ただ耐え忍ぶための道具になってしまうことだってあり得る。人類はガイア・ソフィアに根ざした神聖な生得権を持っている。それは「愛する生命を守ること」である。人間以外の生命を含む全ての生命を守り、世界を安心できる場所にしようとするのは、私たち人類の使命であり、生得権であり、本能である。人類はもう長いこと地球生命圏を暴力で脅かしてきたが、その原動力は我々の本能とは関係ないところの、外部からもたらされた救いのイデオロギーである。そして、これまで最も勇敢にそれに対抗すべく立ち上がったのがグノーシス論者であった。

だがグノーシス主義はいつも反感を買う。反宗教的な論調という先入観のせいで。「反ユダヤ主義」「反キリスト教」などとレッテル貼りをされたら、赤信号だ。その瞬間、2000年間絶えず強化されてきた呪縛の大鉄壁が現れ、いかなる議論も遮断される。世界が「神様の最高のお言葉」と謳うものに対抗する無礼者だとして、話を聞いてくれないのだ。熱心な信者にとっても、なんとなく教会に通い続けている信者も、「反キリスト教」と断定されたら「反人間」と思われてしまう。「反ユダヤ」と思われるのは最悪だ。反ユダヤ主義と非人道性は、安易に結びつけられやすい二大テーマだからだ。このようにグノーシス主義は否定的なイメージを持たれやすい、不利な状況に置かれている。

真実は時に残酷でありながらも、いずれは皆が認めなければならないものである。グノーシス主義はいつも、いつまでも、人類に「その考えを信じるな」と伝える。

グノーシス主義はユダヤ教過激派のゼデク派教団が持つ最大の宗教的狂気の危険性を認識していたが、その時にはすでにユダヤ人全体がこの思想ウイルスに感染していた。ユダヤ人共同体全体が、『戦いの書』に描かれた霊的戦争ドラマに巻き込まれてしまっていたのだ。ゾロアスター教の宇宙的二元性一源論を自らの物語に採り入れた彼らは、ゼデク派を「光の息子」と称して「闇の息子」と対立することを決めた。ゼデク派教団は、キリストを後押しした謎の超人メルキゼデクの秘密の教義を固守していた者の集まりだ。基本的に憎しみや嫉妬、執念深さ、殺人的な激しい怒りに満ちた信念体系を持つ過激派であるが、これが今のキリスト教の「神の愛」の教えの原型であることは認めなければならない。

否、偽りの「神の愛」の皮を被った、「人殺しウイルス」と言った方が正確であろう。

疫学的に言えば、キリスト教はゼデク派教団の過激思想ウイルスをパンデミックにまで広げた優れた運び屋《ベクター》である。死海文書を記すことで自らを鼓舞し、超正統派を拗らせた神権政治家たちは、自らを地球上のマスター種族、つまり他の雑種を支配するに値する「上級人類」とみなした。エロヒム（アルコン寄生体）の媒介者は慎重に、念入りな調査の末に選ばれた。パンデミックを起こすには、最適な文化的環境で整合性のある正しい文脈で人間に感染させる必要があった。第一部で説明したような奇妙な出来事が連続した後、ヘブライ人たちは不可解な宗教体験を語り始め、グノーシス主義者はそこに「異常《アノミア》」を検知した。異常は数世紀にわたり拡大し続け、人間の心に贖罪者コンプレックスの四大構成要素を生み出した。激情的で病的なその「神コンプレックス」の中心には、数々の「恐怖」がある。世界を創造し、運命を操作する見えざる絶対者の父親への恐怖、主の計画に従わない者への恐怖、戒律を守らないと神に捕らえられ罰せられるという恐怖、神の名の下に自分たちに危害を加えてくる者への恐怖、ゾロアスター教の世界観で示される、全世界が光と闇の宇宙戦争に突入したという恐怖、その解決策の発起を委ねられた頼りない人類への恐怖、全人類が狂気の無間《むげん》地獄に突き進む恐怖である。

「世界を救うには、一旦全て破壊しなければ」という信念は、本書第三章で説明したように、「絶滅神学」の考え方である。ゼデク派教団の終末論はキリスト教の『聖ヨハネの黙示録』に姿を変え、人々の考えに定着した。新約聖書を締め括るのは、ヨハネの黙示録という名の「惑星ホロコースト」である。新約聖書は「隣人を愛せ」と暢気《のんき》に曰う神の息子が、人類を贖罪するという「吉報」ではなかったのか。「神の愛の言葉」というには、あまりに不穏な知らせではないか。D・H・ローレンスは、黙示録を徹底調査した上で、救済主義精神の「力への渇望」について次のように表現している。

最初から世界の終わりや人類の全滅を望むなど、キリスト教徒は反社会的で、ほとんど反人間的と言える。そしてもし世界の終わりが来なかったら、すべての支配者と権力と、人間的に壮麗であるものすべてを破壊しようとする、厳格な決意を表明している。残されるのは聖人の共同体と、それまでの最高権力を否定できる、別格の最高権力への渇望だけである。cclxv

エルサレムやレヴァント地方に元々いたグノーシス主義者や秘教徒は、かつては皆そこで平和に暮らしていた。平和が長く続いたからこそ、ユダヤ人の終末論の気運が高まるにつれ、早くからその危険性を察知できたのだろう。神学の知識もあり、議論にも長けていた賢人たちは、狂信的な信念に反論していった。しかし、凶悪な信念に基づく暴力行為から身を守る術を知らなかった。さらには、確立された政治的権力に頼ることもできなかった。ヒュパティアなども政治には無関心なノンポリ知識人であった。グノーシス主義者は、個人による政治への介入を意図的に控えていたのである。その時代の神権摂政に取り入って、自らの手を汚さず裏で甘い蜜を吸う「似非秘教徒」や「知ったかぶりグノーシス主義ファン」と縁を切っていたということもある。

ヒュパティアはアレクサンドリアの些細な政治問題に言及したことが仇《あだ》となり、自らの殺害を招いたとして、軽率な女と中傷されることがある。彼女の発言を問題視し怒った教父キュリロスがキリスト教徒の暴徒を放ち、殺害を命じたことは事実だ。政治は彼女を助けなかった。古代世界において、秘教学校の教師らは学問や芸術、文化への献身や学校の運営によって大きな権威を有していたが、自らは政治に関与せず超然とした態度を示していたことで、社会で特別視されてもいた。だがテロリズム、内ゲバ、ジハード、終末論、神罰、全滅神学など、今では宗教の過激派が同じ宗教の傍観者との共謀の上で世界に押し付けているのと同類の暴力に対し、武力を持たぬ彼らは至って無力だった。

善き羊飼い（アントローポス像の贋作としてのイエス・キリスト像）

グノーシス主義者は、今日では「キリスト教の美徳」と言われているような「普遍愛」や「利他主義」、「優しさ」、「慈善」、「貧しい人々や恵まれない人々への施し」、「神を恐れ敬う心」を否定してはいなかった。つまりは、別に彼らは反キリスト教ではなかったということだ。ところで、これらの価値観は本当にキリスト教に由来するのだろうか？　なにしろあのアブラハム系宗教である。よく、「これらの価値観は、啓典の民の特徴である」と主張されることがあるが、これは明らかな誤りであることは常識になるべきだ。歴史的証拠を見ようとしないから見当違いになるのだ。東洋の超越的人間主義を見落とし、その他の多くの伝統、特に土着民の間ですでに表現されていた「本当の人間性の感覚」を無視したことや、キリスト教狂信者にほぼ完全に破壊、隠蔽されたグノーシス書物に見られる精神性を見ようとしないことで生じた、大勘違いである。

グノーシス主義者たちは、純粋観想・知的直観の「ヌース」の能力を養うことで誰でも神性に直結できると主張していたことも、異端派の傲慢だと非難される原因となった。これのどこが傲慢なのか甚だ理解に苦しむが、執念深い暗殺や証拠隠滅を繰り返したキリスト教狂信者は傲慢ではないのかと言いたいところだ。グノーシス主義が伝えたかったことの中心として、アントローポス教義（学者はこう呼ぶのを好む）がある。彼らは自らを「直立種族」と呼んでいたが、それは彼らこそが本物のヒューマニズムの提唱者として堂々と地に足をつけて立っていると言う自信の表れであった。完璧人間の理想主義者であるゼデク派とは対照的な考え方である。cclxvi 東洋の「アントローポス教義」は、同じ思想を別の形態で表した。例えば紀元150年ごろの大乗仏教運動で作られた菩薩像に、西洋と同じ思想が垣間見える。ほぼ同時期、キリスト教の思想に反論するためにグノーシス主義者が公の場に姿を現し始めていた。

当時はちょうど魚座の時代の黎明期であった。近東に住む異教徒たちは、かつてない挑戦を強いられていた。人気絶頂にある贖罪者イエス・キリストに対抗するために、どのようにしてアントローポス教義を大衆に紹介できるか？　その難解な概念をどのように主流化できるか、議論を重ねていった。その結果、シリアのアンティオキア出身のグノーシス主義者が考案した、古代中東神話で親しまれていた牧羊神「タンムーズ（ドゥムジ、コプト語だとPTELIOS RHOME)」をアントローポスの代役に据え、人々に知ってもらうという計画に決まった。タンムーズは羊飼いの男神で、偉大な女神イシュタル（イナンナ、ギリシャ神話のアフロディーテ）の夫である。前に説明したように、この代役起用の手法は古代世界でも有効なやり方として、教会側も新約聖書の「飼い葉桶の中の救い主」としてのイエスのイメージ作りにも転用した。ローマ人やユダヤ人は福音書を作る際に「馬小屋で眠る善き羊飼い」の評判の良いイメージを、救い主のイメージに転用したと言うわけだ。ところが、レヴァント地方での女神信仰弾圧運動が激化するにつれ、タンムーズ伝説も大衆の話題から消えていった。事態を重く見たアンティオキアの秘教団は、この作戦を中止し、今度は「善き牧者ヘルマス」をタンムーズの代わりに流行らせようと努力した。

ヘルマスについては、まだ完全破壊を逃れて生き残った遺跡がある。優しくも逞しい男の子が、大きく微笑みを浮かべて、子羊を肩に乗せて直立している姿で表される。実はこの像は、アンティオキアの秘教団のオリジナル作品ではない。cclxvii　その原型となったのは、ギリシャ南部のペロポネソス半島の先住民族ペラスゴイ人の古代の神で雄羊の運び手である、ヘルメス・クリオフォロスである。cclxviii　秘教徒はこの時、元々の姿に多少手を加え、雄羊を子羊に置き換えた。この穏やかで動物に優しい人間像は、魚座の時代の人類を表す象徴となった。cclxix　言うまでもないかもしれないが、これは「智慧の女神の息子」の象徴である。

ところが、グノーシス主義作のヘルマス像は、その後の歴史に登場することはなかった。同じ都市に住む初期キリスト教徒らがこのイメージを盗用し、先に使ってしまったからだ。これもまた、アルコンの偽造作戦の良い例である。紀元150年頃、大シリアに形成されたキリスト教最初期の教会である「アンティオキア教会」は、歴史上初めて「キリスト教徒《クリスチャン》」を名乗った。（使徒行伝 第11章26節）当時のローマ教皇ピウス一世の兄弟ヘルマスが作成したとされる『ヘルマスの羊飼い』という書物は、彼らが製本したということになっている。最初期キリスト教文書であるその本は、3世紀ごろにまとめられた『ムラトリ聖典目録』にも載っている。また、4世紀の『シナイ写本』にも同じ文書が載っている。

『ヘルマスの羊飼い』は所々深い教訓があるように見せて、全体的にまとまりのない寓話集である。元々のグノーシス主義らしさは、欠片も残っていない。学者たちも、この作品に含まれる教義が新約聖書のキリスト像と一致していないことに違和感を覚えている。「ヘルマス」はキリスト教義の「聖霊」と同一視されるが、初期キリスト教では聖霊は女神ソフィアの要素を多分に含んでいたこともあり、つまりは「聖霊は人類の母」ということになってしまい、女性性を三位一体論に含めないキリスト教義と一致しなくなってしまうのである。しかし、キリスト教がヘルマスのイメージを盗用したことがこのことで証明され、さらに、人類はアイオーンの母を持つ羊飼いが本当の姿であるとグノーシス主義が伝えていたということが分かる。それが陳腐な決まり文句の退屈な繰り返ししかできないローマ司教の盗作により、元の話が完全に誤解されて伝わってしまったというわけである。『フィリポによる福音書』には、このアルコン的策略に対するグノーシス的立場からの抗議文が記録されている。

真実に反き、誤った情報を伝える者は、いつか自分の嘘のせいで啓示者の純粋思考を解することができなくなるだろう。彼らは死人の名で模造品を造り、それをヘルマスと呼んだ。不正で生み出されたものには、光がない。あるのは矮小な心だけである。（ナグ・ハマディ写本 II, 3, 77-78）

イエス・キリストの人物像はアルコンの用意したアントローポス像の贋作であると見抜けない大衆が、ヘルマスの欺瞞を見破れる道理は無い。そう結論した秘教徒たちは本件から手を引いた。外界ではアルコンの模造作戦が着々と進展していくのを見て、さぞ落胆したことだろう。

結局のところ、真の人間性と至高の愛を伝えるはずの象徴は、人間性の教えを歪め、至高の苦痛を伝える、単なる拷問器具と化したのである。

第四部

ソフィアと我々の現実を取り戻す

「刈り取られた麦穂の象徴」

第二十一章　貴様の化けの皮剝いでやる

グノーシス主義は贖罪宗教について驚愕の事実を公開した。なんと、救いは地球外の神からもたらされるのだという。アブラハム三大宗教はいずれも、父神の教えは「男性の」預言者を通して初めて人々に伝えられたと主張している。アブラハム、モーゼ、イエス、パウロ、ムハンマドがそうだ。グノーシス主義はこの主張に対しても懐疑的だった。ただし、「これはアルコンの陰謀だ」とか、「これは異星人の侵略だ」といった説をいきなり聞いても一般人の頭では理解が及ぶはずもなく、結果的に「グノーシス主義はナンセンス」だとか、「ただの妄想」と決めつける者が多くいるのも頷《うなず》ける話である。アルコンの侵入計画を攻略することは、確かに容易なことではない。

救済宗教が実は異星人の仕組んだ罠で、人間の精神に潜入するイデオロギー・ウイルスがいるといった話を、予備知識なしに誰が信じるだろうか？　しかし、エジプトやレヴァント地方の秘儀入信者にとっては、これは受け入れるべき信条どころか、れっきとした事実であった。超常的知覚を使うことができた彼らだからこそ受け入れていた現実であると、私は主張する。

宇宙から来た救世主（異星人との接触）

人は、一番必要なことを知るときにこそ気分が悪くなるものだ。それだけ根深い教育に抵抗しているからだ。最善へと向かう道には、途中で他人からの合意、保護、安全が欲しくなるなど、常に不快感が伴う。cclxx

グノーシス主義は、贖罪宗教は地球で発生したのではなく、元は外宇宙からやってきたと主張した。「ヤルダバオート自身がアブラハムという名の男性の人間を選び、彼と契約を結んだ」（本書第十章で全文引用）。ただ読むのではなく、別の角度からもこの意味について分析してみる。ヤルダバオートはアルコンの主デミウルゴスであり、別名ヤハウェ（エホバ）であり、本来の人間性に反する偽りの神である。地球と太陽と月以外の太陽系惑星に生息する、サイボーグのような寄生体軍団の長である。「神聖意図《エンノイア》」を欠いていることから、何かを無から生み出すことはできないが、「模造」はできる。そして、模造したものを女神への復讐に使用する。これがアルコンのシミュレーション能力「ＨＡＬ」、仮想現実の構築能力である。デミウルゴスは銀河中心界に住むアイオーンのフラクタル・パターンをコピーし、自らの根城「アルコン天界」を模造した（ソフィア神話第五挿話）。マフィアのドンが芸術家気取りのやたら豪華な偽イタリア風別荘を建て、武装した警備員を置いて住み着いたようなものだ。デミウルゴスはグノーシス賢者たちの人類指導計画を模した「偽のマスタープラン」を持っていた。しかしそれは原型を留めないまでに激しく歪められた計画であった。地球外存在の権力が中心の「地球人救済プラン」は、元々の人類が生まれ持ったソフィアの智慧の働きかけによる自己救済計画とは、もはや別物である。

死海文書には、クムラン教団が「天からの救助」を求めていたことの生々しい証拠が残っている。彼らは終末の瞬間に、光輝く丸型の戦車に乗って現れる「ケドシム」と呼ばれる天使戦士団の介入を期待していた。天使軍団は最高君主メルキゼデク（と学者たちが同定している謎の人物）に率いられてやってくるのだという。死海文書には、こうした「天空の救助隊」の飛行について多くの記述がある。破片番号4Q405の「安息日の生け贄歌集」には、ケドシムを見たという者が次のような目撃談を述べている部分がある。

絶えず動きまわる栄光の戦車…輝きの車輪（オファニム）…神々の霊…純粋…聖なる。
最高位…王位…戦車の栄光の座…最高の力…道を逸れることなく真っ直ぐと…上昇とともも

に神々のざわめきが聞こえ、翼を広げるとともに轟音あり…車輪が前進すると聖なる天使たちが戻ってきて、燃える火にも似た至聖の霊体をお示しになる。周りにさまざまな鮮やかな色彩を見せる雷火を纏い…ざわめきのような祝福の御声を響かせながら空高く昇り、聖なる御方が天へとお帰りになるための道を示す。それはもう見事な上昇である。配置につくと、そこにしばらく留まる。cclxxi

わざわざ言うのも野暮かもしれないが、この一節はＵＦＯの目撃証言の描写に酷似している。一定の形に留まらず、急に早く飛んだかと思うとしばらく停止したりと不思議な動きを見せ、さらにさまざまな色に変化したり大きなブーンという音が聞こえたりというＵＦＯ目撃証言は、現代でもごまんとある。ケドシム戦車のように既知の重力法則に完全に反抗して空を飛び回る様子は、決定的な描写に思える。これは現代でも無数の目撃証言があるＵＦＯ現象に他ならない（私も調べに調べた結果、いくつかの本物の宇宙船が地球地表の近くに接近した可能性があるケースを除いて、ほとんどは秘密軍事テクノロジーの使用をＵＦＯの仕業に見せかけた話ばかりであった）。

地球外存在の乗り物という解釈以外にも、死海文書には「第四種の接近遭遇」と題した異星人らしき存在との接触体験についての記述もある。破片番号４Ｑ５４５の「アムランの幻視」

では、半身不随になった人間が「夢幻」の中でどのように生きるのかを、二人の人物が議論する様子が描かれる。近代の宇宙人による誘拐事件（アブダクション）と同じように、夢を見ているような状態の時にこのような未知との遭遇は発生しやすい。未知の存在に接触し、恐怖に陥った証人が「あなたは私に、何をしてくれたのですか？」と尋ねると、「私は人類全てに対し権力を行使し、支配する」と答えた。ccIxxii このやりとりはナグ・ハマディ写本の『救い主との対話』（III, 5）を思い出させる。「ユダは言った。見よ、アルコンは我々の上に住む。私たちを支配しているのは彼らだ！」主は言われた。いいや、彼らを支配するのは、あなた方だ！」ccIxxiii もう一つ、グノーシス文書の『ヤコブの第一の黙示録』には、異星人による誘拐《アブダクション》についての詳細な説明がある。

主は言われた。見よヤコブよ、あなたに贖罪の道を見せよう。死への恐怖に囚えられて身動きが取れなくなったら、あなたはアルコンに捕えられていると思い、死の痛み（死の恐怖）に襲われたときはいつでも、多くのアルコンが必死であなたを捕らえようとしていると思うがよい。特に、そのうちの三人は通行料の徴収人を装って来るだろう。通行料の要求に加え、あなたの魂を盗もうとしてくるのだ。ccIxxiv

グノーシス賢者はヤコブにアルコンの起源を教え、自分たちがいつどこからここに来たのか、自然の知を思い出させることで、アルコン撃退法を指示する。「あなたならこう言える。始源《ソース》へ、私の故郷へ、いつか帰るところへ。そうすれば彼奴等の攻撃を逃れて進める」始源とは、プレローマのことである。グノーシス教師はヤコブに、人間はプレローマという宇宙の特異点から来たのだという、秘密の教えを伝える。人間という種は神域の想像力の賜物である。アルコンは女神ソフィアが下界の混沌領域に飛び込んだ際の衝撃により、プレローマの範囲外で発生した、異常性である。つまり地球外の異種族であり、しかしアントローポスと同じであるとも言えるのだ。

あなたならこう言える。「彼らは全くの異種族ではない。女神ソフィア（アチャモス）が世界の起源者である一なるもの（水源）から人類を具現化しようとして墜落した時に、彼らは不意に生み出された。よって彼らは完全な異種族ではなく、我々の親族とも言えるのである。彼らの母体であるソフィア・アチャモスが、本源より来たりし存在であるから、我々と母を同じくしているのだ。しかしソフィアは、本源領域で伴侶となる男性神性との結合を経ずに彼らを生み出したことから、やはり彼らは異種族とも言えるのである」cclxxv

ここでのグノーシスの教えは、アルコンという存在について正確な記述をしている。死海文書のうち相似関係資料を挙げ、論駁《ろんばく》するというやり方でだ。番号4Q544のアムラン資料では二つの超自然的存在について語られている。一つは黒いピカピカと光を出すもの（おそらく爬虫類型宇宙人《レプティリアン》のもの）、もう一つは「感じが良い、微笑みを浮かべた白い者」と呼ばれる存在だ。ここはクムラン教団の教えとも矛盾していない。全人類を監視し、善悪二つの選択をする「光と闇の二つの霊」の教義を持っていたからだ。この部分について翻訳者は次のようにコメントをしている。「どうやらアムランは最終的に光の天使の方に従うことを選択したようだ。そして彼が霊視したビジョンの意味について天使に質問し始めた。闇の天使がマルキレシャ、光の天使は正義の王メルキゼデクと呼ばれているのではないかと考える。メルキゼデクは天使の体で文書１３０の『メルキゼデクの降臨』にも登場する」[cclxxvi] 要するに、こういうことだ。文書中の接触者は、この世界のゾロアスター的な二元性ジレンマを示している。そして、対立している二つの宇宙勢力の間に挟まれ、選択を迫られているのだ。我々人類は、善良な精神と悪しき精神という相容れない二大勢力の間に起きた戦争の、ちょうど十字砲火の中に置かれているのである。ここでの唯一の救いとされるのが、光の天使メルキゼデク、つまり「ＥＴメシア」の庇護の下に自分自身を置く選択である。

「異星人との接触」について、ナグ・ハマディ文書は全く異なる視点からの説明をしている。人類がプレローマや女神ソフィアと繋がりがあること、そして異世界人との繋がりを全否定することなく、元の場所に帰すということを、ヤコブは接触者に伝えるのである。宇宙人が黒だろうが白だろうが、我々人類は自分自身でこの先もやっていける。天使軍団にだって負けない。これがグノーシス主義の答えである。異星人の侵入という難しいテーマを扱っているが、高度に洗練された結論と言える。

ノエティック原理（自分の行動の全てが自分の心から発しているわけではない）

グノーシス主義は、パレスチナ発の贖罪者コンプレックスが異世界人の侵入によるものだったという証拠と手法の両方を見つけた。グノーシス主義者は歴史の一点だけを見つめることなく、超然と人類の物語を見据えていたが、それでも「今何が起きているのか」を明確に認識もしていた。その上での警告であった。「エルサレムに多数のアルコンが住み着いた！」レヴァント地方及びエジプトの秘教学校にとって、「異世界人による介入」は常に中心的な関心事であった。テレパシーや遠隔透視や明晰夢などの分野で優れた業績を残した超心理学者や実践神秘主義者たちは、自身の専門分野について大きな知識と能力を持っていたのだ。そこで異世界からの捕食的宇宙人の存在をいち早く検知し、この宇宙人は中立的、こちらは善良という具合に、宇宙種族を区別することもできた。異質な存在が人間の心に侵入したり、影響を与えたりすることは現実の可能性としてあった。それに対し深い関心を寄せていたのが、彼ら秘教徒であった。

しかし上級の秘儀参入者は、人間の問題を全てアルコンのせいにはしなかった。人為的ミスと悪意の違いを明確に認識していたからだ。ナグ・ハマディ文書の『救い主の対話』で、ユダは「主よ、教えてください。道の始まりは何ですか」と尋ねる。その答えは「愛と善である。アルコンがそのうち一つでも持っていたら、この世に悪が存在しなかっただろう」であった。

cclxxvii 悟りを開いた賢者にとって、アルコンは絶対悪ではない。ただ愛と善意（異教徒倫理に見られるような、人間に生まれつき備わる生命性）が欠けているため、人類への影響は必ず逸脱してしまうだけだという見解だ。この教えからはグノーシス的な含意《ニュアンス》を読み取ることができる。賢者は、人間の行動が悪に転じるのは、その人が自分の過ちを発見しても訂正しようとしない場合であると言っているのだ。ただのケアレスミスや「めんどくさい」と思う心の隙を突いて、アルコンはこれを邪悪で反人間的な行動に変えてしまうのである。

自分の行動の全てが自分の心から発しているわけではない。エジプトやレヴァント地方の秘教徒が大事にしていたノエティック原理である。グノーシス超心理学の基本的洞察でもある。飲み込むのが不快な考え方であるが、真理を知るには不可欠とも言える。「最深教育」に避けては通れない要素であるが、否認したくなる考えの最高峰でもある。

人為的ミスとETアルコンの関係性についてのグノーシス理論を個人がどう受け止めるかはその人にお任せするが、とにかく、紀元400年の古代文書に「エイリアンの侵入」がここまで完全かつ首尾一貫して説明されているのは、驚くべきことだ。20世紀で最初に大きなUFO旋風が巻き起こったのは1947年の夏と秋。興味深いことに、ジャン・ドレッセがカイロでナグ・ハマディ写本を調査していたのと同時期であり、初めて死海文書が発見されたのと同時期である。飛行士ケネス・アーノルドが、レイニア山の上空でUFOを目撃したという有名な「空飛ぶ円盤遭遇事件」や、ロズウェルのUFO墜落事故の謎は、その年の夏に起きた。さらにはCIAが正式に設立された年でもある。UFO陰謀マニアの見解では、CIAは異星人と裏取引をしてその技術を共同利用させてもらい、人間の検体に人体実験をすることを黙認したという。それにしても、アルコン関係の話題になると、アルファベット3文字の略称がよく登場する。NHC（ナグ・ハマディ・コーデックス）、DSS（デッド・シー・スクロールス）、UFO、CIAなど。定かであるのは、マイルズ・コープランドというCIAのエージェントがダマスカスに派遣され、最初に出土した巻物の断片を調査し、写真も撮っていたことだ。どうやらコープランドは『ダニエル書』の断片をマイクロフィルムで撮影したようなのだが、ダニエル書は後にユダヤ人の終末論の原型となった文書であることが、クムラン教団の研究者によって明らかにされたことは検討を要することだ。cclxxviii

コプト語グノーシス資料のうち約5分の1は、アルコンの起源、犯行動機と手口に関するものであり、その影響力を発見し、克服する方法も書かれている。資料は明快で独創的な書き口であるにもかかわらず、現代のETやUFOをめぐる議論で参照されることは少ない。現在発行されている書物にはET、サイボーグ、爬虫類、接近遭遇談、人間と異星人の交配の話、または古代シュメール文明に楔形文字で描かれた異世界人「アヌンナキ」の話まで、非常に多くのさまざまな説が出回っている。普通はこのような奇妙でセンセーショナルな話題は、宗教や神学とは無関係に思われている。だが、グノーシス主義は慎重に思慮深く、これら不可思議な現象を一本の線で結びつけている。宗教史家はグノーシス主義の研究者であっても、これら現代ET・UFO論の観点からアルコンを再解釈することには全くもって消極的である。だが常識的に考えれば、接点はいくらでも見つかる。死海文書学者ヒュー・ショーンフィールドは、魚座の時代が「救世主待望SF論」の熱狂的論調で幕を開けたと言っていたが、半分冗談で発した自分の発言がどれほど正しいかを知ったら、さぞ驚くことだろう。奇怪に聞こえるだろうが、現代科学の最大の謎についての解答は、今から約2千年前に書かれた異端文書で明らかにされているのである。古代のグノーシス主義は、ETとUFOの専門家であった。それも、今の我々の遥か先を行く。

欺瞞の使者たち（ETアルコンは騙しの達人）

ＥＴ・ＵＦＯ現象の先端調査家であるジャック・ヴァレ、キース・トンプソン、ジョン・Ａ・キールなどは、グノーシス資料に一切言及しないまま、ＵＦＯ現象の宗教的性質を強調した。キールの主張としては、「人間の、宗教を生み出す信念と同じ力が、ＵＦＯ現象を生み出した。よってＵＦＯ現象を真面目に分析すれば、宗教の起源について新発見があるだろう」というものがある。cclxix 極めて冷静な見解と言えよう。世間で言われている説のほとんどはただの憶測で、しかも対立する二派閥の激烈な議論の間で不安定に揺れ動いているものばかりだ。大抵が、「宇宙人は私たちを救済してくれる」か「人類を滅亡させようとしている」かの、どちらかに偏っている。

この点に関して、グノーシス主義は救済主義宗教を通して人類が「ソフィアの修正」という進化の正道から逸脱するようにアルコンが裏で働きかけていると警鐘を鳴らしていた。なぜアルコンはそこまでするのか？　それは、我々人類を妬んでいるからだ。アルコンはエンノイア（神聖目的）とエピノイア（道徳的な創造的想像力）の両方を欠いており、私たちが持つこの特殊能力を欲しがるあまり、吸収したり盗もうとする。このようなアルコン的侵入は、多くの異星人遭遇談、特にグレイ種族やレプティリアン種族に遭遇した人々の報告と辻褄が合う。

ベテラン研究家のジャック・ヴァレは、ET現象を人間の宗教体験の拡大解釈したものと考える。宇宙人やUFOの話には、興味深い謎がある。その謎に惹かれてやってきた者は、裏に隠された「霊的支配体系」に巻き込まれてしまうこともあると警告している。これはグノーシス的な分析に非常に近く迫った思索と言える。最初は「善意のET像」を提唱していたヴァレであったが、後年はエイリアンによる侵入はいずれも不吉であり、人類は宇宙種族の餌にされているという結論に達した。これも見解としてはグノーシス的である。キース・トンプソンは著書『UFO事件の半世紀―ロズウェル事件からMIBまで』の中で、ETというのはユング心理学でいう集合的または原型的な心理的解釈であると説明している。この見解だと、アルコンはいわゆる「トリックスター」的な存在であり、その見え方は、我々の方が彼らを「物語においてどのように自分の役を演じるか」にかかっているということになる。ジョン・キールも同様に、宇宙人はトリックスター的な役割の心理的原型であることを強調している。つまりET・UFO現象は一定の形を持たず、自分の信じていることと同じ姿をとったかと思ったら、次の瞬間には自分の思想と矛盾する形になったりするものなのである。

結局のところ、アルコンの活動を何か一定の信条で捉えることは不可能である。アルコンはその全てをすり抜けられる、騙しの達人だ。『大いなるセトの第二の教え』で「純粋な無意味」と描写される所以である。しかし、ヴァレが著書『欺瞞の使者（Messengers of Deception）』で鋭く指摘したように、「人の信念は普通、混乱と不条理で出来ている」のが第一問題なのだ。

cclxxx

私が「アルコンはETだ」と言い出したら、きっと多くの人が嫌悪感を抱いて否定してくることだろう。グノーシス主義を主流意見とするには、最大の障害となり得るかもしれない。はたまた、グノーシス主義をより広く受け入れるための鍵になり得るかもしれない。学会はアルコンと聞くや否や、すぐに単なる古代人の迷信と言って拒絶する。悪意ある超常現象は概して救済主義イデオロギーの過激派とも密接に関連する事柄であり、学者にとっては対処する義務から逃れるための、都合の良い言い訳ばかりしている。真に人間であることについて哲学する重大なチャンスでもあるのに、みすみす逃しているのだ。もっとオープンに、真摯に、この「ET＝アルコン説」に取り組むべきではないだろうか。アルコンがどのように私たちの心理に働きかけてくるかを見破るには、自身の心の動きを観察することから始めるべきだ。自分の心がどこで、どう逸脱しているのかを具体的に把握すること。それは自分たちの種がこの先も生き残れるかどうかという、大事な選択に繋がっているのだ。ちょっと自分の心の働きが分かるようになったからといって、決して油断してはならない。超心理学者ジョージ・P・ハンセンが著書『トリックスターと超常現象（The Trickster and the Paranormal）』で述べたように、「意識から超自然的なものや非合理的な要素が追放されても、それらが世界からなくなったという意味にはならない。むしろ、凶暴化する」のである。cclxxi

ソフィア神話では、アルコンは女神ソフィアが銀河腕にある要素物質界（デーマ界）に突入した際の衝撃で出現したと説明されている。この予期せぬ事態を、グノーシス主義は「エラー発生」と呼ぶ。精神の中でのエラーの働きにより、人間の心にサブリミナル効果が誘発され、間違いから学ぶという人の自然な性質が大げさに誇張、暴走させられ、修正できる上限を超えさせてしまうのだ。太陽系におけるアルコンの存在は、人間の過ちの振り幅を危険なレベルまで広げ、我々の「学習と進化」の方法に悪影響を与える。少なくともこの考え方をもとにすれば、たまに人間が尋常でない、非人間的な言動をとることを説明できる。この作用を逆に利用すれば、自分の中にある贖罪者コンプレックスを自分自身で否定することもできる。異世界人の考え方に自分の考えを合わせないで、自分で考えられれば良いのだ。

「アルコン」という概念についてどう解釈するかは個人の自由であるが、グノーシス的人為的ミスの説明は、人間の理性の範囲でできる最高の知的名案であることは間違いないと思う。グノーシス主義者は「アルコンに力を与えない限り、異常性に支配されたり操作されることはない」と断言している。つまり、自分たちの「神性叡智《ヌース》」の力を最適化すれば、アルコンの支配から完全に逃れられるということである。アルコンは、除外することで救済できる。グノーシスのエラー理論は三つのシンプルで連動した真実を述べている。一つ、人間は間違いを犯すことによって学ぶ生き物である。二つ、間違いから学ぶには、自分で自分の間違いを発見し、修正する努力をしなければならない（ガイア人としての自分を意識しながら、ソフィアの宇宙的修正と協働することでもある）。三つ、アルコンは自らの過ちを修正せず放置している人に侵入し、人間ができる間違いの修正範囲を逸脱させてくる。我々の宇宙的片割れであるアルコンがいなくとも、我々はまだ間違いを犯し続けるだろう。だが、アルコンさえいなければ、ガイアとの繋がりと生まれ持った叡智の力で、いくらでも未来の修正がきくのである。

グノーシス主義が正しいとして、それを現代人風に解釈するならば、アルコンは「無機質体の異世界人」として我々の心の中に「プログラム」となって存在しているということになる。救世論はその異星人によって広められた思想病原菌であり、感染した人間は奴らの策略通りに動く。世にも奇妙な「グノーシスＳＦ神学」の真実の警告である。

悪の芽を摘む（アルコンとの「無知共創」と訣別する！）

グノーシス主義を、現生人類を通して考えてみる。その教えには、私たち人類にとってとても大事な、基本的な何かを伝えている。滅びゆく種とならないために、私たちに何ができるのか？　その問いに答えてくれる、重要な何かを。

「悪」は人為的ミスが修正できる範囲を越えた時にのみ、この世に生じる。つまり、人がどうしても犯してしまう過ちに対する世間の認識を改めることができれば、この世から悪を芽から摘み取ることができるのだ。『フィリポの福音書』に、「無知はすべての悪の母である」という言葉がある。これこそグノーシス的「過ち（エラー）理論」を明快に表している一文だ。これについてグノーシスの知の巨人は次のように述べている。

諸悪の根源は、隠れている限りは手強い。しかし一旦認識されてしまえば、すぐに解消される。大衆に暴露されれば、完全に滅びる。自分自身の奥底にまで根を伸ばした悪を、根源から掘り起こそう。心に実を結ぶそれに、我々は支配されている。我々はそれの奴隷になっている。それは我々を囚人にしている。望まないことをさせられ、望むことをさせないようにしている。我々がそれを認識できていないからこそ、それは強力なのだ。(II, 3, 83.5-30)

『救い主の対話』では「火がどのようにして存在するようになったかを知らない者は、火によって焼かれる。なぜならその根源に対し、無知であるからだ」という教えが出てくる。賢者はさらに、グノーシス流のスマートな語り口調で、次のように付け加える。「悪の根源を知らない者は、それに出会ったことがあるのに気づかない者である」(II, 5, 134.5-20) ゾロアスター教の二元性単一源説だと、世界には自律的な宇宙悪の力があるということになるが、グノーシス主義者はこの見解に反論した。悪の根源は神ではなく、人間の過ちの中にある。だがそれを心が外界で発生したのだと、勘違いを起こしているのである。悪そのものを倒すには、自分たちの過ちを見つめることで、心の中で心理操作があることを見破り、彼奴らの化けの皮を剥いでしまうことだ。

ET（アルコン）現象は、凡人には簡単には解くことができない、この宇宙の永遠の謎のように思えるかもしれないが、それは謎解きの方向性を勘違いしているからなのかもしれない。その答えは、「悪とは何か」を知ることで自ずと手に入る。ジャック・ヴァレはETを「欺瞞の使者」と呼んだ。その呼び名は、グノーシス的警告である「過ちの使者が大きな過ちを犯すように仕向けてくる。啓示者の純粋な考えに反くように」という『フィリポの福音書』の言葉の真意を、忠実になぞっている。「欺瞞」は意図して嘘をついて人を惑わす《プラネー》ことである。したがって、正確には過誤《エラー》とは言えないが、その違いを精査することもまた、真実に一歩近づくやり方である。グノーシス文書では「過ち」を言い表すのにギリシャ語の「*plane*」や「*apaton*」など色々な単語を使っている。コプト語だと「SOREM」がこれに当たる。コプト語には他にも「KROG」という単語が使われることがあるが、これは古代イラン語の「ドゥルグ（*drugh*）」と関連して、「間違い」ではなく「欺瞞」を主に表すために使用される。ドゥルグはゾロアスター教における重要な用語であり、真実の原則である「アーシャ」が、虚偽の原則である「ドゥルグ」と対立するという、善神アフラ・マズダーと悪神アーリマンの宇宙的両極性の戦いを表すように使用される。ここでの二極性の描写が、単一の源から二元性に分かれたことを示している。グノーシス主義者は、神性は一元から分裂したのではないと考え、「欺瞞」の解釈法についてゾロアスター教とその宇宙二元論を継承したヘブライ人の宇宙論に反論したのである。

床に縄がとぐろを巻いて置いてあるのを見て、蛇と「間違える」ことは、人間ならば誰にでもあり得る。勘違いは誰でも日常的に経験する、ありふれた「過ち」だ。しかし、誰かが故意に「それは蛇だ」と嘘をついて信じさせたのなら、それは全くの「欺瞞」の行為である。仏教はこの世界は本当の現実ではないという意味で「世界は本当は存在しない」と言っているのではなく、我々が現実の受け取り方を誤っているだけであるという考え方をする。グノーシス主義はこれと一致した考えを示す。仏教学者H・V・ギュンターは次のように述べている。「錯覚とは本来、知覚の勘違いという結果を指しているのではなく、知覚に基づいて誤った結論が導き出されることを言う」cclxxxii　仏教とグノーシス主義の両方で、覚者になるための修行の目的とは「幻影《ベール》の向こう側に行って真の現実を見つけ、自由になることである。幻影と言っても、空間的に表されるものではない。自然こそが絶対性であり、絶対性こそが自然である」と定義されている。cclxxxiii「覚知《グノーシス》」は仏教における「般若」に相当する概念である。人間の生来もち得る力として、現実を究極的に見極める知能を指す言葉だ。人為的ミスについての理論は、私が知る限りグノーシス主義発祥のオリジナル概念であるが、古代インド哲学やチベット仏教でも「人が誤って犯すミス」に関して、どのようにそれが発生し、動作するかなどの補完的な洞察を提供している。ギュンターは次の一文で、東洋の現象学についての深い洞察力を見せた。「外界の全ては自分自身の内的認識の表れである。一見するとこの世界は至福と虚無の両方の共出現というべき創造的戯曲に見えるが、その実、内界ではこの認識力が自らの不明瞭化作用で歪曲されている。そして出来上がった認識が、無知として外界に発散するのである」cclxxxiv

　ありのままの現実を視るには、まず過ち（故意でない過誤）と欺瞞（過誤を故意に誘引して利用すること）の違いを識別できるようになることが、肝要である。意図的に誇張された過ちには「嘘《ドゥルグ》」があると見破れるようになることだ。二つの概念の微妙なニュアンスを完全に看破できるようになるまでには長い心身の修練が必要ではあるが、グノーシス主義の「人為的ミスの真実」をしっかりと理解するためには不可避の道であり、人間の心の中に侵入してくる異世界人の化けの皮を剝ぐためにも、必ず理解しなければいけない大事な教えなのだ。要するに、アルコンとの「無知共創」に巻き込まれないように、欺瞞の罠を見破れるようになろうというわけだ。

　肝心の教えが書いてあるグノーシス文書が嘆かわしい保存状態で見つかった以上、教えについてグノーシス資料だけでは全貌が摑みにくい。ここは、「人の過ち」の現象学については仏教の類似点から実像を描き出すのが有益であると見える。ニンマ派の賢者ロンチェン・ラプジャムパ（１３０８年－１３６３年）は、人の心がいかにして現実を見誤るかを説明するために「クール・パ」（「間違い」や「迷い」を意味する単語）の概念を使った。「クール・パとは、内なる自己欺瞞のことであり、その生成過程は外界からの因果関係に左右されない」[cclxxv] グノーシス論におけるアルコンの説明も、これと同じであると言える。私たちは過ちから学び、進化する種である。つまり我々は本来、成長するために間違いを犯す必要がある。**つまり過ち自体を、宇宙人が食い物にしている時のように、外的要因に起因するものとして認識してはならないのだ。**そのような寄生虫のような存在がいると分かったのならば、歴史的にどのように自分たち人間の「間違えながら成長する能力」が利用されてきたかを、しっかりと認識することだ。

　また、チベット語で「世俗」や「単なる見せ掛け」を意味する「世俗（kun-rdzob）」という単語があるが、これはコプト語の「欺瞞」を意味する「ＫＲＯＧ」の単語に相当する。チベット賢者は、ラマ僧が作り出すことができるという「変化身《タルパ》」のような固体の幻像を指して、これを「世俗体」と呼んだ。『チベット魔法の書――「秘教と魔術」永遠の今に癒される生き方を求めて』を著したアレクサンドラ・デイヴィッド・ニールは、彼女が師事した瞑想指導者の指導のもとで作り出したという祈禱顕現体「タルパ」について書いている。タルパは追い払う方法までを学ぶまでの数週間、彼女を追い回したという。彼女の説明によると、「タルパは空想上の生物の具現化であり、実際の生命はないロボットのようなものであり、ラマ僧の意のままに操ることはできるが、時に自律的な人格を獲得することもある」という。[cclxxvi] もしかしたらアルコンの正体とは、人間から生まれたのではなく、アイオーン・ソフィアが混沌の世界に取り残されたと気づいた時の、過度のショックから生まれたタルパなのかもしれない。

　ＥＴやＵＦＯの謎をグノーシス主義のアルコンと唯一結びつけた作家は、ナイジェル・カーナーをおいて他にいなかった。『グレイたちの歌（*The Song of the Greys*）』の著書では、プレローマから外界へと突き出た超巨大な遠隔感知装置が、アルコンは誕生させたと語られている。ストーリー性のある魅力的な説ではあるが、ケルナーは予習復習を怠っていたと言わざるをえない。グノーシス文書には、プレローマの神々がプレローマ外領域を感知するために、アルコン的タルパを使役したという記述は、一切ない。トゥルパが人間界に現れたのは、惑星としての地球概念と物理的な大地としての地球という、二つの世界が織りなす「二元性世界」が原因となっている可能性が高い。つまり、アルコンは太陽系に属している存在でありながら、太陽系に属している惑星地球にも侵入している二重の存在ということだ。しかし、自らの本性を隠して人類に接しているので、「欺瞞の使者」であることが分かる。人間に知能を与えたのがETという説は有害な、全くの嘘話である。ETは「人類は本当は自分たちだけでやっていける生き物だ」とは、一言も発していない。それと、筆者の知る限り、接触者に「自分たちは固体のように見えますが、それは幻影です」と正直に告白した宇宙人との遭遇記録はない。だから、アルコンが自分にだけは正直に正体を明かすだとか、あまりそういう展開は期待しない方がいい。

アルコンは目的もなく不意に発生した、虚しい嘘つきである。そして自分たちの正体を明かすことは、未来永劫絶対に無い。アルコンが実は善良だったという展開も期待しない方がいい。最初から自分の正体を隠しているのだから、裏に悪意があるという何よりの証拠になっている。自分たちが謎めいた存在であるように見せかけ続ければ、人間の好奇心が彼らを放って置けない。その心理を利用し、軽々しくET（アルコン）を信じさせるように誘導しているのだ。この欺瞞（KROG）作戦を、我々自身の「違和感」なしで見破ることは不可能である。「その縄は蛇である」と嘘をつかれ、それを信じてしまいそうになる前に違和感を覚えることができなければ、誰がその嘘をついたのかを知る術は無い。

自然に反して（本来人間はお互いに傷つけ合わない）

ここまでETはアルコンという私の仮説は、お気に召していただけただろうか。確かに複雑怪奇であるし、完璧に説明できた自信はない。奇怪な話すぎて理解が追いつかないというのが、普通の初読時の反応だろう。だが、グノーシス的な「宇宙人侵略説」は、奇怪なほど筋が通った話なのである。ソフィア「神話」といっても、別にこれは宗教ではないし、そうあるべきではない。だから奇妙すぎるとか複雑すぎるだとか思って理解から逃げる聴衆の背中を追いかけるような、みっともないことをすべきではない。強制しても無駄だからだ。それに元々、そんな理由で理論的な話をただ拒絶するのも、おかしな話ではある。ソフィア神話こそが恐らく、歴史上最も「要注目」の話題となるべき、本当の地球史についての創作であると思う。「宇宙人が地球を攻めてきた」の見出しで新聞の一面を飾るべきである。[cclxxxvii] また、グノーシス文書は創造的想像力《エピノイア》などの自らの神性を発揮するための、最高の攻略本である。女神ソフィアはアルコンの倒錯を察知し、それに攻略できる力を人類に与えた。ある意味、自分の神性能力を最大限に活用する道に、アルコンは避けては通れない存在である。能力をマスターするには自分の非人間性（自分の心のアルコン的な側面）と向き合い、無力化していく過程が必要である。無効化といっても、無視したり責任を放棄するという意味ではない。

グノーシスが異端であるとして迫害されたのは事実であるが、それはあくまで過去の話だ。過去はもう今の生きた話になるべきではない。しかし「真実を求める戦い」は私たちの心の中でまだ続いている。人類は非人間からの捕食という大問題を克服しない限りは、ガイア・ソフィアとの調和への道は絶対に見つけられないだろう。先述したように、「悪はどこから来るのか」という永遠の問いの解決策を外界で探し回るよりも、内側の「アルコン現象」について知ることが、近道である。そしてこの知識は、「人間は宇宙で独りぼっちなのか？」という問いの答えとも、切っても切り離せない関係にあるのが分かる。人間が地球の進化シナリオに深く関与している近親種《アルコン》との関係性を理解しない限りは、自分たちが宇宙共同体の一員であるという視野を持つには至れない。ナグ・ハマディの『アルコンの本質』は、宇宙が善意ある存在から悪意ある者まで、さまざまな種類で構成されているという、広い視野を獲得するための入門書になってくれる。アルコンは捕食性の種ではあるが、あえて彼奴等の攻撃を受け、それを認識するために能力を発揮する経験が、他のすべての種と自分たちの繋がりについての宇宙的視点を持つに至る近道になるのかもしれない。アルコンの存在を全員で認めてしまうのだ。それがこの大宇宙の中での自分という特異性を認めることとの、鍵となるのだから。これで問題解決の長い道のりのスタート地点に、やっと立つことができる。

幸いなことに、アルコンの地球侵入について正確な記述が古代文書には残っている。中には、非人間による超常的侵略行為についての詳しい説明が見られるものもある。その証言の一つが、紀元380年ごろ「教会史家のソクラテス」が書いた、「ヒュパティア殺害事件の証言」である。ところで、この人物とその属する学派はグノーシス派ではない。彼は教会の弁明家兼、歴史家であった。しかし彼は本物のグノーシス主義者と接触していたようで、その中にヒュパティアの年長同僚であった可能性のある、アレクサンドリアのグノーシス主義者「マカリウス」という人物がいた（秘儀に関する中では最高の単行本と言える『古代ミステリーカルト（*Ancient Mystery Cults*）』で、著者ヴァルター・ブルケルトは、「マカリスモスとは秘儀の目撃者を祝福する意味での称号」であったと説明している）。cclxxviii つまり「マカリウス」とは、「有機光」を見た人物への敬称であった。秘儀参入者が全員、光との接触者になったわけではなかった。何世代かに数十人という少人数だけが、その称号を得られたのである。

『キリスト教会史（*Ecclesiastical History of the Church*）』の第23章には、マカリウスとポントスのエヴァグリオスという修行者との間の交流が記録されている。エヴァグリオスは『認識者』、『聖母へ』、『六百の予言的問題』などの貴重な作品を残した著述家として知られている。

その会話は、心霊侵入についての見解を述べる教師と生徒の対話《ダイアローグ》という形で示される。

選ばれし器、老いたエジプト人のマカリウスが私に尋ねた。「なぜ人から受けた傷の記憶を大切にすることで、魂の記憶を失う者がいて、一方で、悪魔から傷を受けたことを覚えていることで、記憶を失わない者がいるのか？」私はどう答えればいいのか分からず戸惑い、回答を求めた。先生はこう答えた。「前者は反自然の心に感化され、後者は自然の心に順応したからだ」cclxxxix

難解な質問を受けて困惑する弟子を前に、このエジプト人賢者は自分が出した重大な問いに対する回答をすでに準備していた。「なぜ悪魔から傷を受けたことを覚えていることで記憶を失わない者がいるのか？」そして予定通り発した、全く無駄がない回答。全人類の運命に関わる、重大なテーマであることが伝わってくる。

他人から受けた傷をずっと覚えているのが「自然に反している」というのは、本来、人間とはお互いを傷つけ合わない生物であると言い換えられる。マルクス・アウレリウスも言っていたように、生来の気質として人間は互いに親切に、自発的な愛情を示し合う生き物である。ソフィアから発生した我々の近親種には、人類が生まれつき持っているこの愛と善良さが欠けている。彼奴らと私たちの違いを知ることが、彼奴らの嘘を突破する鍵である。この嘘は、我々の喉元に突きつけられた「見えざる偽の刃」なのだ。人間種が時に人間性から逸脱した行為に及ぶのは、アルコンの欺瞞と同調圧力への降伏を示していることに他ならない。そして自らの天性の識別力に対する裏切りである。しかも、アルコンの陰謀は自覚なしに、あたかも与えられた全てが現実であるかのように、蓋然性を持った「当然の結果」として起きる。アルコンはずっとそうして我々に気付かれずに、我々の中に侵入して、我々の「現実観」を造ってきた。マカリウスは警告した。「異世界人は、我々がそう考えていると信じ込ませる模造工作によって、浮かんできた正しい考えを否定させたり、偽造世界を見破られないようにしているのだ」アルコンが模造するのは、いつだって自然である。

第二十二章　ソフィアの修正（ディープエコロジーの世界）

もし私の語るように「秘儀こそがディープエコロジー学の主根」なのだとしたら、その根の深さを知って驚愕してくれることだろう。根はどこまでも、時間的にも精神的にも、人間の精神的構造全体に行き渡っているのが分かる。リーアン・アイスラーの『聖なる快楽』には「失われてはならないものを理解するためには、実際に失われたものを知ることが必要である」とある。パラドックスであるが、グノーシス論と相性の良い考えだ。つまり、どんなに奪おうとしてきても、人間の魂に深く根を張る「智慧《ソフィア》」は根絶できなかったのである。それを破壊しようとする、長い暴力の時代にも耐え、神性叡智の木は、自らの強靭さと深淵な根を証明してきた。

女神と秘儀の抹殺を真の目的とする宗教運動の暴力を見事生き抜いたことは、まさに奇跡と言えよう。世界中の先住民族が生活様式の中に「祖先の知恵」を保持してくれていなければ、本書を書けなかったと断言できる。それほど権威主義的支配には、計り知れない破壊力がある。だが、今ではそれに抗議する人々（現代の反グレート・リセット運動など）の割合が大きくなり始めてきた。しかしそれも、権力者がどうやってここまで強大な力を得たのか、最近ようやく理解し始めたというレベルである。アルコンの嘘によって権力に魅入られた者たちが、自らの種の虐待に賛同し、奴隷化に実質加担してしまっているのが、本当の話だ。だが、どんなに困難な時であっても、この世界には善良な素晴らしい賢人がそこかしこにいる。邪悪な陰謀者が信者の受動的な同意を利用し（昨今のコロナ禍に対して後手に回ってばかりの受け身な人間の状態に見られるように）、分不相応な優位性を得ているのだ。これが「被害者と加害者の鎖」という、奴らが最も見破られるのを怖がる秘密である。

父系制は、恐怖で支配された世界を形作った。恐怖（terror）は過ち（error）にｔの十字架を付け加えてできる。十字架は古代ローマの拷問器具であり、カトリックにとっては神聖な愛の象徴である（最近では、意味もわかっていないのに、御守りとしてファッション感覚で身につけている者も多い）。恐怖は「救いの教義」という上辺だけの愛のメッセージを餌に、無知の魚釣りを始めて、釣られた者はＡＩが遠隔制御するゾンビ世界に住まわされる。これがトランスヒューマニストのゼデク派教団が死ぬほど焦がれた理想郷《ディストピア》である。最初から最後まで心理ドラマを突き通していけば、そのような世界はいずれ完全自滅するだろう。彼奴等のシナリオから抜け出すには、自分が信じる通りに行動するしかない。

では、恐怖歴史時間軸の自滅エンドを修正するには、どうすればいいのか？　グノーシス派が視た展望《ビジョン》を参考にしてみよう。「支配者病」を隅々まで研究し尽くした古代人の知恵は、必ず我々現代人の役に立つ。今はテクノクラシー推進の「グレート・リセット計画」が、完全な支配者病の一症例と言える。まずは「あがない主」への執着を辞めて、こんなものは人間性を象徴していないと考えるようにして、人類解放のために実際の行動を起こすことだ（ただし最初から全人類を解放する願いよりも、まず自分の人種の解放に貢献することから始めたい）。目的の達成には、グノーシス主義で「化けの皮を剝ぐ」ことが大事な要素になるはずだ。秘教学校のグノーシス派の教えには、キリスト教化以前のエウロパ文化の女神信仰の本質が映し出されている。古代世界の先住民たちの多くが女神を信仰していた。そしてグノーシス主義はエウロパに普及する前にも、各地に存在していた。この教えは元々、古代イラン人由来の世界観を基底にしている。世界初の「グノースティコイ」はエジプト人、レヴァント人、シリア人、ペルシア人であった。彼らは異国の地であるヨーロッパを保護した。いや、しようとしたと言う方が正しい。豊富な文化的、歴史的経験を積んでいたため、悪に対する免疫がないエウロパ先住民の脆弱性と、アルコンの侵入を警戒していたのだ。近東のグノーシス派は、救済主義と神権政治の二大脅威に対抗する防衛最前線であった。その防衛線が突破されたが最後、異常性の津波がエウロパに流れ込んだ。生命活動に反する異界の力が、まるで疫病《えきびょう》が猛威を奮うように、先住民を次々に殺戮していった。

量産化された神権政治（グレート・リセット計画もその一つ）

宗教史家ジェフリー・バートン・ラッセルは『悪魔』、『サタン』、『ルシファー』などの著作を通して、「悪の問題は宗教を超越する」と述べた。ccxc これに、「汚染もする」と付け加えていれば完璧であったと言える。グノーシス主義者が初期キリスト教徒に憤慨し、抗議したのには多くの理由があるが、特に「我々は悪の問題の解決法を知っている」と主張していた点にある。秘儀参入者が否定したのが、まずこの世の善と悪は全て同じ単一起源を持つという説であった。だがこの抗議に対し、初期キリスト教徒も嫌悪感を剝き出しにした。当然だ。この世の善も悪も統《す》べる父親の全能性を、真正面から否定されたのだから。目の前で自分が信じる神の計画を面と向かって根底から吹き飛ばされたに等しいのだから、コンプレックスを刺激してくる相手を潰そうするのも首肯できる話だ。現代もそうだが、当時も神の計画の信者は「この世界に恐ろしい苦しみが存在するのは、神様がそれを人間への教訓として、我々を善へとお導きになっておられるためだ」と主張した。グノーシス派はこの狂った解釈に反論し、滑稽で危険思想だと断言した。ccxci グノーシス主義は、二元論における二極は同じ起源を持たないと、断固として反論したのだ。悪の起源は神の知《ゴッドヘッド》には最初から存在しておらず、アルコンが介入する人間の領域にのみ存在できるとした。

ルネ・ジラールは、宗教は起源を分からないようにして、苦しみと裏で手を組んで、この仕組みを永続させようとしていると言った。いずれにせよ、宗教が人々に苦しみを神聖視させているのは事実である。ここまでを理解すると、人間界にある悪の永続化メカニズムの全貌を捉えられるようになってくる。第十九章でも書いたように、**苦痛の強制力が生命力そのものより強力と見せかけることで、優勢にしているのだ。**宗教は全て、神権政治が形を変えただけのものに過ぎない。21世紀になって人類は長年の妄信の壁をすでに突破して進歩したと言われることがあるが、とんでもない。コロナウイルスのワクチン接種推進運動を見て、考えていただきたい。無数の人々が欺瞞だらけのワクチンを「自分の命を救ってくれる万能薬」であるかのように錯覚し、グローバル主義者のテクノクラートたちの近未来宗教を信仰している。これは宗教にしがみついて自主性を捨てた信者と何ら変わらない生き方だ。ワクチンと聖餐を置き換えただけで、やっていることは同じだ。第一部で述べた神権政治台頭の歴史講釈は、本当にあったかどうかすら定かではない遠い過去の出来事を、ただ振り返りたかっただけではない。歴史は今まさに起きている未来予想図なのである。共産主義も同じだ。神を必要としない神権政治の「宗教」である。超人間主義によるグレート・リセット計画も、特に目新しいこともない、ただの量産化された神権政治の一つに過ぎない。今度の神は、自称億万長者と大物政治家が演じるというだけだ。我々人間を駒として使い、遊んでいるのだ。

人生をより良くするための真理は、実行のために「対抗手段」を必要とする。悪の策略を撃破できる、具体的な手段が必要なのだ。ナグ・ハマディ写本の『ヨハネのアポクリュフォン』は「反生命力」について明確に説明している。「彼奴らにとって、喜びは苦しみである。美は堕落である。歓喜は欺瞞である」（BG56）これに「恐怖」も加えてれば完璧な記述と言える。恐怖は欺きによって生まれ、親である欺瞞を支える。2001年9月11日の大事件以来、世界中がテロ、気候変動、コロナウイルスの「恐怖の三重苦」に苦しみ続けている。恐怖の猛攻撃に対抗した先人のグノーシス派が、最後に言い残したことがある。「ソフィアの修正」だ。これこそが今、グローバリスト戦術に対抗できる手段であるのだ。

ナグ・ハマディ文書全体で、「修正《ディオートシス》」の単語が使われたのはわずか4箇所しかない。だが、人類《アントローポス》の神性についてを包括的に見据えれば、自ずとその答えは表れる。そう、智慧の女神ソフィアと創造の子アントローポスの「母子コラボレーション」がその答えだ。人間が果たす役割、つまり我々が母の修正を手伝えるかどうかは、他の種族にはない自分の種独自の能力を認識し、開発していけるかどうかにかかっている。そのノエティック・スキルは、予め人類独特な能力として発現するよう、すでにコード化され我々に入力されている。人間の遺伝子に埋め込まれたそれら能力は、全て「神性叡智《ヌース》」の派生系である。主に七つの叡智の派生系があるが、その中でもエンノイア（意志）、エピノイア（想像力）、メタノイア（回心）、ディアノイア（推論知）は主役級である。

エンノイアとは「意志」である。アイオーンの「創造的意図」に近いというか反映している能力だ。ソフィアとテレーテの二体のアイオーンは、エンノイアによってアントローポスの型を生み出した。その型にはめられて生まれたのが、私たち地球人である。よって私たちも何かを創作する時にはまずエンノイアを発揮する。しかし最適な表現に落とし込むにはエピノイア、つまり想像力のサポートが必要だ。しかし小さな想像力の欠片だけでは、やがて目標半ばで行き詰まってしまう。「魚座の時代」は、まさにそういう時代であった。なんの変哲もない人物が突如ヒーロー扱いされるようなナルシスト的妄想は、どこまで行っても渇きを潤せない永久未完の娯楽話に魅了されているに過ぎない。ソフィアによる修正アップデートは、そういった「アプリ」には対応していない（案外、この喩えはソフィアとアルコンの関係性を表している気がする）。だが今度のアップデートでは、我々が生来獲得した霊力を最適化する修正がされるべきである。本物の想像力エピノイアと、単なる見せかけの幻影との見分け方を、グノーシス主義は教えてくれる。ヨーロッパの過酷な歴史を生き残った17世紀頃の錬金術の集成『錬金術叢書（Artis Auriferae）』には、説得力のある教訓が書いてある。

あなたの生き方、成すこと全てを流れに委ねなさい。大地の中をゆっくりと進む金属のように。さすれば、あなたの生き方は真によって導かれ、妄想ではなくなるだろう。ccxcii

錬金術用語の「大いなる業」とは、人間と自然界の生きる叡智《ソフィア》との「共進化」のことである。秘教徒たちはこの道を開拓した偉大な先人であり、女神と自己の両方を有機光から知る究極の教育法「求道法」を確立し、共進化の教えを広めていった。先に説明したように、忘我、つまり自我《エゴ》の死と、生命力へ身を光へと委ねることの教えは、密儀の大きな特徴であった。よく言われるような、自我の拡大や神聖視などではない。地球の生命力に溶け込んで、一体化するという絶頂的体験は、接触者の心身再生《パリンジエネシス》を促した。グノーシス派宇宙論によると、炎の中で生まれたソフィアの娘ゾーイは、「人類の不滅の再生力」を表すという（『この世界の起源について』104. 26-31)。神話学者カール・ケレーニイの説によると、古代ギリシャのアニミズム宗教では、「ゾーイ」とは限定的な生命を表す「ビオス」とは対照的な考えであり、「不滅の命」を表すディオニュソス的要素であるという。ccxciii エピノイアとエンノイアの接合のスパークは、その不滅の力に身を委ねた陶酔の中で、純粋に視ることができる。

テレスタイたちは自らの教育法を補完するために「堕ちた女神」の神話を教え広めていった。これはただの物語ではなく、人間の共進化を正しい方法で、正気を保ったままで持続可能な方法で構築し、導いていける「世界観」を確立するために、練りに練った智慧のシナリオであった。地球誕生以前の「はるか故郷の宇宙物語」が九つの挿話でまとめられていると言うと、少しばかり途方もなさすぎる話に思えてくるが、物語の主観と自分の認識を一致させてみると、自分自身の生命に深く関係していることが分かってくる。自分自身を愛するのは自分で自分に責任を持つことであるが、アイオーンである母親を知ると、彼女に対してもある種の責任感を伴って接するようになる。彼女の物語を学び、それを自分自身の物語を愛するように、愛するようになるのだ。

グノーシス主義者は、地球になる前のソフィアの冒険を人間が地上で再現していると考えていた。それも精神内で象徴的に繰り返しているのではなく、「作用反射的」行動を以って地上で示されているという。本書第十一章で現代まで生き残った逞しい先住民であるアボリジニの「ドリームタイム」について語ったが、彼らのいわば「心理宇宙並行性」（我ながら大袈裟な呼び方である）が、世界中の先住民文化と一致していることが示されている。ソフィア神話という夢見《ドリームタイム》は、「永遠の今」の生きている物語である。宇宙や神話といった言語で描写されているものはすべて、心の中や周囲の自然の中にも、常に存在している。大地の神聖物語は、「生

物学的修正」への入門書になっている。ccxciv

ソフィア神聖物語の語り部となることで、我々は彼女の修正に参加できるようになる。ついでに神権政治打倒のための最強武器も手渡される。創造的想像力は人間が生まれ持った能力であり、宇宙がどうなっているのか、神々がどう遊戯するのかを知ることができ、神々と一緒に遊ぶことだってできるのだが、我々が神を演じるのは駄目だ。自分は神という勘違いの元になる。神を演じる権利は、内的な誘惑に打ち勝てなかった「お人好し」たちに委ねることにして、私たちは私たちの役目を果たすことにしよう。

理性の神性（生命光からの叡智）

女神神話を実践し、自分の生き方に当てはめることで、メタノイアという名のもう一つの神性能力を発揮することができるようになる。人間の心が外側で発露して作り出される「パラダイム」と呼ばれるものは、実は単なる枠組み作りの仕掛けの一つにすぎない。枠組みは自分たちの手で移動させることができる。その「回心」がメタノイアの能力である。それも、ただの既成概念の起動だけでなく、それを超える能力なのだ。新約聖書に書かれたイエスの寓話では、洗礼者ヨハネが「メタノイテ」という合言葉を用いて「救世主の到来」を告げる場面がある。

平凡な学者たちは例に倣ってこのギリシャ語単語を「悔い改めよ！」としか翻訳しようとしない。グノーシス表現に直すのならば、これは「超えて行け、その考えの先を行け！」と言い換えられる。人はメタノイアがあるからこそ、既成概念や昔は有用だったが今では型落ちになった考え方を超えて、その先を考えることができるのである。思想というのは、それがたとえ偉大な思想と言われていようと、いつまでも永遠に崇められるものであってはならない。単なる学問の追求のための道具だ。踏み台に過ぎないのだ。知性というのは本来、常にパラダイムを変えながら、新しい学習の枠組みを考案したり、古い信念を取捨選択しながら、進化してゆくのだ。しかし、人間の意志《エンノイア》は非常に複雑で膨大なので、とりあえずこの学習能力をあえて限定的な範囲に閉じ込めることで、定義された枠組みの中で最適化された可能性や答えを出そうとするのだ。限界が見えてくることで、最終的にはその限界を超えていけるのである。新しいパラダイムで得た知識を基に、結論自体をアップグレードすることが可能となる。パラダイムの方が創造的意図《エンノイア》を（支配や規制ではなく）調整できるようになれば、理想的だ。よくあるのが、人の精神が作り出した「時代精神《ツァイトガイスト》」がもう時代遅れになっているというのに、先入観が邪魔して、新しいゴールに気づけないという状態である。

　そして、我々には「ディアノイア」がある。『救い主の対話』には損傷が激しいものの、非常に重要なことが書かれた一節がある。我々の「推理力」が我々を無知の闇から真実の光へと導いてくれる、その力があれば「識閾の番人《ガーディアンオブスレスホールド》」と呼ばれる横暴な誤謬勢力に立ち向かえるのだという。秘教徒はアルコンのことを、このような「閾の番人」と呼ぶ。「閾（または敷居）」とはつまり、地球生命圏と無機質惑星系との間の境界面のことであり、地球が現在捕らえられている境界場である。そのためアルコンは「次元間《インターディメンジョナル》存在」の本性があり、グノーシス文書では「トロール」あるいは「番人」と呼ばれる。「目の前に立ちはだかっているから、閾《いき》は恐ろしいのだ。一なる心で、通り過ぎでしまえばよい！」(III, 5:124)。支配者たちのＩＴシミュレーションゲームで何度も同じ「試練」が繰り返されていることも、状況を推理して真実を説明することができる。精神統一をして、冷静で明晰に、物事を判断するのだ。状況と自分を同一視してはいけない。その場から心を切り離し、推理する。『シルヴァノスの教え』では次のように述べられている。

> 子供たちよ、助言を聞くがよい。自分以外の者が良い意見を出しても、すぐに弱点を見つけようと躍起になってはならない。常に理性という神性の側に立つようにしなさい。啓示者の聖なる教えを、よく観察しなさい。そうすれば地上のどこであっても荘厳に生きることができ、天の使いや大天使たちに褒め称えられるだろう。彼らを味方につければ、天界へと案内してもらえるだろう（VII, 4:91–92）

理性もヌースに由来する神聖能力の一つである。ディアノイアは批判的思考《クリテイカルシンキング》、つまり感情に流されず客観的に物事を分析し、最適な判断を下す能力でもあるが、かといってコンピューターのように徹底して合理的になれという意味ではない。正真正銘のディアノイアは、デカルト的還元主義でもないし、いわゆる「批評理論」でもない。ディアノイアは「常識」の最先端をゆく考えという意味での、批判的思考である。創造的想像力の能力までも批判して除外するのではなく、むしろ磨き上げていくやり方だ。天才的なレベルにまで自身のディアノイアを高めたグノーシス主義者の理性と天啓の間には、矛盾が見当たらなかった。そうした天才たちの仕事は、「生命光」から教わったことを人間の言葉に翻訳することであった。ディアノイアの巧な使い手は、有能な作家や雄弁な講演者となった。地方からアテネやアレキサンドリアなどの都会に渡ってきた者も、人気弁舌家に怯むことなく議論を交わし、対等に渡り合うことができた。

美しい未来（ソフィアとアルコンの最終決戦）

ニューエイジ系の教祖で秘教学校復興運動家のジーン・ヒューストン（個人的には全く彼女の思想を支持してしない）は、人間にとっての神話の役割について次のように述べている。

神話は人間という存在の根底にある根源的パターンとして機能する。超人的な世界に思えるが、本当はとても個人的で、歴史的な自己について語る主要物語であり、神話こそが人間精神のＤＮＡである。[ccxcv]

もしグノーシス主義が言うように、我々の人体には「エピノイア」という創造能力が秘められているのだとしたら、もはや「人間精神のＤＮＡ」という比喩ではなく、実際に人類種のＤＮＡに入れ込まれて「作用」しているということだ。だから、神話とは生物学的な意味で人間が現実的に持っている本来の能力について説明している、「実話」であると言える。アントローポスの能力が、神話の伝えたいことの本質なのだろうか。そして、自分たちは神話になれるのだろうか？　なれるのである。実際、エピノイアとは、自然界に「超自然界」への入り口を見つける能力なのだ。その入り口は、地上生物から天の星々まで、ありとあらゆる場所で見つけられる。

ハワード・テミンとデイヴィッド・ボルティモアという二人の分子生物学者は、まだ歴史の浅い科学である「後成説《エピジェネシス》」を成立させた。１９７０年、彼らはＲＮＡウイルスからある酵素を単離させることに成功した。それが「逆転写酵素」であった。この発見はＤＮＡ↓ＲＮＡ↓タンパク質という従来の遺伝学の主流《セントラルドグマ》に反抗して、ＲＮＡをＤＮＡに転写するという流れがあることを知る道を切り開いた。ＤＮＡが進化の主権を握っているというダーウィン的パラダイムを覆したのだった。逆転写酵素とは、「ｍ（メッセンジャー）ＲＮＡ」でＲＮＡを書き換えさせる特異的生体分子である。誰の遺伝子にも予めインストールされているプログラムであり、ソフィアとテレーテから人類への贈り物である。

嬉しい報せに思えるが、ちょっと待ってほしい。確かテクノクラートの支配者たちの人類支配計画の中心となっているのが、ｍＲＮＡの「転写作用」ではなかったか？　残念ながら、そうなのだ。ｍＲＮＡの頭文字の「ｍ」は、逆転写酵素の「メッセンジャー」である。『グレート・リセット』の行方を注視する者たちは、大手製薬会社がアルコン流の聖餐を世界中に売り込み、もはやこれが「ワクチン」ですらないのにワクチンと呼ばれていることを、厳しく非難している。実際、コロナワクチンと呼ばれるものは、従来のワクチンの定義に収まらない。**ヒトの免疫系を再プログラムするための生化学的作用物質であり、ひいてはヒトゲノム形質プログラム全体の設計図書き換えプログラムである。**モデルナ社は法律で義務づけられている製品カタログの中で、この商品はワクチンというよりも「ＯＳ（オペレーティング・システム）」であると言っている。権力者がここまで正直になったのだ。余程大きな事変の前触れであるに違いない。

人類を「神の姿に似せて」創ったという嘘を、宗教で世界中に広める作戦は失敗に終わった。しかし、後遺症は根強く残っている。グレート・リセットとは、ソフィアとデミウルゴスの最終決戦の際に、アルコンの切り札となる「最高傑作《マスターピース》」である。最終決戦とは、「光輝く子が真実に値しないすべてを明らかにし、欠乏を解消し、あたかも最初から存在しなかったかのように消し去る」時のことだ。その瞬間が、ついに訪れようとしているのだろうか。

人類に対する数々の犯罪行為は、ソフィアの修正によって巻き返《アンドゥー》されるのか？

私自身は答えを出せない。途方もない問いだ。私個人としては「YES」と答えたい。当然だろう。グノーシス主義を実践することで、私は自信をつけてきた。2006年の本書の初版発行時には書けなかったことだが、今では世界中でソフィア物語の信望者が現れ、その数は年々増え続けている。だから私は、もう一人ではない。ゼデク派トランスヒューマニスト教団のプログラム崩壊により、全員が「来る美の現実」に移り住むことになる。変化はもう始まっていて、少数だが幸運な者たちは移行し始めている。億万長者の自称「慈善活動家《フィランソロピスト》」や、その言いなりになって動く政治家や宗教的指導者のいない未来を想像してみてほしい。自分の方が知識があるからと言って、独善的な生き方を皆に強制し、自分たちの悪夢を皆の希望と偽って押し付け、そうやって集団的利益を独占してきて。このような支配者の非常識極まりない強迫行為が、終わる。そのことを、どうか想像（創造）していただきたい。WHO（世界保健機関）が「以上、言われた通りにしなさい」と呪文のように我々を抑圧し続けている世界ではなく、圧政のない社会秩序を。社会の構成員の主権意志で動く新世界を想像してほしい。女神ソフィアの修正はそのすべてを可能にする。

そう、ソフィアに協力すれば、解決できる「はず」である。だが、生きるグノーシスの光について無知な人々や、ソフィア神話を知らない者についてはどうなるのか？　多くの人にとって、これが懸念事項だろう。急に新しい「美の現実への出口」が見えたとして、全員がこれまで慣れ親しんだグローバリズム廃墟の現実から抜け出して、将来の社会秩序を再建するために喜んで参加しようとしてくれるだろうか？　コロナウイルスの虚構は、かえって大きな教訓を示してくれた。もはや疑いようのない事実であるが、「病気そのものよりも治療法が原因」なのである。権力者は「ウイルスの拡散を防ぐ」目的を掲げ、地球全体を破壊する措置をとっている。計画実行によって地球生命が受ける苦痛の規模と激しさは、計り知れない。それだけの苦痛だ。人類は、今度こそ飛び起きるのではないだろうか。悪夢から醒めて、「もううんざりだ」と、アルコンの地球人総IT化計画の呪縛から、今度こそ解放されるべく、立ち上がるのではないだろうか。

ソフィア神話的な「新しい生活様式」は、決められた人道的道筋に沿っての「矯正」を進めていく。決められたと言っても、知恵の女神というだけあって当然、多くの解決策を弄している。「修正《ディオートシス》」には「分割」あるいは「二通りの調整法」という意味がある。すでにグノーシス主義に慣れ親しんだ者も、これまで全く無関心であった者も、最後は関係なく全員が修正を遂げる。皆同じように勇気をもって、世界の復活と修繕に努めるよう行動をともにすることだろう。だが、必然的に復讐行為も発生すると思われる。修正には三つの「R」、すなわち復活（Restoration）、修繕（Reparation）、復讐（Revenge）が避けられない。グノーシス主義は、「宇宙の基本は愛と善」と教える。本来、超自然界に悪は存在しない。それは確かにその通りである。だが、「より良い生き方への移行」には当然、「過ちによって荒れ果てた地」を通過する過程がある。荒廃した旧世界を直視する勇気さえあれば、移行が成功するというわけではない。この荒涼を引き起こし、虚偽を広め、恐怖を煽り、欺きを至上の喜びとしていた「宿敵」を追いかけ、追い詰め、決着をつける本当の「勇気」が必要だ。人間の本性は、確かに善であり愛である。だが、「神の愛の言葉」で釣られた人類が再び混乱に巻き込まないという保証はない。愛だけでは人を救えない。人間の善を最後まで信じて抵抗を拒んだ異教徒は、それが仇となって滅びの運命を辿った。人間の善を否定したり、覆そうと嘘をつく勢力がいれば、憎まなければならない。そこは徹底しないといけない、我々大人たちの責任である。これ以上の人間性への裏切りをなくしたいから、「憎しみ」の感情が湧いてくるのだ。それを無視せず行使する責任が、我々にはある。だがソフィアは、憎悪を強要することはしない。ソフィアはより高度な目的のために、残虐性を捨てることができる尊い存在であるからだ。

マーク・トウェインによるものとされる、古い格言がある。「今までずっと騙されていたのだと説得して分からせるよりも、騙す方が簡単だ」人々の説得に成功したら、最後はどうなるのだろう。

荒廃した世界から発見される智慧もあるだろう。だが、その智慧は宗教的な「愛の言葉」の下に長年埋もれてきた。古代の声は、ずっと瓦礫の下で我々に呼びかけていた。ギリシャ悲劇の物語では、人の命を救えるほどの大事な真実をそのまま言葉で表していた。「苦しまないといけないのなら、必ずそこから学びなさい」悲劇作品三部作『オレステイア』の三本目は、母なる大地の地獄の激昂を体現する復讐の女神フリアエ（エリニュス）がついに説得され、回心し、社会秩序の慈悲深い監視者である女神エウメニデスに変わる様子を描いている。次のギリシャ語の詩は、その比類なき人類への大事な伝言《メッセージ》を、最大限に味わえるような「翻訳」が求められる。

喜びが与えたもうたものに 喜びを返そう

いまだ引き裂かれていない 愛との相関で
いつもは 憎むことを心に学び
それで 多くの人の病気を治そう

第二十三章

自分はただの個人でなく全人（人類種）である！

ソフィア神話のうち、第八挿話のある壮大な出来事の話に注目してみよう。ソフィアが惑星体で生命力の芽を出し始める段階、つまり生物圏の形成段階に達した段階、地上に出現した生命の爆発は想定以上で、あまりにも蔓延《はびこ》ってしまい、彼女の管理できる範囲を超えてしまった。プレローマの神々は、大事な妹が莫大な多様性を持つ子供の生命力に圧倒されている様子を見て、心配していた。ソフィアは、自分の生み出した子孫同士の接合を管理することに、限界を感じていた。子孫間の共生が不可能なまでに、多様性が大きくなっていたのである。ラヴロックやマーギュリスが定義したように、ガイア型超生命体には本来、自己調節《ホメオスタシス》の機能が備わっている。ところがソフィアは、異なる動物種や植物種の間の「調和のとれた行動」を維持する、「監督」タイプの制御能力の限界を迎えていた。純粋に、それは彼女の能力の範囲を超えていたのである。彼女は苦境を経験した。それにプレローマが応えた。共生者の到来という、救出作戦が始まったのだ。ここまでは本書第十四章で、エイレナイオスの著作から分析した通りだ。

エイレナイオスはこのような生物の多様性の神秘について次のような解釈をした。「生物はそれぞれすでに大地に根付いて、自給自足の力を獲得した」グノーシス派の難解な理論の中に、現代では常識となった「多様化する生命《クリスメーション》」の大問題をすでに解読していたことが窺えるのは、興味深いところだ。「聖体機密」という聖霊の恵みを受けるための密儀がある。種ごとに独自の力を備え、自己保持、つまり自給自足できるようにするために、種ごとに隔離をするという奥義である。しかし、それでもどうやって、生物は異なる場、異なる時間にもかかわらず、種として固定の行動形態を取ることができるのか？　生物が驚くほどの「自然統合美」を見せる謎は、最近では「形態形成場《モーフィックフィールド》」と呼ばれる生物学用語で説明される。先述したように、全生物の生活様式を自然で統合し、協調的で調和のとれた生命圏《バイオスフィア》になるようソフィアを手助けしたのは、プレローマから救援に来た「共生者」の仕事である。自然界では微生物に至るまで、あらゆる生物の特有の性質を、形態場に沿って一貫性を持った行動にしてゆく。「共進化」はこれで実現可能になった。エイレナイオスは自分なりの言い方に直して、共生者の仲裁によってソフィアは自分の子供たちに「生命の在り方」を教えることができたと説明したのである。よって、この惑星に生まれた生物はどんな形であっても、生命共生圏にしっかりと織り込まれている。

どんな形であっても。しかしながら、人間は唯一無二の例外種と言える。

仲介者メソテースはアイオーンの「共生者《エクレシア》」か⁉

ソフィア神話第八挿話では、ディープエコロジーにおける主要問題である「惑星《ガイア》との共生」における人類の役割についての、大きな懸念が提起されている。あるいは神学における当面の大問題とも言える。神学はなにも、「神とは誰で何をするのか？」の永遠の問いかけについて、延々と議論を重ねているだけではない。創造神について議論するということは「神による創造」、つまり地球人類という種のアイデンティティにも関わる話であるということだ。ソフィア神話によると、共生者が地球生命圏に介入したのは人類誕生以前の出来事であったが、人類にはどのような影響を及ぼしたのだろうか？　影響があったらの話ではあるが。

本書の著者である私にとって、これがソフィア神話の中でも最も難解な問題の一つであった。これを解決しない限り、ソフィア神話の復元は成し得ない。しかし私は15年以上かけて世界中の神秘体験の証言を綿密に吟味し、ついにこの問題を解決した。伝統ばかりを重んじる学者たちは、物語の現代的解釈になかなか同意したがらない。まずは、本書で論じてきたような変性意識状態での神秘体験に明るくない学者が、グノーシス主義の「恍惚認識」を理解できるわけがない。それにまつわる超常現象や超自然現象の膨大な記録の方も、一つ一つの発生状況を冷静に吟味していかなければ、ただの意味がないデータでしかない。よって、そのような頭の固い学者にはその手の経験談を描写する古代文書を読み解く資格がない。

共生者が種間相互作用（共進化）を起こした「仲介者」でもあったと明らかになったと同時に、「では、どうやって人間に共生者の存在が知られるようになったのか？」という疑問も、本書第十四章では残った。『ヴァレンティノス派の解明』に描かれている「プレローマの愛」を思い出してほしい。これも大きな謎であり、実証不可能な件であると言えるが、同じ場所で見つかったのだから他の文書で唱えられている説と全く無関係なわけがない。どこかにピッタリと噛み合うはずの、パズルの1ピースであるはずだ。エイレナイオスの論説のどこかに、引っ掛かる部分がないか確かめてみよう。「仲裁を終えた共生者は、その影響力を退いてからプレローマに戻っていった。一方でソフィアにはある種の不死の香りが、キリストと聖霊によって残された」(One, IV. 1)。

ジグソーパズルを解いていると、二体のピースの塊が互いに合致するという瞬間によく出くわす。物置小屋の一角が、横に生えたリンゴの木の一角とぴったり合うと直観する場面だ。同じ意味で、共生者というパズルのピースの一角が、人間精神のある一角を指し示していることが直観的に分かる。同じパズルの中でピースのクラスター同士が、無言でお互いの存在を仄《ほの》めかしているのである。ナグ・ハマディ写本には多くの「通り道」が錯綜し共通点を見出すのに苦労する。だが、秘教の欠片をつなぎ合わせていくと、「中間者《メソテース》」という謎多き概念が浮かび上がってくるのだ。グノーシス主義は、人間の内面で密かに活動する、ある不思議な存在について認識していた。これはユング心理学における「原型」と言える存在である。「メソテース（Mesotes）」の「meso-」は「中間、中庸」という意味だ。そして文字通り「二つの数字の間の平均」というように、平均値を意味してもいる。このように、広義的には二者間をとりなす仲介人、あるいは癒しや調整・調和役の力を意味する。問題は、何と何の間を仲裁したのかという点だ。

『大いなるセトの第二の教え』（66. 3–8）には「人間は生きた見えざる力によって、神聖なる内向きの秘密を完全なものする。それは純潔結合を達成するための、ＩＳの媒体という、中間者の力である」と述べられている。この部分のコプト語は「MESOTES NTE IS」となっている。そして「ＩＳ」だが、これは「イエス」と訳されるのが主流学者の常である。これは、グノーシス派を弾圧した教父たちが「中間者はイエスだ」と、揃って主張していたことが根拠になっている。「セト派」のグノーシス主義者が、同じような主張をするわけがないことは、言うまでもない。コプト語文書のギリシャ語訳版では、イエスの名前がそのまま書かれてはおらず、代わりに「IC」の文字（上に棒線がついている）で表されている。これは、コプト語に「C」に値する文字が無いためで、この翻訳語での「C」はコプト語での「S」に等しいからである。学者たちは、学校で教えられた通りに、「IS」の空白部分を埋めて「IeseoS」、つまりヘブライ語の「イェシュア（イエス）」に直しているのである。ナグ・ハマディ文書を書いたグノーシス派著者が「ISは歴史上の実在人物を示す記号」と説明する箇所は文書中のどこにもない。そのことが逆に仇となり、学者たちのこのような誤解釈を許してしまってもいる。ではこの「IC」は、人なのか、それとも心理学的な「原型」のことなのか？　答えを先に言ってしまうと、「IC」とは通称である。つまり一般的な名前を表す単語ではなく、完全に訳すなら「I (asiu) S」、つまり「治癒者《ヒーラー》」の職業名だ。翻訳者が「IC（IS）」を新約聖書のイエスのことだと、考えを縛り付けている理由は一つ。人類史上で身元を特定できている人物以外を、歴史上に示してはならないという学者のルールである。

同様に、文書中に何度も登場する「XC」や「XRC」の現代訳にも大きな誤りがある。「X」の文字は「CH」として訳されるので、「XC」だと「CHS」になり、「キリスト(Christ)」と訳されるのが通例であるのだが、本来はこれを「C hrestoS」、「善の人」と訳すべきであろう。[ccxcvi] 或いは「クリストス（ChristoS）」とそのまま訳すのが適切かもしれないが、これはキリスト教の救い主キリストを表す言葉ではなく、グノーシス神話での「アイオーン・

クリストス」と解釈するのが正解だ。お祭しの通り、XCやXRCが立て続けに登場する箇所で、教会の息のかかった翻訳者が「救世主イエス・キリスト」を教科書通り、さりげなく挿入するのである。「XCはXPHCTOCで、救世主キリストのことだ」という具合に、なんとかキリストを前面に推そうと努力をしてくる。ギリシャ語は「I（イオタ）」の代わりに「H（イータ）」を使って綴るので、そんなにイエス・キリストに結びつけたいのなら直接「CHRESTOS（慈悲深き者）」と書かなかったのを説明してほしいものだが、ともかく、書けばよかったのではという疑問は無視して、とにかく学会はこの言葉を「救世主キリスト」という言葉に結びつけたがるということを理解してほしい。要するに、「中間者メソテース」の本来の意味合いを、ユダヤ・キリスト教徒の学者が「ファイル上書き」で消してしまったのである。このように、XCやXRCは絶対に新約聖書の救世主のことではない。贖罪者信仰に反対していたグノーシス主義者が書いた文書であることを考慮しても、その筋での考え方は控えめに言っても、絶対にあり得ない。

秘教徒たちは、イエスを含むいかなる歴史上の人物も、超自然的な「中間者」として活躍したとは認めていなかった。よって中間者の別名を持つ者は、本人以外に複数いなかったはずである。中間者を意味する暗号「IC ETONE」がキリスト教の救世主とは異なる存在であることは、ことさら明白である。コプト語の「ETONE」は「肉体を超越した生き方」、すなわち「永遠の命」を暗示する言葉である。したがって「IC ETONE」を歴史上の有限の人生を生きた人物に当てはめることは、学術的な原型の枠組みからそもそもはみ出している考え方であり、グノーシス学的にも矛盾している。ナグ・ハマディ文書に頻出するこれらの用語について研究していくことで、ある仮説が生じる。それは、この存在が肉体を超えた存在であるということだ。仲介者「IC ETONE」は、個体の人ではなく、個を超えた概念であり、接触した人間に「神性顕現」として認識されるのである。だがユダヤ・キリスト教の「救い主教義」を根本から批判したグノーシス異端派が、中間者が救世主と見なすわけがないということは、まず認識しておくべきことだ。これは贖罪宗教が「間に入って仲裁する」という言葉の意味を履き違えてできた、「模造概念」である。それで、仲介者は実際には何と何の間に媒介していた力なのか？　中間者《メソテース》がアイオーンの「共生者《エクレシア》」だとしたら、その根拠はどこにあるのか？

私が「中間者は共生者である」と言い出して学術的立場を危ぶまれても、そこは気にしなくていい。私にとって、権威などはどうでもいいことだ。私は自分の経験だけでなく、他者の経験も考慮に入れている。話したいことならまだまだ沢山ある。私は、神秘との出会いにまつわる膨大な記録も証拠の内に入れるようにしている。そうした神秘体験の証言は、科学的事実として普通は認識されないものだが、何千年分も積もり積もった世界中の経験談の数が、神秘体験の実在性を肯定していると言えよう。数々の記録のうち、一級品の体験談として顕著となっているものがある。残念ながら、中間者との邂逅《かいこう》の真の意味については結論を述べるのが非常に難しいところではある。最初から邂逅の証言が消されてしまっては、偽造ファイルを削除する術も無い。

光の霊（心と自然の境界線上に浮かぶ「閾の像《リミナルフィギュア》」）

グノーシス主義者には透視、透聴などのシッディが使える霊能力者も存在していた。「生命光は聴覚と言葉で満ちていた」ということだが、ソフィア神話は光と実際に交信できた熟練者（実践的神秘主義者と言い換えてもよい）によって語り継がれてきた。実際に光を視て聴いて、観察することで、光から直接教えを受けていたのだ。賢人たち《テレスタイ》は遠い未来にこの惑星に起きる出来事を、光から学んでいた。「系統樹記憶解析《ファイロジェネティックリコール》」とも言うべきシャーマニックな霊能力によって、未来の出来事を何度も思い浮かべることができたのだ（秘教学的にはアカシックレコードの解読とも呼ばれている技法である。私的にはエドガー・ケイシーやルドルフ・シュタイナーなど同じ能力を持つとされる者をグノーシス賢者と比較することは不正確と思うので、控えさせてもらう）。ソフィアの墜落について深く知るにつれ、神話の全体像はよりクリアになっていった。さらに古代予言者たちは、内面の気持ちや現在進行中の外界での出来事などが、いかに遠い未来の出来事に映し出されているかを知った。

エイレナイオスの「ソフィアにはある種の不死の香りが残された」という謎多き記述についてだが、これのことではないかと思われる「創世者の残り香」という言葉が、ナグ・ハマディ文書の各所に出てくる（『聖なるエウグノストスの手紙』III, 3-4 および V, 1）。人間の精神に生じる超自然的影響というこの「残り香」とは、何のことだろうか。自然現象のはずである「中間者の顕現」という神秘体験は、どういったもので、何を教えてくれるのだろうか？　ギリシャ語で「香り」を意味する言葉は「ミローディア（myrodia）」であるが、この言葉には目に見える「色」という意味もある。異端派とされた者たちの書き残した言葉の真意を理解するには、ギリシャ語とラテン語の両方で単語の意味を深く考えて、翻訳せねばならない。そうすることでしか、グノーシス派の本当の意図は把握できないのである。サラミスの司教エピファニオスが著した『全異端反駁』には、エイレナイオスの言葉の言い換えを長々と繰り返す箇所があるが、学者によってはこの箇所が「不死の味」について語っていると主張している。ccxcvii

では、中間者の「残り香」というのはどういう効果があり、どんな匂い、色、味なのか？　今も空気中に漂っているのなら、それを見分けられるのか？　気になるところだ。特定の「色合い」のことを意味しているのなら、中間者は視覚的に検知することができるのか。

百聞は一見に如かず。「見たものしか信じない」というのは、結構な心構えである。ただし、それは悲劇でもあるということは、知っておくべきことだ。とにかく、共生者の残像視認としての「中間者の幻視体験」は、明らかに存在している。その証言は山ほどあり、お互いを知らない世界中の証人の間で、描写に一貫性がある。つまり、ただの幻覚や宗教的妄想でないことが分かる。なにより、非常に多くの証人がいる。グノーシス主義者はこの光学的効果を綿密に研究したいがために、訓練を重ねていたのだろう。それは精神内で生じるが、**残像は外界で視覚的に感じ取ることができる。**明るい光で照らされた像をしばらく見つめた後に、頭の向きを変えて、例えば壁を見ると、残像が見える。それと同じように「残り香」は目前にしばらく浮いて漂うのである。つまり、光学的な物理現象であり、眼に刷り込まれた光の濃淡が、残像となって映し出されるというわけだ。しかしこれは喩え話であって、「残り香」は生きている存在である。これこそ永遠の命の霊的刻印「IC ETONE」だと言えよう。ところが、宗教的先入観のある信者が同じ残像を見ると、「これこそ永遠のイエスである」と解釈してしまうようなのだ。子供の頃は品行方正なカトリック教徒であったルドルフ・シュタイナーも、その光を見て「エーテル的キリスト」と呼んだ。だがグノーシス主義は、今も昔もずっと、「この残像は共生者の残像」と断言していた。共生者がこの地を去った後も、残り香は地球生命圏に漂っているのだと信じていた（別の見方をすれば、この宇宙的仲裁は「永遠の今」に見たドリームタイムであるので、現在も絶え間なく進行中なのだと言える）。

「共生者の残像」についての噂はやがて、初期キリスト教神学者の「イエスの再臨」という誤解を招いた。言うまでもなく、イエスは再臨していない。ドイツの神秘主義者ヤコブ・ベーメやマイスター・エックハルト、聖テレジア、パトモス島の聖ヨハネなどの、キリスト教狂信者たちは「私はキリストに会った」と言い残しているが、その出会いはいつもただ一度きりである。後世の解釈も分かれ、例えばニューエイジ界隈では、この光の霊を「守護天使」だとか「内的な導き」だと呼んでいる。中間者の輝く霊との出会いは、起きる時に起きる。つまり、意識的に出会うのではなく、自然に起きる現象なのだ。出会いの経験そのものの意味は、異なる時代や文化であっても、常に一定で普遍的のはずである。ccxcviii ただ、アルコール依存症を克服するための自助グループ「アルコホーリクス・アノニマス」の創設者ビル・ウィルソンの経験したスピリチュアルな体験や、ユングが『ユング自伝―思い出・夢・思想』で語った「緑のキリスト」の啓示など、世界中のさまざまな証言を検証していくとなると、本書だけでは書ききれない量になってしまう。中間者はユング用語で言う「老賢者（Philomen）」や、彼の女性アニマである「サロメ」のような、「アクティブ・イマジネーション」によって出会った原型像と同じものである。彼は、中間者とはそのような原像（Urbild）なのだと定義した。

「光の霊」は確かに、写真を撮る時の残像のようなものであり、心理的原型のようなものである。だが、厳密には異なると言える。光の霊とは、心と自然の境界線上に浮かぶ「閾の像《リミナルフィギュア》」なのだ。そして、その存在は接触者の意志とは別に存在している。したがって、こっちが会いたいと思って会える存在では無いということだ。贔屓《ひいき》もしないで、我々の意志に関係なく自らの意志で、今も地球の大気圏を漂い続けている。

対流鏡像（ベルナール渦と光の霊の降臨）

大気圏内に見られる「散逸構造」という観点で、光の霊について考察してみる。大気圏が規則的に区切られたベナール渦の集まり《セル》という「対流構造」だとして、共生者の光の霊は動揺性《インスタビリティ》を持った「口径」と言える。動揺性というのは化学用語で「変化しやすい」とか「不安定な」性質であるということだ。ベナール渦は普通、流体が対流の中で不均質性を増して、不安定さが閾値《しきいち》に達すると形成される、六角形の渦である。フライパンの上で加熱された油や、ベナール型対流によって形作られる筋状の雲などがいい例である。天文物理学者ジョン・グリビンが著書『深淵単純性（Deep Simplicity）』で説明しているように、ベナール渦は自然界の産物であり、混沌から秩序が自然に生まれるという、この上ない証拠である。

自然界では、不安定性から安定性が出現するという、非常に興味深い現象が起きる。べナール・セルは、六角形が蜂の巣状に並ぶ幾何学模様を特徴とする散逸構造で、開いた系の中で散逸するエネルギーによって形作られる。これが、この宇宙には秩序があるという確固たる証拠であり、生命誕生の秘密でもある。ccxcix

南極の氷原やサハラ砂漠には、はっきりと視認できるベナール渦が現れる。これらは全て大気圏内での対流構造によって形作られた「自然秩序のかたち」である。この現象は地球上のどこでも見られ、科学者には「大気圏ベナール海」と呼ばれる自然現象だ。F・デイヴィッドは著作『乱流の鏡像（Turbulent Mirror）』で、次のようなことを述べている。「大気圏という球状の膜全体が、大量にあるベナール渦の海そのものではないかと考える科学者もいる」ccc そして、これこそが「中間者の顕現」と言えるのではないだろうか。注意力を欠いていると不安定で変化しやすい鏡像は、忽ち目の前から姿を消してしまう。時間と共に、ぼやけて見えなくなってしまう。原形が分からないので、見る人によってさまざまな解釈がされる。まさに、中間者の目撃証言を言い表している。

「ベナール・セルだとか聞き慣れない言葉で説明されても、それがどうやって、イエスなどの人間の形に解釈されたと言うのか？」という疑問が聞こえてきそうではある。中間者は「永続的仲裁人」というのだから、人の形をしていないといけないと思うのが、正気の人間の考えの範囲であろう（この点について、グノーシス主義はギリシャ語で「仮現（*dokein*）」、つまり現実的存在ではなく化身として姿を現すという説明の仕方をしていた）。実際のところ、共生者は特定の形、たとえば人体という形態は取らないし、これまで取ったことはない。プレローマの超越的無私性と同じく、共生者というアイオーンも自我イメージを投影することはしない。**共生者が生体心理的効果を与えてくるので、それがあたかも人間のような知的生物と話しているような印象を受けているだけに過ぎない。**光の霊との出会いが人間との出会いに感じられるのは、そのためだ。大気圏内に漂っている以上、いつ誰に、どんな時にでも出会いが起きるかもしれないし、実際にこれまでずっとそうだった。惑星史が人間によって紡がれるずっと前から。

「IS ETONE」は大気中に実在する生態心理学的痕跡である。例えば、冬の晴れた青空の下に輪郭がはっきりと象られた、葉のないリンゴの木を想像してみて欲しい。眩しい太陽の光で照らされた裸の木だ。しばらく見つめた後、急に視点を逸らしてみる。すると、目が開いていても閉じていても、木の残像が完璧に見えるはずだ。その木の残像が、今度は生きている木と同じように成長していくのを想像してみよう。芽が出て、花が咲いて、果実が実って、やがて枯死し、また初めからやり直し、繰り返してゆく。**その残像は元の物体と同じくらい、生き生きとしている。**

このような「永遠の媒体」は仮想的虚構なものでも、主観的妄想でもない。それは外界で、大気中にも存在している。それが心の中で、霊として認識されるのだ。目撃者は見た現象を、自分の心の内部空間、想像上の空間に「鏡像」として映し出す。実際に私たちが見ているのは、心の中に映写された「生命圏のアニメーション」なのだ。ベナール渦の流体格子が、光り輝く姿を形作っているのを見つめている。六角形の側面からは、完全透明の霊の光が放たれる。それぞれの側面は金縁で、柔らかなハニーゴールドの色調で光を放つ。蜂の巣状の面がそれぞれ、目撃者にまつわる全てを完璧に、詳細まで映し出す。透明な光の中から、有機的な柔らかい白い光が浮かび上がる。黄金縁の蜂の巣の光に照らされ、目撃者は心の奥底にある静寂域に、超生命力が流れ込んでくるのを感じる。中間者の甘い、極楽の生命流に、完全に浸る。それはまるで、黄金の蜂蜜を入れた乳の海の中で煮えているような感覚である。実際、目撃者の肉体は、細胞という細胞が全て濡れて、びっしょりになる。光の霊の降臨は、いくつもの鐘《ベル》の音とともに訪れる。

中間者を見る者は、中間者に見られてもいる。ここは写真と同じ原理と考えていい。聞こえは神秘的ではあるが、真実である。先程、中間者をカメラの「口径」に喩えたが、覗き込むカメラのレンズは撮影者の像、つまり目撃者をも捉えるのだ。さらには、「奇跡的転換」とも呼べることをしてくれる。「自己像を別の形式へ」つまりは、自分のスナップショットを見て、自分が自分以外の誰かになったように思えるという「感情移入の転換」をしてくれるのである。中間者《メソテース》の神力を通して、目撃者自身の自己認識が明らかになる。自分はただの「個人」ではなく「全人」であると覚知する。それが「人類種としての自己認識」という、悟りの境地なのだ。

キリストの欺き（女神ソフィアの徹底的な隠蔽）

人間と動物の違いについて論じていこう。基本的には、人間にはイメージ力や言葉の使用などで体系や規則を生み出す概念思考能力が備わっているという点で、他の動物とは区別される。反面、人間はその能力により「自我《エゴ》認識」という最悪の条件を作り、抜け出せなくなってしまっている。しかし、少なくとも人間は自我が主観的存在であることを知っている。そして、その主観のみを指して「自分は自分」と言う。「本当の私は、誰か？」そう問いかけたのは、南インドの神秘主義者ラマナ・マハルシである。彼にとっては人生をかけて答えを見出したい唯一最重要の問いが、これだった。誰でも「私は私だ」と即答するこの問いだが、それはあくまで、主観で見た他者と区別した自分像である。普通に生きていると、自分自身を自認したいがために、この方法を取らざるを得なくなる。しかし、このままでは自分が「人類種」の一員であることを、確認しようがない。

中間者に出会ったグノーシス主義者は、その答えを知っていた。それは、人間が共生者の仲介人ということである。そして人間には人間だけの、人間だからこそ、「仲裁《インターセッション》」の心身的役割が与えられていることを知っていた。我々人類の天命は、二つの心身的効果を伴って与えられる。共生者は人類に、視覚できる「像」の光学効果を与え、それとさらに「感覚」の効果を付与する。「像」については、全ての人が見ることはできないようだが、目撃者は多くいる。感覚についてはもっと分かりやすく、実は呼吸している空気と同じくらい、普段から馴染みある感覚である。

だが、肝心のこの「像」がすり替えられたことによって、共生者を直接感じることと、人類種としての自己を感じることができなくなってしまったことは、悲劇という他は無い。本書第十九章の最後に、十字架に磔にされているのはイエス・キリストではなく、人間の想像力だと述べたが、20世紀もの間、約60世代の間、人類は十字架にかけられた救世主の像を見て、こっちが「人間の象徴」だと信じさせられてきた。キリストこそが完璧な人間の鏡であると、信じさせられてきたのだ。その「キリストの子」である自分たちは、人間と神のハイブリッドであり、純粋無原罪のキリストは、我々一人一人の中にある純真さを表現しているのだと。なんという悪意に満ちた、自己破壊的な欺瞞だろうか。自分が誰で、何をしないといけなかったのかを忘れさせ、地球生命圏の家族への帰り道を妨害し、女神ソフィアの生きた夢見を知らないままにさせられているのだ。

デイヴィッド・アブラム曰く、「人間は、人間以外の種族との友好的な関わり合いの中でのみ、人間になれる」である。悪性の自己愛に溺れた歪《いびつ》な自己同一性を正すには、他種族との関わり合いで思い出すしかない。人類種が多種族である動物たちへ憐れみや共感を感じるのも、共生者の賜物である。この惑星上では、どんな生き物も、それ独りでは生きられない。自分が人類の一員と認識できない限りは、地球生命圏からの孤立という幻想が、全ての苦悩の原因となっていることを認識できない。爬虫類も、昆虫も、微生物も、人間以外の生き物に共感できない限りは、種としての自己同一性を獲得できない。「共感」には、「指導機能」も備わっている。中間者は人間に、精妙で邪魔にならない程度の指導効果を付与している。カラハリ砂漠でアフリカ先住民のブッシュマンを調査した人道主義者ローレンス・ヴァン・デル・ポストは、『かまきりの讃歌』でこの調査経験で感じたことを、詳しく述べている。「私たちは皆、必要以上の知識を持とうとする。なぜなら、物知らずであることに臆病になり、受け入れたがらず、本当の現実における自分は指導者であったことを受け止めるのに、臆病になっているのだ」

十字架にかけられた救世主のアイコンは、人類種の自我同一性を覆い隠す、邪悪な刻印である。これを使ってトラウマ的刷り込みを全人類に施している。被害者と加害者の鎖を強化し、生命力に対して反生命力である苦しみの力を強める。サドマゾの苦痛を「神聖」と偽る。克服するには、何か代わりになる新しい教えが必要だ。教えといっても、外部から押し付けられる教義は、もうたくさんだ。何かを拝むように強制されるのは、やめてほしい。これからは、想像可能な範疇から自然発生する「人間本来の自然な考え方」を信じるべきである。まずは他の生き物と人間を区別することで、人間性を地球生命圏から隔離・孤立しているようでは、心の中で地球《ガイア》との結合力が損なわれてしまう。一度は失われた絆であっても、共生者を認識し直すことで再び育まれ、鎖状の関係性が回復する。別にいつも眼で見えなくても、その網目は確かに存在しているのだ。ただ、「無知のままではいられない」というだけのことだ。共生者の存在を、現代人なら誰もが認識すべきである。ただし、教義による誤った解釈が再びくっついてこないように、我々は知っておかなければならない。無知のままではいられない。

中間者との出会いについて、非常に多くの興味深い証言がある。しかし、多すぎて本書では全てを紹介できない（ヒンドゥー神話の孔雀女神マユラ、イラクのクルド人少数派ヤズィーディー教徒が崇拝する孔雀天使マラク・ターウース、ギリシャ神話の百の目をもつ巨人アルゴスと孔雀の羽など、代表例だけ挙げておく）。ここで、賛否両論ではあるが、根強いカルト的人気を誇る人類学者カルロス・カスタネダの存在について、語らないわけにはいかない。彼も、光の霊に出会った一人であり、その時に感じた歓喜に圧倒され、人間として生を受けたことの素晴らしさを人々に伝えるための、超越的情熱に溢れていた。彼が師事したヤキ族シャーマンのドン・ファンはそんな彼の情熱を見て、「お主は自己陶酔しているだけだ」と、皮肉を込めて告げたという。ドン・ファンによると、彼が会ったという光の霊は、創造主の霊ではなく「人間の型」というべきものであり、古代メキシコの預言者たちにとっては特別珍しい現象というわけでもなかったそうだ。「人間の鋳型の前でひざまずくというのは、人間の自己中心性と傲慢さを感じさせる行為だ」と警告もしていた。その霊が実際は何者であるのかは、熟練者が常に冷静に観察して初めて分かるものだと、老祈禱師は主張したのである。[ccci]

この惑星に住む全ての住人は、共生者の神秘的恩恵を受ける資格がある。人類種と自己のアイデンティティの合致は、「孤立からの解放」というべき体験となる。崇高な無私無欲への大飛躍である。その域に達して、人は初めて「人間とは何か」、「生物とは何か」を、本当の意味で理解する。**我々は「神の型にはめて」造られたのではない。人間は、人間性《アントローポス》を表すために生まれたのである。**「神秘光」から教えを受けた者たちは、人間は惑星外から来たエイリアンの姿に似せて創られたという話を、一切合切信じなくなった。自分たちは、プレローマの神々にすら似ていない。アイオーンは永久に無私無欲である。したがって、自分たちの姿を宇宙に住む生き物たちに刻印することはないし、そうした押し付け行為を許容しない。人類は神性想像力の実践であり、あらゆる形態をとる斬新性であると、グノーシス主義は伝えた。人類は確かにユニークな性質を持っている。ただし、それが他の種より優れているというわけではないということも分かる。もう一度言う。「他より優れている」のではなく、「自分だけの優れた特別な力がある」というだけだ。人間にばかり注目していては、宇宙における人間の真の役割を知ることはできない。だが、人間独自の特性に無知でいては、やはり人間の真の役割を知ることはできない。

共生者の導きは、人間の持つ例外性にとって、重要な内部資産となる。指導といっても、課されることは何もない。自分たち一人一人が「自己指導力」を発揮する時、それが支援され、育成されるというものだ。ただし、自分自身に求める人間性と同程度の水準の共感力を、人間以外の生命体にも向けることができなければ、共生者による導きを得られない。そして、光の霊の見えざる導きなしでは、人類は狂気のエゴイズムに駆り立てられた挙句、自分を見失ってしまうだろう。

第二十四章　女神の秘儀

（我々の惑星系は本物にそっくりな「ディープ・フェイク」）

我々は何かしらの信条・宗教の子供である。ユダヤ・キリスト教、イスラム教、新ダーウィン主義など。これら宗教は不条理で混乱している。特に地球と地球以外の惑星との関係性を理解する上で、大変危険な思想と言える。育ってきた文化的背景が、地球という惑星全体について学ぶことを許さなくしているのだ。ccclii

作家ジェームズ・ラヴロックは、1972年に雑誌『大気環境学会誌』において、「ガイア仮説」を正式に発表した。彼は仮説の発展のために進化生物学者リン・マーギュリスと共に研究を行った。マーギュリスは「細胞内共生説（SET説）」の提唱者として知られている。それによると、地球生物はお互いを捕食するために同じ場所に生きているのではなく、お互いを介して「共生」することで、共存しているのだという。共生は途切れることなく進み、大きくて複雑な生き物は小さくて単純な生き物（ウイルスなど）を体内に取り込んで、共に進化していくという壮大な相互作用の連鎖を経て、命は広がっていく。

1979年、ラヴロックは『ガイアの時代—地球生命圏の進化』を出版した。その後、1981年に『共進化学会誌（Coevolution Quarterly）』に掲載された分子生物学者W・F・ドリトルによる批判的な論文『自然は本当に母性的か』が掲載されるまでは、この新理論をめぐる議論は下火なままであった。ガイア理論が盛り上がりを見せ、著作物が驚異的なペースで生み出されていったのは、それ以降のことであった。その多くが、理論の神秘面について語るものであった。ハーバード大学とバルセロナ大学の比較文学教授であるクラウディオ・ギレンは「ガイア理論は神話と同じで、謎が謎を呼ぶ仕掛けになっている」と、この状況を見て冷静に評した。「一体感を求める我々の心のニーズに応える、ロマンティックな比喩に過ぎない」[cccii]

言い得て妙であるが、本当に人々のニーズに応えていると言えるだろうか？　どちらかというと、ガイア理論も女神の秘儀も、解決のための糸口を提供すると言うよりは、直面している長年の疑念について、考えを深める機会を設けているのではないだろうか。

ソフィアとガイアとグノーシス（太陽の生命維持システム）

　科学も所詮は物語である。どんな証拠で裏付けられている理論であっても、必ず始まり、中盤、終わりのある物語なのであって、その中で筋書きや道徳や教訓、作者からのメッセージが示される。「科学者は物語の語り部《ストーリーテラー》という立場に立てるので、多くの利点がある」と、古人類学者のミシア・ランダウは説明する。著書の『人類進化の物語（Narratives of Human Evolution）』でランダウは、「科学と言われているものは時に、物理的証拠がある昔ながらの説話が基になっている」と主張している。例えばダーウィンの進化論だ。彼女によると、この理論は世界中で見られる「英雄の物語」の派生に過ぎないという。主役である英雄は、人類という種そのものである（ついでに言っておくが、ダーウィンは人類種についてほとんど何も言及していなかった。それがいつの間にか彼の進化論の主役に煽《おだ》て上げられているのが不思議だ）。地球生物の進化の物語は「額部分の拡大が知性の増大を意味し、顎部分の後退が野生の衰退を表す」といった、目に見える身体的変化を物理的証拠《モチーフ》に、物語を進行させながら人々の信用を得るという話術である。それら例に挙げられた身体部分には、象徴的意味合いがさりげなく付与されていく（例えば「頭部拡大」は物質に対する「精神の支配拡大」を含意する）。

[ccciv]　ランダウならば恐らく「多様な主義・信仰を内包できる祭壇」と呼ぶであろう物語形式

があるとすれば、「真の人間性」を説明できるようになるにあたって、避けては通れない議題である。ソフィア神話を振り返ってみよう。これは、宇宙論的な物語である反面、謎が多く難解な、比喩的物語である。それでいながら、ガイア理論の核心を反映している物語であり、直接説得的なダーウィンの進化物語とは対照的である。

ソフィア物語とガイア物語の類似点を挙げてゆこう。三つの類似点があり、どちらも自己創出論《オートポイエーシス》であることと、地球生命圏に見られる不合理性を説明していることと、生命は親なしで発生する「生命自然発生説」を主張していることである。現在、さらに二つの類似点が新たに加えられるかが検討されているところで、その他にも、三つの同一が現在の形よりも科学的に磨かれて行けば加えられそうな勢いだ。

グノーシス文書で扱われる自己創出性についてだが、これはギリシャ語の「自己生成・自己増殖（オートゲネス）」という言葉で表される。エイレナイオスは別の言い方をしているだけで、グノーシス主義はソフィアの自己創出能力について叙述する、一つの物語である。ガイア理論とグノーシス主義を一番強く結びつけているのが、この点と言える。自己創出は「人間の思考圏域《ノウアスフィア》」の特性の一つであり、「生命圏は意識の媒体として形成された」という、古生物学者テイヤール・ド・シャルダンが広めた概念に等しい。有機光に指示を仰ぐ「求道法」を実践していたテレスタイたちは、生命圏を集中的に観察した。その結果、見れば見るほど生命圏は複雑であるが調和意識を持ったプロセスであることが分かってきた。[cccv]

私にとって、地球生命圏は見れば見るほどに美しいと分かる。その中でも最高に美しいのが、有機光である。古代ギリシャ語で「最高の美」を表す「ト・カロン」という言葉には、古代ギリシャ哲学の真髄が内包されている。それはただ見た目が綺麗なのではなく、ただ真に「美しい」のである。それを知っているからこそ、知識を有する者は生命光を表す暗号として「美(Beauty)」を使うのだろう。

グノーシス主義は本書第十四章で述べたような「中間者《メソテース》」との接触と観察に魅せられていた。光の霊は、人間をアントローポス、つまり個人としてではなく人類種としての人間の、自然な有り様を教えてくれる、「匿名の証人《アノニマスウイットネス》」と言うべき存在である。人間以外の生き物、例えば四本足の動物や昆虫、爬虫類や魚類、鳥類といった、非人類種への共感を呼び起こすことで、目撃者の心に作用してくる。霊との邂逅は、凝り固まった科学者にとって「科学的でない」という科学的とは言えない理由で一蹴されてしまう。神秘体験も立派な証拠であると言いたい。それを容認する将来が来たら、ガイア理論を完成させる証拠がここにこうして、山ほどある。元から科学的発見の概念と矛盾していないのだし、むしろ理論を補強してくれるのだから、科学的な証拠と呼ぶことに差し支えない。

二つ目の相関関係である「生命圏に見られる不合理性」についてだが、これは本書第十三章で述べたことと関連している。そこで論じたことを、今度はもう少し掘り下げてみよう。ガイア理論では三つの顕著な点が強調されている。まず太陽の日射量が30％も増加しているのに地球大気の温度が一定を保っていること、海水の塩分濃度が一定を保ち続けていること、そして最後に、酸素比率が絶対に20％を保つようになっていることである。最初の点についてはソフィア神話の「母星サバオート（太陽）」の持つ役割で、説明できる。太陽は無機質との決別（サバオートの改心）以後は、地球上の有機生命体に生命力を送るようになったという話だ。ソフィアの娘である、火より生まれしゾーイは、太陽の「生命維持システム」を表す象徴である。太陽から放射される熱は、時間の経過とともに大きく上昇していくが、ここで母星と地球の繋がりで調整されるので、地球の温度などは生命を育むに最適なレベルに保たれているのだ。

他にも二つ、変則があるのだが、私のこれまでの「グノーシス神話再構築」の努力だけでは完全な説明には至れなかった。よってここは、グノーシス以外の資料、例えば先住民族の伝承を参考にしていきたいと思う。例えば、神話学者ロバート・ローラーの著書『始まりの日の声（*Voices of the First Day*）』では、アボリジニの「虹の蛇」の伝承が、「電磁スペクトル」を表す科学的表現の比喩であるということが説明されている。ソフィア神話にも同様のことを匂わせる文が残ってはいるが、それらを完全に復元させるとなると、さらに長く綿密な作業が必要になる。忘れないでほしいが、グノーシス文書は重要部分が破損していることが多いということだ。例えば「月の創造神話」なども大分欠落している（これについて、sophianicmyth.orgで読める『女神の墜落の話』第十章で新説が語られているので、興味があれば参考にしてほしい）。そのような重要部分の欠落が、神話の現代への復活を大きく阻害している。

第三の相関関係である「無機質からの生命自然発生説」について、これは要するに、生命は無機化合物から発生するということであり、現代生物学でも特に議論されるテーマである。教会の牧師ならば、物質は無機物、動物は有機物として、完全区別するところだが、グノーシス主義は特にアントローポスとアルコンの違いでもって、この違いについて論じている。しかし、先程述べた通り、文書には欠落が多く真意の汲み取りが困難であるため、グノーシス的な分類法についてははっきりしない点も多々ある。とりあえず、権力者は意図《エンノイア》を欠いているので、他人の模倣しかできず、さらに嘘つきで捕食性であり、嫉妬に駆られてリベンジしてくることなら分かっている。他人のことにも平気で足を踏み入れてくる。「アルコンの長は自身が生じた場所の掟にも、従おうとしなかった」（『ヨハネのアポクリュフォン』より）これは人間という種の領域に侵入してくるアルコンについての、人類への警告である。アルコンたちは惑星系という居城を造る際に、プレローマの有機フラクタル模様を模造したのだが、出来上がったものはただ機械的に、プログラムで命令した通りに延々と動き続けるだけの、無機質な天体系であった。ハッブル望遠鏡などの高度なデータ収集装置で得た証拠から、今では宇宙物理学者たちもフラクタル流動体が宇宙全体に行き渡っていて、この銀河を形成していることに気づき始めている。我々の惑星系は「ディープ・フェイク」と言うべき、本物そっくりに造った模造品である。グノーシス神話も、「有機世界が無機物の惑星系に生じた」という、「生命自然発生説」を支持していることがここから推論できる。

「地球は惑星系に属しているのではなく、単に偽の惑星系の中に取り込まれているだけだ」とグノーシス的な主張をしても、無機質と有機質を区分したがる現代人の感覚では、ほとんどは理解を示さないだろう。だがこの説明はガイア理論と全く矛盾していないということは、思い出してほしいところだ。本書において私は、プレローマから墜落した女神ソフィアの「三体のプローテンノイア」、つまり「三つの原初意図」について説明した。これは、我々の住むこの世界が一つの惑星と衛星と中心星からなる「三体世界」になるように意図されていたということだ。荒唐無稽に聞こえるかもしれないが、実は理にかなっている考え方であって、例えば『ガイアの身体（*Gaia's Body*）』を著したタイラー・ヴォルクは、太陽と地球と月は一つの閉じた系を成しており、その他の惑星系の活動からは独立していると論じている。太陽と月の活動がガイア理論に統合される日はそう遠くないと考えるのは、私だけではない。

人間という特異点（ソフィア生命科学）

先程言及した他の二つの共通点について、不確定ながらも、確認できるところがある。ソフィア神話とガイア理論の二つとも、「宇宙播種説《パンスペルミア》」と「特異性《シンギュラリティ》」について話していることだ。宇宙空間を飛び回り、生命の種を植え付けていくという宇宙播種説を神話で言い表したのが「アントローポス」である。リン・マーギュリスは、「散布体」と呼ばれる有機生命の極小粒子を内側に閉じ込めた生命の珠芽が、宇宙空間を巡り、星々に生命を伝播していく可能性があると以前より断言しており、近年これを証拠付ける物的証拠も現れてきている。彼女の著書『生命とは何か？（*What is Life*）』では、太陽風にのって星から星へ渡りゆく微生物の芽胞があり、地球上の生命体も元々は宇宙の風に乗って到達した芽胞から展開したと説明されている。すると、全ての生命の種となるものは元々、地球外から来た宇宙種ということになる。「宇宙起源とは言うが、地球それ自体が宇宙空間に浮いているのだから、生命はどこにあっても宇宙起源でしょう」[cccvi]

マーギュリス教授とは面会したことがあるが、その際にプラズマ・ジェットの仮説についてどう思うか、訊いておけば良かったと思っている。ソフィア神話では銀河の中心から発せられたプラズマ・ジェットが地球に姿を変えたという話だ。もしくは、「地球由来の人類」という特異性は、銀河中心核で設計されたものだという仮説だ。神話的概念は科学と容易に和解できないので、期待は薄いところではある。世界的ベストセラーとなった１９７５年発行の『タオ自然学』を著した物理学者フリッチョフ・カプラは、神秘学と物理学の間の多くの共通点を提示した。それでも科学と神話の間の溝が埋まることは無かった。両者は変わらず平行線を辿るのみだ。それから20年後の『生命網（*The Web of Life*）』では、著者のカプラが大胆な発言を残している。「物理学は今、現実を根底から表現するという科学的な役割を失った」[cccvii] その代わり、ディープ・エコロジーこそが新たな知的母体となる学問であるとも指摘している。もしくは神秘主義に精通した物理学者や、その逆の場合でも、科学で神秘を表現できると述べた。だが、そのようなエキゾチックなハイブリッドは、筆者の知る限り今のところ地球上には登場していない。

第二の不確定共通点は、特異性についてだ。グノーシス主義の宇宙汎種説とも親和性があり、密接な関わり合いがある。ギリシャ語で「単一起源《モノゲネース》」というと「一人っ子」を想像してしまいがちだが、グノーシス主義者にとってそれは「特異性《シンギュラリティ》」という意味での人類の個性として解釈されていた。ガイア理論は年を追うごとに惑星地球の「自己創出性」を発見していき、それは結構なことなのだが、人間の「特異性」についての認識が置き去りにされてしまっている印象を受ける。ところで、私が「特異性」という言葉を、世間で言われているような意味合いで使っていないことに、すでにお気づきかもしれない。数理物理学者ロジャー・ペンローズが提唱したようなブラックホールのある一点で密度と質量が無限大の一点に収束するという「ブラックホールの特異点」や、未来学者レイ・カーツワイルが提唱したAIが人間の知能を超えて、人間がAIと知的合体を遂げるという「技術的特異点」の予想とは違う意味で、私はこの「特異性《シンギュラリティ》」という言葉を使用している。これは、グノーシス的には「人類特有の宇宙地理学的な特性」という意味の用語である。ガイア生物物理学では「人間にだけ可能な生態系への貢献」という意味になる。

　ラヴロックは当初、人類には惑星の神経系にあたる「自己意識回路」としての特殊能力が備わっていると考えていた。それが長い年月を経て、大幅に見解は修正されていった。『ガイア―地球は生きている』の著書では、人類がひょっとして地球にとっての病原菌か汚染の類ではないかという疑問が投げかけられるようになっていた。リン・マーギュリスもこの点について同様の、人類の存在価値に対して冷酷な見方をしている。「地球は美しい。しかし人間という毒に侵されている」ニーチェの辛辣な発言を踏襲している。ガイア理論の生みの親たちは、人類が進化という上昇螺旋の最先端にいるというようなことを主張する、様式化された「女神の秘儀」を、強く批判していた（未来学者バーバラ・マルクス・ハバードの著書『意識的な進化―共同創造への道』では、特に自惚れの極致というべき価値観が描かれている）。本書の著者である私の立場はというと、このような人間中心的な見方に反して、ラヴロックやマーギュリスの側に立つものである。ここまで長々と、人間の自己神格化は秘儀の本来の目的にそぐわないということを、理由も含め論じてきた。もとよりソフィアは、そのような未来を望んでいない。

ラヴロックは我々を内包する自己組織化された超生態系を指して、これを「創発領域《エマージェントドメイン》」という言葉で表現した。「地球上の生命が長い年月をかけて、生物と環境が相互的に進化して生まれたシステム」である。cccviii「創発」は、現代生物科学にとってのパワーワードになっていることは、先述した通りだ。そしてこの概念が吟味されるほど、東洋の形而上学や神秘主義の「神性示現」の理論との共通点が明らかになってくる。この概念が科学で磨かれていくうちに、それが実は「ドリームタイム物理学」という、先住民が元々持っていた知恵と同じものであったことが分かってくるのだ（この辺りは第十一章で述べた通り）。本当の人類の「特異性」とは、ガイア理論が驀進する「目的論的進化」よりは、「互恵的進化」と言い表すのが幾らか近いと言える。人間の行動が何かしらの形で生態系に影響を与えており、それを通してガイアと共進化をするという言説は、ガイア理論の主論となっている。概念としては、近年できたばかりであることから、まだまだ未熟ではあるが、確かに「人類の特異性」に関する問題へのアプローチの仕方として正しいと言える。グノーシス主義的な物言いをするのなら、「ガイアの修正に参加する意気込みや良し。しかし材料となる知識が十分でない」というところか（知識を網羅するため、私も２０１１年からガイア人の指導実験録 Gaian Navigation Experiment をインターネット上で公開しているが、これを製本化するとなると、本書と同じくらいのページ数の本があと8冊は作れる計算になる）。まだまだ人類は、自分たちが地球生態系の中でどのような役割を果たしているのか、その段階の知識量に達しているとは言い難い。仮説を組み立てる前に細心の注意を払ってデータを精査している段階だ。これが我々の現状なのだ。とはいえ、ラヴロックやマーギュリスの創発領域に関する現在の議論は、いずれソフィア神話の奥義とも交わる日が来るかもしれない。これだけ共通点もあるのだし、方向性としてはそちらに向かっていることは、分かっているのだから。

ソフィア宇宙論には、もう少し科学的に発展させればガイア理論と合致して、さらにガイア理論を豊かに発展できると思われる、三つの特徴がある。その三点とは、ガイアは繁殖をする生き物ということ、ガイアが人間の知性《ヌース》を頼りにしていること、そしてガイアが人間の想像力《エピノイア》に関与しているということだ。問題は、ソフィアがどうやって生殖をするのかが、神話では一切語られないことだ。反対に、ヌースとエピノイアについては、多くのことが語られている。

分かるのは、これらの能力を自然との直接的な関わり合いの中で発展・拡大させることによってのみ、私たちは本物のガイア生物物理学の知識を手に入れることができ、ソフィア生命科学に役立てることができるようになるということだ。

これは全ての人類にとって他人事ではない。私たちの種の未来は、彼女の未来でもあるのだ。

共生方程式（すべての生き物への共感）

現代に伝わる女神の秘儀の情報について、古代資料は無数にあるものの、どれもソフィアの本当の教えを反映しているものは少ない。というより、真意を見過ごしているものばかりだ。「古代グノーシス主義」は、とっくの昔に終わったのである。グノーシスとは、生きている今のグノーシスだけが本物だ。少なくとも私はこのように言い表すのが正しいと考える。私の1991年の著書『求道者の手引き書（The Seekers Handbook）』で、「世界宗教の敗北者」は、今では世間から悪評を受け続けている。「なぜここまでディスられているのか？」そこを理解する必要がある。そういう意味で、ガイア理論的「共進化」こそがこの惑星上での人間の真の役割であるということを広めるべく努力してきたのに、今のところ人類はだいぶ失敗を重ね、醜態を晒し続けていると言える。ローズマリー・レッドフォード・リューサーなどの主流神学者に言わせれば、「大昔の原始人の教えに、生態学を語れる精神性などは全く存在していなかった」ということだ。太母の秘儀はどうだというのだ？　これでも、リューサーはまだマシな方で、『自然の労苦（*The Travail of Nature*）』を著したルター派牧師H・ポール・サントマイヤーなどは、比べ物にならないほどタチが悪い。サントマイアーはキリスト教と生態学には「どことなく」共通点があるとして、キリスト教義から環境中心主義と多義的に読み取れる部分のみを抜き出して、共通点を挙げていくということをした。またも、キリスト教だ。またあの地球支配を目論む父子の仕業である。サントマイヤーの考えはただの贖罪者コンプレックスの、一つの表れに過ぎない。自然をキリスト教的に神格化しようなどと、片腹痛いというものだ。人間がどう思おうが、何を信じようが、自然は初めから霊的だ。どうもそれが分からないようで、「聖書以外の創世神話や宇宙論では、キリスト教の十字架の民の進路を阻むことはできない」などと、「何様のつもりだ？」と思うような戯言《ざれごと》を言い出す始末である。[cccix] 神の計画に固執することは、自然に対し敵対的な姿勢を強いることと同義だ。言っておくが、それは「自然派」も同じだ。どちらかの側に立つよう命令され、計画に組み込まれた途端、自分が何を好むか好まないか関係なく、何を知っていようが知っていまいが関係なく、何かに敵対させられているのだ。自分が立つ側の「罪滅ぼし」に意識が囚われているようなら、そこは妥協なしで思想を放棄すべきなのだ。さもなければ、人生の意味と方向性を宗教に求め続け、シナイの不毛の荒野を彷徨い続けることになる。

神秘の「我らが神聖な母」を知ろうとする、真の宗教的努力、それこそが女神の秘儀の原動力である。それを知る過程で、共生者がソフィアの修正のどこで、真の役割を果たすのかという疑問が湧いてくる。共生者は実際になんのために存在しているのか、もう一度復習してみよう。共生者との接触には、二つの効果がある。一つは、「種《スピーシーズ》としての自己《セルフ》認識」を思い出し、異なる種間の絆を強化すること。もう一つは、「像《イメージ》」を描くことで、その「感覚」を伝播していくこと。これら二つの効果が収束し、複雑で深い神秘的協力を成しながら、変性意識にある目撃者に通常は理解できないことを理解させてくれる。天賦の才能とはいっても、「人類種としての自己認識」などという高尚な考え方は容易く身につけられる智慧ではないのだ。言葉による表現の才能を持たない動物が感じているように、言葉の意味に左右されないで、心で明晰に感じるものなのである。物言わぬ動物を見るとき、人はその内に共生者を見ている。

詩人ライナー・マリア・リルケは『ドゥイノの悲歌 第八歌』で、「動物の顔の深淵にある開けた場」について、感じたことを叙述している。「見えざるあちら側の世界」は、動物たちの広大な眼差しを通してのみ感じ取ることができるという。共生者は、「犬の奥深い眼差し」をもって自分自身を目撃しているのだ。そこで反射される像がキリストのイメージだとか、あるいは自分の中にいるキリストが映っているのだとか、高次の自己《ハイヤーセルフ》だなどと、自然から切り離された人間像のみをただただ称賛する解釈の仕方は、勘違いも甚だしいというものである。

人間精神の中には「自分は一人の人間」という「人間的自己像」が生まれつきあり、それが自己愛という感情の運び手になっている。少なくとも、そうであってほしいと誰しもが願うところだ。しかし、個人の努力だけで、自分へ向けられた愛を人類全体への愛に変えることは、ほぼ不可能である。放っておいては交わらず、平行線を辿ってしまう二つの自己愛の形だが、「交わらせる」ことは不可能ではない。共生者のやり方を知って、それに当てはめてしまえばいいのだ。二人称で表すのが良いだろう、このように。「**あなたの自己愛は人類への愛である。なぜなら、あなたが感じているその自己愛は、全ての生き物への共感であるからだ。**」

互恵関係のある、素晴らしく無駄のない、シンプルな美しい文章に思える。当然だ、至上の叡智が込められた声明なのだから。ところが、知的には理解できても、実行できるかどうかはまた別問題である。しかし、この言葉の奥深いところを流れる「源流」を感じ取ることならばできる。これが「共生体」のイメージだ。多孔質の白い光が、金色に輝くベナール渦のフラクタル構造に漂う存在感。何も見えなくとも、香りを辿っていけばいい。ゆっくりと、「共感」の香りがその場を満たしていく。人間という生き物全体を知り、愛するとき、それを感じるようになる。生きとし生けるものは、すべて神聖である。人間という存在は、神聖以上でもそれ以下でもなく、全ての種族の中で、人間という種だけがその神聖さを訴えることができる。だから、生命を唯一冒瀆できるのもまた、人間であるのだ。

秘教徒たちはかつて、「香りのようなもの」が人間と他の種族とを共生させていると教えた。単なる妄想的表現だとして、深くは考えずその場で切り捨ててしまう学者もいるだろう。実は、それだけ誰にでも起きるありふれた経験だということでもあるのだ。「香り」の事象は普遍的すぎて、普段は誰も意識していないのである。接触者の主観で語られる個人的体験談を、一般の科学的証拠として扱うことに抵抗があるのは、理解できる。しかし忘れてはならないのが、膨大な量の証言がその実在性を裏付けているという、常識である。

ディープエコロジーにとって共生者は自己操縦機とも言える存在であり、それは女神の秘儀の中心を担う教えでもある。

魚座の時代の呪縛（アルコンの計画は人類の究極の孤立）

秘教学の守護者たちは、自らを「究極性探求者《テレスタイ》」と呼んだ。彼ら目的の向かう先は、厳密には自分自身の肉体的範囲に収まらない。「アイオーン・ソフィア」という的を射ようとしていたのだ。グノーシス主義はソフィアという女性への献身補助である。そして太古の異教から学んだ霊的な教えを大地の恩恵として、世に広めていった。それが太母信仰から受け継いだシャーマニックな修行である「快楽と忘我の境地」である。紀元前120年ごろに始まった「魚座の時代」は、人々をナルシスト的な自己愛へと突き動かし、グノーシス主義の使命を脅かすようになった（魚座の時代の終わりについてはさまざまな説があり、不確かなままである。信頼性のある説の数は50以上もある）。そんな中、「世界の終わり（hiermarmene）」はもしかしたら自分たちで変えられるのではないかという、噂が広がっていった。世界観に変化の時が訪れる。パレスチナで発生した「救世主待望論」の伝染病に、ローマ帝国全体が感染した。ユダヤ的救世主像は人々に「自分たちが人間の代表（ルドルフ・シュタイナーの言葉）として神の座に上げてもらえさえすれば、救われる」と教え、このような秘教では想定すらされていなかった逸脱した考え方で人間の荒ぶる自我《エゴ》を慰めようとする手法が広まっていった。魚座の時代の「ナルシスト的自己愛」の固着化は、時代背景的な多くの理由により、歯止めがきかなくなった。その毒は現代にも残った。苦痛と罪と罰を、神が用意した人類が乗り越えねばならない試練として賞賛する宗教により、恍惚と快感は抑圧され、異教徒の道徳は傷ついていった。反地球的な思想は、人々に「身体と感覚の解離」を促した（今では仮想現実「VR」への依存が同じ深刻な問題として、社会全体に現れている）。これがとどめの一撃となって、秘教は文字通り根絶やしにされた。魚座の時代は、キリスト教の欺瞞に味方した。ナルシシズムのウイルスは地球上のあらゆる場所を襲った。

　魚座の時代の夜明け、数多くのＵＦＯが目撃され、自然災害が多発した。南イタリアにあるポンペイは、同時期に全て灰塵と化した。[cccx] 紀元79年に起きたヴェスヴィオ火山の噴火は、ヘルクラネウム（現エルコラーノ）の古代都市を埋没させた。ディオニュソスの恍惚秘儀を描いたとする壮大なフレスコ画は、火山灰に覆われたおかげで長きにわたり当時の原型のまま保存され、現代人も見ることができる。そのフレスコ画には、幼神ディオニュソスが巨人に捕らえられバラバラにされた瞬間を、鏡で見ている様子が描かれている。キリスト教の自己犠牲教義とは全く異なる、「個我からの解放」の概念を、秘教徒たちが教えていたことが分かる。ディオニュソスは再生され再び蘇るために、一度バラバラにされた。しかし試練は苦痛が伴うものではなく、むしろ解放感に満ち溢れた「快楽」だけがあった。ディオニュソスの個人主義は一度粉々に散って、全てを飲み込む大いなる母（地球生命）へと吸い込まれていき、そこで彼は全てを委ねた。そして「イアッコス」、すなわち神秘の子として、再びこの世に戻ってくるのだという。そのためにはまず、彼は鏡を覗き込み、自らの死を経験しなければならないのだ。このように一言で「自己」といっても秘教学における自己とは「拡大した自己意識」のみを指すのであって、（第八章で語ったように）ディープエコロジーはこの概念を取り入れない限りは、いずれ行き詰まってしまうと予想される。個人としての自己認識を超えていくには、ガイア・ソフィアとの霊的交渉を経る以外に、道はない。

悟りは、我々の内側に宿る。しかしそれは、外界からやってくるように見える。なぜなら個人意識に執着しているからだ。自分という個の幻影はそれ自体を見破れないし、突き破ることはできない。cccxi

こちらは翻訳家フランチェスカ・フリーマントルによるゾクチェンの教えの解釈であるが、まさにグノーシス的な自己超越を言い表している名文だと言える。「悟りは外界からやってくるように見える」という部分は実に鋭い意見であり、秘儀の究極の秘密である「刈り取った麦穂」の真意に、非常に近いところまで迫っていると感じられる。秘儀とは、個人意識の鏡像を手放すことであり、個人意識の死と再生を達成するという秘奥義である。自我が自発的に死に追いやられる点にあって、ディオニュソス的な自我放棄の心境を自分自身が経験し、その上でようやく自然界との、自己超越的な関係性に至るのである。

父権制宗教はこうした恍惚体験を邪道であるとして全て抑制し、あらゆる快楽追求を弾圧した。人間の魂を根底から蝕む、非人道的行為である。21世紀の人類が知っている快楽などは、いずれも表面的で卑俗でくだらない紛《まが》い物であり、非道徳的であり、ただ卑猥さが増しているだけである。なんという嘆かわしい惨状だろう。私たちの神聖な快楽探求能力を腐らせる、快楽の非難が社会で正当化されているのだ。歪なナルシシズムこそが自己愛だという勘違いが横行し、すでにグローバルな規模で信じられている。もはや人類は最終段階の「繭化」に入った。究極の孤立状態を我々は経験している。アルコンの計画は、人類の完全な身体離脱だ。自然界から我々の意識を切り離し、クローンやバーチャルリアリティで生活させようとしている。サイバースペースに人間の意識をアップロードして、肉体と意識が合致することのない仮想現実世界に生かそうとしているのだ。活気に満ちる社会生活を捨てて、血の通わないSNSの虚無空間に自分の居場所を求める。パソコンもタブレットもスマホも、無数の人間が毎日毎日礼拝している非人間教の祭壇である。我々はテクノクラートの優勢をこれ以上許すべきでない。さもなければ、AI（人工知能）とAL（人工生命）が、本当に地球自然の秩序を覆すことになってしまう。

テクノロジーが急激に発達した今の世界で、今さら自然に基づいた異教徒文化へ回帰しようなどと、不可能と思うかもしれない。本章の冒頭で紹介したように、リン・マーギュリスは育ってきた文化的背景のせいで、我々は惑星体としての地球について、学ぶことを妨害されていると断言している。彼女が我々に諭していたように、その中でも「宗教」が特に大きな妨げとなっている。私もこれには全く同意見だ。秘儀が現代へ復活するならば、宗教、すなわち特定の教義、儀式、制度、階層、イデオロギーなしに実現するだろう。20世紀中に起きたことだけでも省みることができれば、魚座の時代の重要な教訓を忘れずにいられるだろう。そうすればきっと、前に進める。あの頃の我々は、自我を神聖視してしまって周りが見えていなくて、他に自分たちができたことを全部忘れてしまっていた。人間としての感覚そのものを失いそうになってしまっていた。いかにエゴを神聖視しても、いかに個を極めても、自然界との和解には決してならない。エゴから解放されて初めて、我々は自分の本当の体と心を知るのである。

「現在は科学技術も反自然的なキリスト教の傲慢な考えに染まっているので、生態学の危機を解決してくれると期待できない。諸問題の根源が宗教なのだから。したがって、賛否は分かれるだろうが、宗教の解決策も宗教的でなければならない」[cccxii] 歴史学者リン・ホワイト・ジュニアの『環境危機のルーツを歴史に探る（The Historical Roots of Our Ecological Crisis）』という論文からの、パワフルなメッセージである。ホワイトは昨今の生態学的危機はユダヤ・キリスト教の宗教に起因すると最初に指摘した人物だ。そこで、グノーシス主義の出番というわけだ。グノーシス主義は宗教ではなく、一人一人にそれぞれの本来の生き方を示す「道」である。覚知《グノーシス》とは、心身を知の光で照らすことであり、全身を認知的恍惚に浸して悟る智慧であり、生きた地球の叡智をダイレクトに、感覚的に受け取ることである。

第二十五章　神聖生態学（グノーシスの復興）

グノーシス主義の復興には、それを一旦破壊して未解決のままであった魚座の時代の負の遺産にも蓋をせずに、向き合わなければならない。ディープエコロジーにはソフィア的世界観に欠けている霊的、神話的観点を発見する希望がある。少なくとも、本書はその前提で書かれた書物である。復興がどのように起きるか、それを具体的に予測することは難しい。だが、物語の大筋ならば描くことはできると思う。

まず、グノーシスは厳密には「宗教」ではない。しかし、ガイア、アントローポス、他の生物の「三位一体教義」として成立させることはできる。三位一体の各位は、「我々は生命とどう向き合うべきか」、そして「他の種族ともどう向き合うべきか」という、究極的命題に関係する。言い換えれば、この三位一体は、生きた惑星ガイアに対する我々の視点、微生物などの分子レベルでの生命を含む別の種族に対する私たちの視点、そして自分たち人類への私たち自身の視点という三つの観点が、一つになって成り立つ教義である。テレスタイが解決できなかった問題を我々が解決しようというのだから、これら三つの視点を明確に定式化しなければ、まず対処できないだろう。

意識を持った惑星（ガイアからのテレパシー）

まずは、生きる惑星ガイアのことを、我々がどう見ているかを考えてみよう。これはいわば、生態神学の三位一体教義の、頂点を担う教義である。長年の考察をもとに、ジェームズ・ラヴロックは自説を慎重に磨き上げていった。「惑星は生きている。これはアニミズム的な意味で言っているのではない」彼の著作『ガイア――地球は生きている』で述べられた言葉だ。[cccxiii]彼はこう言っているが、皆同じ意見かというとそうでもないと思われる。惑星が生きているという考えを全員が受け入れているわけではない。ほとんどは主流科学の「地球は無機質な岩の塊」の話を信じて疑わない。もしくは偏った神秘思想に心酔し、身動きが取れなくなっている。こうした固定した信念体系が、惑星ガイアを再認知するにあたっての、最大の障害である。女神の秘儀もいつか、難解なだけで曖昧なアニミズム的信念に、とって代わられてしまう恐れがある。ジェームズ・ラヴロックもリン・マーギュリスも、神秘主義に内在するアニミズム信念に抵抗感を示していたが、それには当然の理由がある。ソフィアの目的を実質的に曇らせているのが、ニューエイジ系の神秘主義の緩く甘い誘いと、ネオペイガニズムの問題解決に関心のない、フワフワ感だ。古代の神秘主義者たちが解決できずにいた問題を、一介のアニミズム信念が解決できるわけがない。ガイア理論は少なからずいつか絶対にアニミズム的論調になる。避けては通れない道であり、それが「どう起きるか」が問題の焦点となる。

ガイア仮説とディープエコロジーは、ほぼ同時期に世界に登場した。この二つの間に密接に関連する命題は、今のところ融合の兆しを見せていない。大衆的な言説であっても、専門家による難解複雑な言説でも、全くもって平行線を辿るのみである。主な原因の一つに、ニューエイジ的な「生きる惑星」についての、信憑性のない怪しげな個人的考えが、一般ガイア仮説に付随して提示されていることがある。ガイア仮説についての誤った解釈が一般解釈として横行する原因となっており、ディープエコロジーの原則の誤読にもつながっている。ニューエイジ系の思想は、「ガイアは善の存在か？」「ガイアは意識的に惑星を制御できるか？」「ガイア生物に関わる特別な任務を人類は与えられているのか？」といった人々の問いに対し、もっともらしいが根拠のない答えを提示するに終始している。ガイア理論を中心に女神の秘儀を説いてきた主張者は、それらの問い全てに「ＹＥＳ」を提示する。惑星の滅びの未来を憂慮していた人々はそれを聞いて当然、安心する。ありがたい存在が出てきて縋りたくなるのも分かるが、本当に心配しなくてもいいのだろうか？　ありがたがって信じたくなるその言葉は、ただの希望的観測に過ぎないという可能性は、常に捨てきれないレベルで存在しているのではないだろうか。根拠もない宇宙論気取りのニューエイジ的妄言かもしれない。

古の秘教徒たちは、密儀で有機光と直接触れ合うことで、ガイアと知り合っていった。神秘思想は科学に含まないという、学会の掟がある。リン・マーギュリスは科学を「他生物や環境との感覚的経験を向上させる方法」であると定義している。同時に、女神崇拝に対しては厳しい視線を向け、「生物神秘主義を矮小化するような考え」だとか、「自然主義の狂乱信者による地球神格化思想」と警告を発している。cccxiv グノーシス論者としての彼女による科学の定義については、「生物神秘主義」として、なかなか本質をついた発言である。だが、女神崇拝がそれの「矮小化」に値する行為であるというのは、少し納得がいかない。自然との関係を深めることで感覚的経験の精度を高めることの、どこが「矮小化」だというのだろうか。矮小化どころか極大化、生物神秘主義の実践によって古代の秘儀の「パリンネシス」の概念、すなわち、生命の歓喜に満ちながら全てを委ねることで、復活を遂げることを可能にするという教えを、見過ごしていたと言えよう。

本書の著者である私の立場としては、ここまでアニミズムを提唱してきたし、ガイアは生物であると主張してきたのだし、要は私は、「このように検証すべき命題である」と言いたいのだ。ガイアの存在を科学を通してどう検証するかということも、どうすれば地球が動物と同じように感覚を持った生き物であると立証できるのかということも、それは、ガイアが我々人類にどのようにして自分の感覚を伝えるかを知ることに等しい。これが三位一体の第一のステップ、すなわち自分たち人間が、生きる惑星に対しどういう見解を持っているかを知ることに関係してくる。自然とのコミュニケーションは、この惑星に生きるならば避けては通れない道である。人類学者ジェレミー・ナービーは、気品ある回答を提示している。「自然界に生まれた我々に意識があるのだから、親である自然にも意識があって当然だろう」CCCXV だが論理的に彼の主張を考えるとすると、我々はこれまで低い意識を上昇させるよう進化してきたのではないという、仮定も思い浮かぶ。人間の物事の捉え方が、言語能力と密接に結びついていることは、日々の生活からも明らかだ。では、もし自然（ガイア）が本当に意識を持っていたとして、果たして我々は言語なしで意思疎通ができるのだろうか？

そこが問題の核心である。「ガイアは我々の言葉を話す」と誰か言っただろうか？　その思い込みが盲目的推測を生む原因なのだ。ガイアが言葉を解さないとしたら、人と人がコミュニケーションを取るように対話することは不可能である。喋っても無駄と分からないと、彼女《ガイア》に意識があるかどうかすら分からない。だが、ちょっと待ってほしい。言葉の才能を与えた我々人類種の生みの親が、なぜ言葉を使えないのか？　先程のナービーの発言に戻ることになるが、今度は別の角度から検証してみよう。ナービーは、ペルーの地に住むシャーマンによる幻覚剤「アヤワスカ」を使った儀式に参加したことがあった。そこで祈禱師は、トランス状態でなら言語を用いないコミュニケーションが可能であることを、身をもって証明したのである。そのやり方とは、神聖な植物たちの方から意識に語りかけてきて、教えてくれるのだという。植物自身が自分の正しい使用法を人間に伝え、服用を通して我々にさまざまな知識を与えてくれる。これがガイアの意思疎通の手段であり、人間は自然からの語りかけを通して、進化する。実に筋の通った論理と思うが、いかがだろうか。

しかし、まだまだ反論の余地はあるだろう。「母なる自然ガイアには口や舌などのしゃべるための器官がないではないか」実を言うと、言語器官はある。というより、我々人間は普段、その「もう一つの言語器官」を通さずに意思疎通をしているという言い方が正しい。それは「思考」である。何かを考えている時、ボイス付きで言語が再生されていることがあるはずだ。それが思考であり、これで他者とのコミュニケーションができるとしたら、舌は使わなくともできるということだ。だが当然のこととして、精神内でのコミュニケーションは自分たちの「頭の中で」起きている、いわば内的な「独白」である。テレパシーができない理由についてだが、ただやり方を知らないというだけである。言い換えれば、言語化されていない純思考の送受信方法を知らないというだけだ。もし我々にはガイアからテレパシー能力がすでに与えられていて、我々が将来進化するために、時折テレパシーで話しかけてきている存在がいたのだとしたら、どう思われるだろうか。もしそうなら、どの国の言語だとかは関係なく、地球上のどこにいても、ガイアは私たちに語りかけてきているのかもしれない。ガイアに話しかけるために幻覚作用のある植物を使ってきた土着民族は、彼女がそのように意思疎通ができる生命体であることを、すでに知っていたのである。

ソフィア神話的アニミズム（人間の体が導管となって完成する）

神と呼ばれた存在のほとんどは実は、地球を御身とするあの聖霊について語ったものであると、私は考える。cccxvi

地球が感じていることとは、アイオーン・ソフィアが超活性化力である「夢見」を発現していることの証拠である。グノーシス主義の理解を深めることで明らかになった秘密だ。智慧の女神は宇宙的な「満たされた場所」の外側にいながら、我々を夢見る。人類にとって最高の未来とは、その生きる地球という夢の中で、他種族との相互作用を学び、超越的に生きていく未来を自らで選択することである。本書の初版が最初に世に出てから早15年、今では世界中のグノーシス主義者がソフィア物語の「映画製作」に乗り出している。物語は撮ったその場で展開していくリアルタイム形式だ。役者は、智慧の女神の夢見物語の一役者として名乗り出て、彼女の夢台本の通りに演じることに専念する者である。覚知《グノーシス》という生の台本を手に、天と人の目的を一つにするために。

この惑星の生命力は、生きていると同時に生かされている。生かされなくては、生命体は自分が生きていると感じない。世界は生きていると「認識」することは、単なる信仰という言葉では言い表せない。それが本来のアニミズムである。ガイア論を科学的に説明するならば、どうしてもアニミズム的な疑問点が湧いてくるのは、そういった理由がある。だが現状の科学ではそれらの問いに答えることは不可能である。「アニミズム世界観」の復活と言っても、ただ「自然は生きている」と言うだけではなく、それを確かめるための実体験も必要だと考える。そうすると外界に経験を求めに旅立ちたくなるが、もしかしたら、すでに今、経験しているのかもしれない。それは自発的な体験である。我々にはその「エコ・グノーシス」とも呼ぶべき力が、生まれつき備わっているのである。個人意識だけが自己であるという、凝り固まった信条を取り除くことに、何でもいいから成功すれば分かるというだけの話だ。SF作家フィリップ・K・ディックは、グノーシスとは直感的に全てを知るための「脱抑制的知識」であると説明している。「静かなる知」と呼ぶべきそれは、地球という存在を、絶頂感のうちに悟ることである。「静かなる」というのは、あまりの畏敬で無言にならざるを得ないという意味での沈黙のことだ。明らかに、自分ではない他者の意識が浮かび上がってくるのだ。経験者は、出会った相手はガイアであったと口を揃える。証言者の一人に、アイルランド人神秘主義者、作家で画家でもある「Æ」と名乗る人物がいる。

筆名Æ、本名ジョージ・ウィリアム・ラッセル（1867－1935）は、「私たちの内側には、この世の全てを知る智慧の記憶を持つ、不死者がいる」と述べた。彼は自身が経験した神秘体験についてシンプルかつ奥深い分析をしている。それは智慧の記憶保持者としての不死者と、想像力とを結びつけるという手法で導き出された事柄であった。「この霊的記憶が、実は想像力の真の基盤となるものである。記憶の方から語りかけてくると、想像力が刺激され、我々を通して創造主が語りかけてきているのが分かる」この我々を「通して」という表現の仕方が、個を超えた全の感覚である「超共感覚」を如実に表している。リン・マーギュリスのSET理論は「内共生」、つまり細胞が他の生物の細胞に入り込んで、一体となって生きるという理論である。これと比較すると、アニミズム的認識での「共生」とは「生き通す」こと、すなわち生態系の原動力と一本の道筋となることである。人間の体が道管となってその原動力を通すとき、ソフィア神話的なアニミズムが完成する。

ラッセルの回顧録『幻視の蠟燭（*The Candle of Vision*）』は、西洋の知を代表する傑作と言える。北アイルランドのアーマーの原野を歩いていたラッセルは、「自分の中に神話が具現化した。アイオーンの物語である。原初の神性示現。至高天の始原である」と確信し、ダブリンの図書館で宗教事典を手に取り、その中にグノーシスの項目を見つけた。彼の目はグノーシス神話で天使や神性を表す用語「アイオーン（Æon）」に留まった。彼の筆名Æは本能の導きの結果、手に入ったのであった。内省で触れた多くの純粋なる神性叡智の正体は、智慧の女神ソフィアであった。

ラッセルはアイルランドの政治にも関わった社会活動家の一面もあった。アイルランド文芸復興運動のうち、古代ヨーロッパのオカルト伝統の復興も兼ねた「ケルト復興運動」の中心人物が、彼であった。運動は１８８５年から１９１５年まで続き、その間に他の中心人物であったノーベル文学賞を受賞したウィリアム・バトラー・イェイツやグレゴリー夫人と親交を深めた。「Æ」には「超自然的」という意味が込められており、彼は「覚知には理論は必要でない」と主張するような自然派神秘主義者であった。ふとした時にトランス状態になり、心に浮かんでくるキリスト教普及以前のヨーロッパの光景、あるいはそれよりさらに昔の、「アトランティス」の光景を彼は目撃してきた。グノーシス主義やサービア教徒（古代イラン発祥の星占い師の教団）関連の書物以外に、この経験について語っている本はなかった。Æは、自然界との接点を持つことでこうした霊視体験をしたのだと主張している。

『幻視の蠟燭』では、ケルト神話の川の神マナナンについて触れられている。Æはこの神のことを「神性想像力」の流体であり、トランス状態の時に顕現する神力であると述べている（世界の神話にはman-という言葉がつくものが多く、人間的ではあるが超自然的な指導者として描かれるのが常である。例としてヒンドゥー教のマヌや、北米先住民のマニトウなど。これらはいずれも中間者を霊視した姿であると考えられる）。ところが、ロマン派の詩人ウィリアム・ブレイクなどの自然派神秘主義者と同様、Æもこの想像力をキリストと結びつける傾向があった（またも歪み発生である）。彼はキリストのことを「美の魔術師」と呼んでいた。ニンフやドリュアスと出会った後、その官能性を「物事を善と悪に分けようとする個我の意識に汚されていない、自然の美」と表現している。Æの卓越した透視能力は、他の「チャネリング」を基礎とした霊能力者、例えば眠れる預言者エドガー・ケイシーや、『セスは語る』をチャネリングの口述筆記によって記したジェーン・ロバーツなどとは、違いが明らかであった。「善悪二元論に縛られると、本来の自然の美しさを受け入れられない」や「流れに身を委ねよ」といったÆの深い洞察は、真にグノーシス的であると言えよう。

ラッセルが見た光景は、全てが肉体感覚的でリアルな、地に足のついた、生きた体験であった。「我々が入っていった無限性は、生きることであった」トランス状態が絶頂を迎える時には「脳内に光が満ち溢れて、内側から全身に光が噴射されるように感じた」という。ナグ・ハマディ文書では、たびたびこの「光の噴水」が言及されている。「蠟燭」は有機光をあからさまに表現しないために使用した、暗喩だろう。火のついた蠟燭は、全員を区別することなく照らす。全ての人の心の中には、人智を超えた超越の光がある」（『大いなるセトの第二の教え』67.10）

ラッセルはまた、「神の心」を表すにあたり、古代ローマの神秘主義者プロクロスの言葉を引用した。「それは永遠の深みにあり、未だ表出していない、内なる聖域《アディトゥム》の神的静寂に佇むものである」

ラッセルはグノーシス文書の現物を見たこともなかったし、当時のほとんど誰もグノーシス主義の存在を知らなかった。神智学会の常駐グノーシス学者であったG・R・S・ミードとも交流があったようには見えず、事実『幻視の蠟燭』には地球女神ソフィアの名は一度も出てこない。それに近い記述といえば、ケルト神話の川の女神ダヌくらいだ。それでも、「自然の記憶」という概念はグノーシス主義のソフィアについての教えに、美しいまでに一致している。彼の白昼夢は、大地との生命力に満ちた接触がある時に、ソフィアの夢想が引き出された結果なのだろう。これこそ、現代の自然派神秘主義者たちのアニミズム的な女神信仰者の、目指す姿と言えよう。

　Æは自分が見た創造主は、起きている時の自己意識はもちろん、夜に夢を見ている時の自己よりも、偉大な存在であるとしている。しかし、その偉大さとは自我を尺度に「自己よりも大きな自己」としてその大きさを示しており、その力は「自らの目的のために我々が使いこなす力」なのだという。グノーシス主義は墜落したソフィアが自分自身の修正という目的達成のために人類に頼っているという説明をしているため、ラッセルがここでそれと非常に近いことを述べているのが分かる。『幻視の蠟燭』を読んだからといって、ガイアの全てを知るということにはならないが、あらゆる疑問に答えられるようになる下地を作ることには繋がるだろう。彼は「シーゲー（シグ）への祈り」を捧げるが、シーゲーとは「神の沈黙」の意味を持つ言葉である。個の意識に在っては静寂の知には至れない。静寂の中で叡智は、沈黙することで他のことも聴こえるようになってきて初めて、**それ自体へと辿り着くのである。**誰でも一度は経験したことがあるはずだ。世界がなんともいえない静けさに包まれ、妙に落ち着いた気持ちになる瞬間が。そこが世界の自然な姿であり、いつまでもそこにいたいと思うのは普通のことだ。このような瞬間を誘発し、持続させるための修行が、グノーシス主義の実践法であった。

ガイア・人・自然の三位一体論（ソフィア型アニミズム）

地球が生きる知的生命体であることをただ知ることと、どのような生命であるのかを知って関係を持ちたいと思うことは、また別のことだ。「ガイアのことを知る」という我々の挑戦は、はっきり言って地球上では珍しい挑戦の部類に入る。リン・マーギュリスは「善意を持った神や女神だとかを議論に持ち出さないでいただきたい。ガイア説を語る上で意味がないのだから」と頑なに主張する。cccxvii 秘教徒たちはソフィアを思慮深く観察し、善の存在であると説いた（かといって彼女が気まぐれであったり、執念深い性格である可能性が、全くないということにはならないことは付け加えておこう）。だが所詮、言葉はただの言葉であるので、それを鵜呑みにしたり強制することは望ましくないし、ガイア・ソフィアも人間たちに自分の存在を信じるよう命令はしない。しかし確かに、我々人類に、彼女自身についてもっと学んでほしいと願っている。

本章の冒頭でソフィア型アニミズムの、ガイア・人・自然の三位一体説を提案したが、これを可視化すれば理解がより容易になる。簡略化された図を用意すれば、説明も楽になるというものだ。まずは三角形を描く。三位一体の三角形の上の頂点には「G」を置くのが望ましい。

アイオーンで我々の母である、地球生命に変身したガイア・ソフィアを表す「G」だ。彼女のオーラは三角形全体を包み込み、全ての土台となっている。基底線を作るのは「A（アントローポス）」と「N（自然）」の二点である。この二点で地球生命全体を表す。そして三角形の中央には、「H（人間）」を置く。この場合の人間とは、アントローポスとしての人間性ではなく、あくまで動物種としての人類種のことである。これは地球外の偽の神によって製造された人造種という意味も含まれている。最後に、アントローポスと自然の両方を仲介する共生者を「S」で、基底線上の中間に表す。これで我々人類が地球上で経験することを、四つのカテゴリー（H－S、H－A、H－N、H－S）に分けて説明することができる。歪で逸脱した行動は、個人的であっても集団的であっても、この三角形に収まることはないものとする。

底辺の水平線に向かって垂直に降りてくる線で、共生者の降下を表す。ここはキリスト教の聖霊《パラクレートス》の降臨を思わせるが、プレローマからの仲裁人は、このように地上に降臨したと考える。「グノーシス主義者は母なる存在を第八《オグドアド》、またはソフィアと呼んだ。大地、エルサレム、聖霊、男性形だと主と呼び表すこともある。彼女は中間領域に住み、そこはデミウルゴスの領域よりも上位にあたるが、プレローマよりも下位の世界である下界に、全てが終わるまでは滞在するという」（サラミス司教エピファニオスのグノーシス主義異端反駁書『パナリオン』第二、198：12）この聖霊のことを共生者と見れば、上の世界から基底線に下降してアントローポスと自然界の間を取りなす役目を果たしにきたという、描写ができる。ここに、神聖生態学を実践するにあたり、舞台全体の構図が見えてくる。ソフィアと同じように共生者は上から降りてきて、アントローポスと自然界との間にある弦の音の調律をしにきた。A－Nの調音が成れば、人間が個を超えて地球全体の生命へと共感し、人間種族としての自己意識を正しく持つようになる。「弁護者、助け主、慰むる者」などとキリスト教では訳される「パラクレートス」の概念だが、「仲裁者」として自然界のバランスを担う、アニミズム的な聖霊と理解することもできる。ネイティブアメリカンに伝わる超自然的力マニトウ、ラコタ・スー族の女神「白いバッファローの仔牛の女」も、牧羊神パーンも、豊穣の神ココペリも、これと同一の概念である。

アメリカ先住民の「発汗の儀式」では、参加者は裸になり膝をついた姿勢で小屋に入り、「私と私に関係あるもの全て」を浄化する。まさにソフィア的三位一体の浄化儀式を表している。儀式に参加する機会があれば、先述した「H（人間）」の周りの三つの要素を言えばいい。知っていれば実に簡単なことである。簡単だが、この三つの言葉に込められた範囲は広範で、意図は非常に強力である。ソフィア的アニミズムは旧来の人間対自然の対立構図が覆してくれる。ソフィアが創った生物が住む自然の楽園では、生殖、労働、死は絶対条件としてある。つまり、これら三要素は、我々の母なるアイオーンが重要視する「自然の成長の機会」であるということだ。それとは対照的に、聖書の天地創造の物語では、これら三つを条件として人類に呪いをかけてくる。これら三要素を、人間の「生存のための限定的手段」として、義務付けたのだ。ヤハウェは憎悪の神である。憎悪でもって、自分の姿に似せて子孫を造ったという、呪いの言葉を送った。聖書の悪意は地上全ての自然と運命に逆らう。中命記ではその悪意が「反生命」の妄言の押し付けにまで拡大され、食生活や衛生上の禁忌と同列扱いで列挙されている。悪化は止まることを知らない。2020年には、全世界がマスクなしで呼吸することが「厳罰に値する不正行為」として、公然と非難される事態にまで発展した。外を出歩く人々は、全て生物兵器扱いだ。これは「パンデミック詐欺」である。人類は未だに「生命恐怖症」の後遺症に苦しみ続けているのが分かる。

ペテリアの金片（一部族の犠牲は人類全体の贖罪行為に成長）

ガイア三位一体の基底線には、人間以外の種族と世界観を合わせることで、種としての自己認識を目指すという意図がある。この場合の異種族とは、特に四本足（たまに二本足）の動物を指す。世界観を一致させるというが、これは理論上の話である。つまり、何か事業を始める前の、仮の取り決めである。橋の建設などの大掛かりなプロジェクトには、将来的な見通しが不可欠であるのと同じだ。実際、基底線を橋として見るのは、良いかもしれない。この線は人間と人間以外の生物との間にある種族間を繋ぐ、鎖を表している。個の世界観に執着せず、他種族を尊敬しながらも自然と共生するのは、ディープエコロジーの大前提である。これは、人間が自然界の管理人として創造主からその役割を与えられた（と多くの人が主張するであろう）という一般的な自然保護主義とは、全く異なる概念であることが一目瞭然だろう。「環境にいい」、「エコだ」と言うが、やっていることは自分の種族だけの生存のために、地上の楽園の資源を独占しているだけだ。利用価値だけで多種族を保護するかどうかを独善的に決めているということは、明らかに利他的な行為ではない。ディープエコロジーはこの考え方に反対し、自分たちが利益を得ようが得まいが、自然界をとにかく尊敬し、時に崇拝するという考えである。

これまで何度も繰り返し出てきた警告だが、キリストを人類の救世主として人間性の鏡であるように考えるのは、宗教病の一症状である認知障害の重症化のサインである。それにもかかわらず、数えきれないほどの人間が、十字架に磔にされた救い主を自分たちの種の代表者だとか、模範だと見做している。人類の罪を肩代わりして、実質、父親に見殺しにされた救い主は、苦しみ抜く天才である。旧約聖書では、アブラハムが息子イサクを生け贄にしようとした場面が描かれるが、これが「神の子羊を死に至らしめる父神の拷問」として姿を変えたのが、新約聖書のあらすじである。イサクの身代わりに生贄に捧げられた羊は、イエスという仔羊に姿を変え、全ての人間の罪がなすりつけられた。この定型シナリオはいつの時代でも不変で、恐ろしいまでに一貫している。だが（ここ数十年で起きたハリウッド映画産業の大躍進に反比例するように）、話の凄惨さは増していく一方だ。一部族の間で行われた犠牲が、新約聖書になると人類全体の贖罪行為にまで話が大きくなったのだから、展開が読めないとはこのことである。この話をするのはできれば避けたかったのだが、書かねばならないだろう。ユダヤ・キリスト教の創始儀式は「子供を生贄にする儀式」である。イスラム教ではこれを、合法《ハラール》とされている鶏、羊、ヤギなどの生き物を代用して、儀式的に処理する。罪のない人を殺し、拷問することで救いを得ようとする信念に基づいたアブラハム三大宗教は、罪のない生き物を苦しめ、殺す信仰である。それを何十億人という人間が信じている。これ以上の狂気があろうか？

過去数世紀にわたり、救世宗教はキリスト像（Imago Christi）を使ってエウロパ先住民や世界中の土着民の原初アミニズム思想を破壊し、自分たちの教義を人類史に上書きしてきた。キリスト教の伝説は、共生者という目に見えない存在を覆い隠すために用意したでっち上げの話だ。伝説的殉教者である聖エウスタキウスなどが良い例で、彼はある日猟をしていると、雄鹿の角に磔になったキリストの幻を見たという。それをイエス・キリストだと断定する根拠はどこにあるのか？　それは誰も指摘しない。皇帝コンスタンティヌスは、その出来事が起きたとされる場所に礼拝堂を建てた。だがその目的は、奇跡が起きた記念というよりも、自らの権威をひけらかすことにあった。cccxviii『聖杯伝説（The Grail Legend）』を著したエンマ・ユングとマリールイズ・フォン・フランツの二人は、「キリストは雄鹿である」という説について、異様なまでに深く複雑な説明を展開した。中世後期の寓意芸術作品では、ユニコーンと救い主を同一視する風潮があった（舞台神聖祝典劇『パルジファル』では、苦悩する乙女オルグリューゼが殺されたかつての恋人のことを「忠義の一角獣」と呼ぶ場面があるが、これは聖杯の秘密を知った騎士の寓話的表現である。一方で、有機光から啓示を受けた者の喩えでもある）。中世初期、キリスト教は異教の性欲の神パーンを、悪魔であると教えた。言うまでもないとは思うが、パーンと悪魔の間に、なんら接点はない。それだけキリスト教会の捏造力が強大であったということであり、よほど秘教学の熟練者でない限りは、教会の物語に取り込まれてしまうのだ。

キリストの欺瞞により、人間は自然の中で自分が何者であるかを知る能力を失った。あくまで自分たちは社会の中で自分であるという、条件付きの自己認識しかできなくなったのだ。失われてしまった異種族間の絆（基底線H－N）を取り戻さなければ、人間の自己像の修正は成らない。そのためにまず、二つの要素を自身に確認しておくことが大事である。一つ、自身の本当の起源を知っていること。もう一つは、我々は良心の存在であると知っていることである。前者についてはソフィア神話で語られている。ソフィアとテレーテの二人のアイオーンによって、人間の遺伝子は銀河中心で設計されたというエピソード（堕ちた女神物語 第二挿話）だ。

次に語る考古学の歴史的発見は、この話を二度と忘れられないエピソードに変えてくれるだろう。１８３０年代に、南イタリアのカラブリア州で発見された「ペテリアの金片」という、紀元前２００年頃に作られた、切手よりもわずかに大きいサイズの黄金の破片がある。古代の密儀宗教オルペウス教のものだとする説もあり、古代世界にソフィアの秘伝が存在していた証として見られている。

私は大地の子であり　星天の子である
だが私の本当の起源は　天にあり
あなた方自身が　そのことを知っている

古代文字で「OIGENOSOYRANION」と書かれた部分を文字通り翻訳すると「我が種族《ジェノス》は天空人《ウラニアン》である」と読むことができる。cccxix アントローポスは我々人類の祖先であり原型である。そこには人種の垣根はない。言い換えれば、アントローポス自体は便宜上の存在であり、人種は目に見えて実在する生物学的特徴のことである。他の人種を意識する時、我々は自分たちの原型を見てはいない。この惑星上に住む限りは、決して誰も普段から普遍的人間性がそのまま形となった人間に出会うことはない。家族の誰を見ても、街で見かける人にも、空港にも埠頭にも、「真の人間性」をそのまま体現する人間は存在しない。人間という限りある動物体では、それは表しようがないのだ。再びガイア三位一体論に目をやると。それを如実に示しているのが分かる。したがって、「人種統合」は支配者の欺瞞であり、それを理由に世界中の人種を無理に統一しようと呼びかける活動は、お勧めできない。アントローポスは人類の統一像であるが、それはあくまで「像」である。想像上の存在であり、現実にはないのだ。アントローポスのゲノムが銀河核から来たという話は、人間という存在がここまで来るまでに通った軌跡について話しているだけであり、今はこうして多様な物理的容貌を持つ、地球人である。プレローマ発祥のゲノムは、その後ここから肉眼でも見えるM42（オリオン大星雲）に定着した。その後にやっと現在のように地球上で人類という遺伝的多様性を持つ動物体になって、生活している。

読者の皆様が寛大で高貴な心をもって、今から述べることを言葉通り率直に受け入れてくれることを願う。では言おう。イエス・キリストなどを人類の象徴にするべきでない。それはただの狂った妄言だ。ここまでお読みいただいたのだ。流石に納得いただけたはずである。イエスも特定の民族的系統を持った、ただの「人」である。誰かが「イエスはユダヤ人ではない」と議論し始めても、そんな説自体が欺瞞であり、反論する価値すらないと分かる。最初から論点を外しにかかってきている。アルコンは、キリストが超人ではなく、私たちと同じ人間であるとバレるのを恐れている。だからいつも、「人種の違い」に注意を逸らそうとしてくる。グノーシス主義が反論していた通りだ。元々は、ヘブライ人が父親視した存在へのコンプレックスを拗《こじ》らせただけの、妄想話の産物であって、それが我々人類の誰よりも優れていると信じろなどと、無茶苦茶なことを言っているだけなのである。

　人間は生まれつき罪人だとか、神の従属種だとかの嘘を信じることは、人間以外の種族への憎しみを生むきっかけになる。聖書を締めくくる黙示録で、「人の子」の救い主が、父神の傍らに座り、権力の誇示の究極形である「神の最後の審判」を執行する。その裁きの対象となるのは、誰か？「大いなる獣《ト・メガ・テーリオン》」である。生き物嫌いを拗らせた狂った異世界人が、ここで「生き物なんて大嫌いだ」と叫んだのだ。黙示録を著した聖ヨハネは、七つの頭と十本の角を持つ怪物の幻覚に苦しんだ。大いなる獣の上には、緋色の女《スカーレット・ウーマン》が座する。彼女は「大いなる秘密」あるいは「大淫婦」などと呼ばれているが、なぜそのように呼ばれるのかは誰も説明してくれない。「知恵の娼婦」とソフィアを侮辱する言葉があるが、これと似たような響であることから、勘のいい読者はすでにお気づきのことであろう。「あばずれ」、そして「獣」、父神が最も嫌い、滅ぼしたいと思っている恐怖の対象である。この勝負、ヤハウェが勝つか、それともただの狂言であったとバレてしまうのか？　いずれにしても、地を這う生き物に対する狂った父神の反応を見ると、なにがなんでも危険なワクチンを人々に投与しようとする狂った連中を思い浮かべてしまう。まさに、狂った神が地上に放った破壊天使である。大方、聖ヨハネは誤って何かの薬品を摂取してしまって、世界の終わりの光景を幻視でもしてしまったのだろう。この黙示録は宗教的信念を持っているかいないかに関わらず、多くの心を動かす刺激的な話だ。だからと言って、世の中の流れが黙示録の通りに展開するとでも？　それも、計画を打ち負かそうとする勢力がいれば、話は別だ。思い通りには事は進まないだろう。

将来的には「神聖生態学」が、「全ての生き物を畏れ敬う」ことを条件として取り入れる選択をするだろう。「生命の楽園」、それは太母の意志である。ガイア三位一体論のS－N線について考えてみてほしい。「大いなる獣」とは、地球の動物たちの母であるソフィアのことであると、私はNemeta.orgなどでこれまでも何度か論じてきた。贖罪宗教の父神の唯一の脅威があろうとすれば、それは彼女である。そう考えると辻褄が合う。「獣の数字６６６」は、権力者たちが我が物顔で使用しているが、これは本来は彼らを打ち負かす恐れがある、女神を表す数字である。この数字をワクチンを通して人々に注入し、売買能力を支配しようとするグローバリスト権力者は、６６６の数字の誤解を大衆に広めることで、我々の力を自らの権力の保持に利用している。しかし誤読はあくまで誤読であり、連中はそんな虚構を頼りにしている矮小な存在なのである。「AGORASAI H POLESAI」とは「集い、交易せよ」と表現するのが正しい。（黙示録14：17）誰が何を売り買いしているかを管理してしまえば、合意なしに勝手に構築した詐欺経済システムの中に、一生閉じ込めておけるというわけだ。今のグローバル市場はそういう虚構でできた場所だ。かといって、全ての取引を相互合意の下で行う小規模市場にすぐにでも移行しようというのも、難しい話である。

ヘブライ語、アラブ語、アラム語に「良心」という言葉が存在しない！

ガイア三位一体論はさまざまな真実を包括している。だが教えの中心にあるのは、常に三角形の中心にいる「自分」を表す「人間（H）」だ。先程述べたように、「共生者の方程式」には、自己愛の要素が組み込まれている。この場合の「自己愛」とは自分を含めた全人類への愛のことだ。大自然を愛することで、動物たちに愛を送ることで、その中の一員である人間自体を愛することができるようになる。だが、自己愛にはすぐにナルシシズムへと脱線してしまいがちという欠点があり、そこで「良心の呵責」という、とっておきの「アプリ」を使わざるを得なくなる。自分自身を愛するということは、実力本位的な考え方である。自分を愛する価値を身につけるには、よく学び、会得し、その功績を社会に証明しなければならない。自分を愛することの利点を証明するためには、何かしらの責任を負う必然性があるのだ。ここで、ほとんどは「自分は愛される価値がある良い人なのだから、良いことだけをしなきゃいけない」と思うだろう。ここで曲解が起きる。それでは、良い人はいつどんな状況であっても、たとえ重大な過失を犯しても、無条件に自分を愛しなければならないということになる。よくよく考えてみれば分かることだが、完璧な良い人を演じるのは不可能であり、そんな計画はいつか絶対に破綻する。良い人というのは、絶対に間違いを犯さないという意味ではない。善人とは、自他の間違いを認め、修正の努力をし、結果を受け入れ、必要な補償ができる人のことだ。したがって、自分を愛するには正しい良心がなくてはならない。そして自分の過ちを修正することが、グノーシス主義の実践になる。

初めから良心の呵責を欠いていて、自分の過ちを全く恥じないのは、サイコパスの特徴である。十分に良心の人がこうした人間に出会うと、理解ができずに混乱することがある。良心的な人がそれを欠いている徹底功利主義的な考え方を認めることは、ほぼ不可能である。これが良心の人の欠点といえば、確かに欠点とは言える。権力をひけらかす者などは良心と羞恥心の両方が欠けていることが、態度に露骨に表れる。ガイア三位一体論は閉じた系であり、余所者はいない。それから、この中に生じた「人間の悪意」に立ち向かえるのは、愛だけではない。愛するものを守ろうとする「勇気」も同じくらい必要だ。ひとでなしな行為を見て、目を逸らして黙っているだけでは、ガイアを守ることはできない。

1928年、ドイツの言語学者フリードリッヒ・ザッカーは、膨大な証拠で裏付けられた比較言語学の書籍『良心とは（Syneidesis-Consientia）』を出版した。その結果、セム語系、つまりへブライ語やアラブ語、アラム語などには、現在の西洋文明的な意味での「良心」という言葉が存在していないということが結論づけられている。[cccxx] アルコンという精神ウイルスが世界中に拡散するための媒体としては、うってつけの言語である（私のような論者によく向けられる反ユダヤ主義者《アンチセミティック》という言葉は本来、これらの言語を通して伝播される権威主義に反対することである）。同時代のもう一人の古典文献学者ラルー・フォン・フックは、次のような警告を発していた。「古代ギリシャの宗教の本質を理解したいのならば、現代の宗教的概念の大部分を占めるヘブライ語を、意識的に切り分けていかなければならない」[cccxxi] ギリシャの宗教と言っているのは、現代において良心とされている概念の多くが、ギリシャ由来だからだ。ギリシャ語の「良心（*syneidesis*）」が初めて使われたのは、紀元前４０８年頃の詩人アイスキュロスの作品『オレステイア』だと言われている。それ以前には、まるで良心という概念が存在していなかったかのような言い方で、若干戸惑う人もいると思う。しかしながら、良心の本質は、人間の心がどのようにそれを定義するかによるものである。形のなかったものを知性で定義することで、人はそれがどういう気持ちなのかを知り、どのように行動するかを決定する。調べてみても、確かに「良心」についての定義はそれ以前には存在していなかった。古代インドや中国の哲学にも、社会的な観点での良心ならあっても、現代的な解釈である「人間らしさ」という観点での良心にあたるものは、見当たらない。

社会に住む人間たちがそれぞれ、良心と自由な同意に基づいて秩序を形成していけば、あらゆる社会活動を監督し管理する現代の権威構造は御役御免になるだろう。「いつかやってくる美の未来」には、各個人の主権が良心によって支えられる社会しかなくなる。ルールを作っては、ルールを破った者を上から痛めつける権威は、存在しなくなる。というより、ルール作りを独占する権威すらなくなる。宗教も、国もない。そうした世界にしたいのならば、まずは権力に対し不服従運動をしなければならない。そうした運動も、すぐに自由主義という病原菌が「理論の一般化」という症状を引き起こして猛威を奮うので、これを事前検知して、対処不可能になる前に追い出す武力も必要だ。20世紀を代表する悪名高い政治的発言を、少々言葉を置き換えてここに引用しよう。「真に人道的な世界にするには、個人主義の自由主義的な考え方や、国境を越えた友好を目指すマルクス主義的概念を、血と土に根ざした異民族統一的意志へと置き換える必要がある。単純なことだが、結果は大きいものとなろう」

神聖生態系と互換性のある自然道徳規範が浸透すれば、罪と罰は社会から消えていく。だが、それは、「社会の恩赦」を排除し、自立するということを意味する。その代わりに、強姦、児童虐待、動物の虐待、自然破壊、略奪などの生命圏の尊厳を故意で侵害する、人道に反する犯罪行為に対しては、死刑制度が適用されることもある。愛するものを守り通す責務を果たすには、死刑制度に訴える必要がどうしても出てくる。「憎むことを全員の心で学べ。人類の病の治療法がそれであるのだから」と歌う復讐の女神エウメニデスは、ソフィアの修正によって再生する社会が、どのような姿になるのかを教えてくれる。

第二十六章　人間とは（生まれつき善の感覚を台無しにしたもの）

秘儀の根絶運動に伴い、人類は西洋世界で最も大きな精神論を失った。西洋人の心の支えが喪失したことで、彼らは地球全体を不節制と自滅の道へと追いやり始めた。始まりは6000年前。おそらく北アフリカと近東で起きた気候大異変による大災害が引き金となって、女神を抑圧する一神教が興った。これが聖パウロによる転移を経て、西欧世界の心に「救済主義こそが唯一の勝ち組」という先入観を与えるきっかけとなった。「西洋文明の歴史＝父権制が優勢だった時代」であり、その先入観は歴史学によって正当化されている。人類の抑圧には、救済宗教ほど相性のいい道具はない。

パンデミックに発展した過激思想ウイルスだが、これは不治の病ではない。ソフィア的アニミズムで治せる。これが権威主義的支配に抵抗し、原始的な傷を癒すことができる、惑星特効薬である。

秘儀参入者は言った。「宗教にとっての理想は、悪に対する救済策を提供することではない。悪に私たちを加担させることだ」歪な救済物語に反論し、裏のやり口を暴露したグノーシス主義は、まるで最初からなかったかのように徹底的に破壊された。そして世界は救済主義を受け入れるしかなかった。だが、グノーシス主義の生き残りがいなかったわけではない。彼らの意志はまだ生きている。それを採掘し、現代に蘇らせるのだ。どんな小さな断片でもいい。欠損が多かったり文章が不完全だったりしてもいい。そこには、我々を霊的に目覚めさせてくれる原初の神聖な智慧の本質が詰まっている。ソフィア神話は過去の話ではなく、過去を振り返るための話でもない。**かつてあった未来の物語**なのだ。時を超えて救済物語を打ち砕く物語が、これだ。ソフィア神話を受け入れる者は、正しい教養を身につけ、同志と支え合い、主観的に直接「本物」の体験をすることができる。これは女神の物語であると知る。贖罪物語のような、暴力の正当化も、正義の主張も、無理矢理な神権政の復権も、必要としない。贖罪者コンプレックスでは何も贖《あがな》えない。何も救えない、救う価値があるものが見出せない。しかし、人を死に至らしめる精神病《コンプレックス》は、非常に強固である。苦痛を利用して他人を強制し、罪悪感はさらに補強されてゆく。さらにこのプロセスは逆方向に進むことも可能だ。なんとも陰湿な病である。過去に受けた傷が、集団的精神に奥深くまで切り込んでいるため、通常の手術では治すのは無理だ。別の角度から間接的に回復させなければならない。救済主義者の嘘を見破って、その先に行くには、嘘を美化する物語自体を人生から放棄することだ。「もう自分は父権制宗教の物語の登場人物ではない」と気づけば、人は生き甲斐のある未来の可能性へと前進できる。自分の人生は最初からずっと「偉大なる女神の秘密の物語」に在ったのだと気づく時、最高の人生を手に入る。生きる価値のある未来へと、進んでいける。

危機の世代(世界のサイバー引きこもり化)

ソフィア的アニミズム秘伝の復活のための材料なら、現代に揃いつつある。ディープエコロジー、生態心理学、シャーマニズム、植物の力を借りた精神作用薬《エンセオジエン》、神秘的自然主義、生態精神論、ネオペイガニズム、女神の秘儀、以上は全て復興運動の支流となり得る。ただし、言葉それ自体に捕らえられてはいけない。これらは単なる「用語」であり、人気獲得のためのキャッチフレーズという用途しかない。重要なのは用語の背後にある「体験」という、現実的意味の方である。グノーシス主義が主導するアニミズムならば、ディープエコロジーの神話的な想像力に欠ける部分を、完璧に補完できると考える。統合が実現すれば、ソフィアの修正に合わせて我々の前に「復活への道」が設けられるだろう。一人一人の意図を合わせることがそんなに簡単なわけがないと思われる人は、そう心配しなくとも、西欧社会はわずか30年のうちにガイア主義を中心とした新精神論を獲得した実績がある。その一連の流れはこうだ。

・1972年、ジェームズ・ラヴロックが『大気環境誌』にガイア仮説の声明を1ページ分掲載する。その後、リン・マーギュリスとの共著で二つの小論文を発表。同年、シャーマン復興運動にとっての重要書籍であるピーター・ファースト著の『神々の血肉――幻覚性植物の儀式利用（Flesh of the Gods: The Ritual Use of Hallucinogens）』とマイケル・ハーナー著の『シャーマンと幻覚性植物（Hallucinogens and Shamanism）』が出版された。どちらも古代の「恍惚儀式」を現代的な精神薬理学的知識から読み解いた名作だ。

・1973年、アルネ・ネスが科学誌『インクワイアリー』でディープエコロジーを定義する記事を発表。同年、心の性質と可能性に関する知識を広め、健康に応用する目的で、ノエティック・サイエンス研究所が設立した。その中でグノーシス主義は「ノエティック科学」の古代の原型として扱われている。

・1974年、マリヤ・ギンブタス著の『古ヨーロッパの神々』が英語で発刊される。同書では都市文明が台頭した時代より何千年も前の、女神信仰を基盤とした原始人間社会の実在性について確かな考古学的証拠が提示されている。人類学者スタンレー・ダイアモンド著の『原始人を求めて（*In Search of the Primitive*）』も、同じ年に出版された。「原始人とは、人間の潜在能力のことである」これはディープエコロジスト著名人のドロレス・ラシャペルが、D・H・ローレンスの伝記の中で論じた「未来の原始人」という、未来人類の可能性のテーマを意識した発言であった。

・1975年、マジョリー・M・マルバーンは、マグダラのマリアを題材とした中では最高峰の本である『荒布を着たヴィーナス（*Venus in Sackcloth*）』を出版し、女性神秘の人間的な側面を明らかにした。同年、チェコの精神科医スタン・グロフのデビュー作『無意識の領域（*Realms of the Human Unconscious*）』が発行され、異常時に意識がどのように振る舞うかの詳しい研究と、そこから得られたグノーシス主義的な神秘の実践についてを、世に明かした。グロフ氏の画期的な研究はそれから30年以上も続き、着実に成果を上げていった（2008年にバーゼルで開催された世界サイケデリックフォーラムで、私は氏とお会いできた）。

・1976年、セオドア・ロザック著『不毛の地の行き着く先』では、ユダヤ・キリスト教の救済物語によって人間の想像力が大きく損なわれていたという説をはじめとする、「西洋人の精神病」について見事な批評が提示されている。ロザックはロマン派、特に稀代の詩人ウィリアム・ブレイクを引き合いに出し「古グノーシス主義の復活」と「革命的神秘主義」を呼びかけた。それに加え、世界が実際に「サイバー引きこもり化」するずっと前から、すでに魚座の時代の末期的ナルシシズムや、テクノロジーの発展と、それが原因の自分を社会から断絶しようとする生活様式の到来を予見し、警告を発していた。同年、歴史家のマーリン・ストーンが『神が女性だったころ（*When God Was a Woman*）』を出版。ここから「女神信仰の現代への復活」の機運が高まった。彼女の研究により、父権制宗教が力をつける前は、聖王や男性首長らは、女性からその王権を与えられていたということが知られるようになった。

・1978年、ナグ・ハマディ写本の英語版が出版。グノーシス一次資料を世界が読めるようになった。同年、R・G・ワッソン、アルバート・ホフマン、カール・ラックの共著『エレウシスへの道（*The Road to Eleusis*）』が出版され、秘教密儀に精神作用物質が利用されていたことが証明された。

・1979年、作家ジェームズ・ラヴロックは誕生して間もない若い理論である「ガイア理論」を完成させた本『地球生命圏——ガイアの科学』を出版した。同時に、ジャック・ヴァレの『欺瞞の使者たち』とジョン・アレグロの『死海文書とキリスト教神話』という、事情を知らなければ無関係に思える重要な関連書籍も出版された。ヴァレの本はおそらくそれまでに書かれたＥＴとＵＦＯ関連の本の中では最高の内容である。アレグロの本はキリスト教の原動力となったゼデク派教団の精神異常について最も深くまで切り込んだ一冊である。ヴァレによる「ＥＴ・ＵＦＯ現象は精神支配システム」という主張は、グノーシス主義の「贖罪神学はアルコンによる大衆支配システム」という理論に、非常に似通っている。彼はＥＴとの接触者によるカルト宗教が、将来人気の宗教になると予想していたが、その時すでに世界を支配している宗教が、同じようなカルト宗教を起源としていることにまでは気づいていなかった。ヴァレとアレグロは、ラヴロックがソフィア（ガイア）の生態系を研究していたまさに同じ時期に、ソフィアを神話的・宗教的に研究し、重要な貢献をしていたのである。

以上、これでもかなり厳選した方で、元々のリストはこれの3倍くらいはあった。だがこれだけでも、時代がグノーシス主義の現代への復活に向かっていることが、分かるはずである。わずか7年間にこれだけ多くの重要な資料が発表されたのだ。たったの7年で土着宗教の最深部がどのように、なぜ破壊されたのか多くの知識が明らかになった。激動の１９７０年代からちょうど1世代経つが、この先ガイア理論やグノーシス主義の実践により、どのような成果があるのだろうか？　それは誰にも分からないが、一つ確かなのは、現代を生きる世代は本書で説明されているような、「西欧文明的な生き方が惑星全体を殺そうとしている」ということを、生まれつき知る世代であろう。

有名な環境保護主義者であるルネ・デュボスは「私たちが救われるかどうかは、自然な宗教をこれから作れるかどうかにかかっている」と主張した。[cccxii] 言わせていただきたいのだが、人類はとっくの昔に自然な宗教を信じていたのだ。何千年もの間、人生の秘密を広く深く洞察していった秘教徒たちがいた。それが、惑星外から来た救済という名の破壊工作によって、散り散りになったのだ。アブラハム三大宗教はヨーロッパの原始土着信仰の知恵を粉砕し、人間が生まれつき善の存在であるという異教徒的感覚を台無しにした。産業革命の後、世界情勢は欧米が制した。だがやっていることは先代の繰り返しであった。「祖先が受けた過去の傷」から離れられなくて、さらに多くの他人に同じ傷をつけようとしただけだ。だから、人間がこのまま「西洋文化」を惰性で探求し続けていても、自分が本来持っている潜在能力から離れていってしまうだけなのは、自明である。西洋文化は道徳性もなく、一般精神論としては欠陥品である。だが、今感じている不快感は、原因不明の倦怠感ではない。ここに来るまでには想像を絶するほど長い、悪意ある欺瞞と圧政があった。圧政者は昔も今も変わらない。ゼデク派教団の超正統派はまだそこにいる。

今では真実に心を揺さぶられ、西欧的価値観から離れ、ソフィアへ多くの憧憬の念が向けられているが、父権主義宗教の呪縛は依然として社会に強く残っている。ユダヤ教、キリスト教、イスラム教のアブラハム三大宗教に属したままでは、ソフィア的価値観を自分の宗教の観点から眺めてしまい、ソフィアの復活を自分の宗教的ルーツに求めようとしてしまいがちだ。顕著なのがキリスト教で、ガイア中心の「エコ神学」と言いながら、救済物語やそれに関連する信念をソフィア神話から抽出したり、外挿するなど、無意味な行為が多い。社会の知識人と呼ばれる者の多くが、父なる神からエコ神学の命を与えられることを期待している。ソフィア信仰と加害者を生産し続ける宗教の和解は、成立しない。ソフィア神学に魅力を感じつつも、宗教で造った個としての自分のアイデンティティを委ねることを恐れてしまうのだ。惑星生命力「エロス」との一体化は魅力的な話ではあるものの、文化的アイデンティティを保持したいと願うエゴ的欲求の方が勝ってしまっているのだ。こうして、被害者と加害者の鎖という社会病を保持し続けようという心理が、これまで智慧の女神を抑圧し続けてきた。神聖環境学を学びたいのなら、贖罪者神学もイエス的倫理観も捨て去らないといけない。ただ邪魔にしかならないのだから。

一番邪魔な考え方は、「父なる神が自然界を創造し人間に世話させた」という考えだ。まったく、随分とおざなりな表現をするものだ。地球は、自分の世話くらい自分でできる。野生は野生のままで上手くやっているのだ。「エデンの園」というのも誤解を招く考え方だ。庭園など作らなくても、この惑星は初めから楽園である。農業は人類の唯一の使命ではない。人類はガイアの唯一の管理人ではない。彼女は世話など要らない。女神は介護施設に頼らないと生きていけなくなった、今にもポックリ逝きそうな貧弱な老婆ではない。勘違い気候変動活動家が何やら「地球を救え！」と喚いているが、大方、アルコンの偽造作戦に知らぬ間に雇われてしまった、哀れなスタントマンだろう。芸のない連中だ。大気中の主要成分の一つである炭素をゼロに削減しようなどと、片腹痛い。コロナウイルスのデマなど本当にタチが悪い悪戯だ。これはもちろん連中の仕業であり、今度は我々に「お前ら有害だから呼吸するな」と言ってきている。すでに看破されつつあるように、グレート・リセットを推進するグローバリスト大君主たちはコロナウイルスの危機を演出し、利用することで、気候変動対策という金儲け統制を我々に強制しようとしている。巨大な嘘を見破るには、グノーシス主義の復活が鍵となる。

未完成の動物（ヒトは神に似せて創造された箱庭の被造物ではない）

地球上のどこを見ても、大半の人は未だに父権制宗教にどっぷり嵌まってしまっているように思える。私が思うに、ディープエコロジー倫理学の一番の弱点は、人が人を信じ切れないという点にある。多くの人が、人は地球外の神でもいいから、何かしら命令をされないと、お互いを信頼することすらできない生き物だという信念だ。人間の本質は善であり、困っている人も惑星も助けようとして、そのために教義も戒めも与えられる必要はないということを、簡単には信じられなくなってしまっている。人間が善か悪か判断できなくなったのは、人間が元からそういう曖昧な存在だということではなく、そのように「教えられた」からだ。「父なる神が絶対」という条件を唯一無二の道徳として教えられたのだ。堕とされたのは自分だったことに、気づいていないのだ。救済宗教が提示する「理想の人間像」は、本来の人間性から逸脱している。救済主義で我々を非人間的にしてしまおうという策略だ。新約聖書に書いてある偽りの「愛」のメッセージを餌にして。イエスの「二重束縛の倫理観」の罠は実に巧妙で、被害者と加害者は裏で結託している関係にあるという前提を見破ることができれば、正気の人間であれば明らかに不条理で危険な罠だとして、回避するだろう。

父権制がここまで長続きした秘訣は、人間性を傷つけられた人々が何世代にもわたって与えられた命令を実行し続け、多くの他人を自分たちの受けた命令に巻き込んできたからである。「自分の倫理観くらい自分で決めたい」と本当に願ったのなら、すでに惑星外の神に指示された道徳など捨てて、互助的で尊敬し合い、自己制御ができる人道を語れるようになっていないとおかしい。「神に似せて」創造された種なのだとしたら、造物主にあらゆる決定権を委ねているということになってしまう。箱庭の被造物は箱庭の中でその人生を終えるという運命を、受け入れる考え方だ。運命を変える方法がないわけでもない。セオドア・ロザックは「未完成の動物」という用語を発明した。神の既製品として命令された通りの動きを完璧に再現する意思なき「完成品」としてではなく、「なりたい自分になる」という未完成品の人間性を表す言葉だ。未完成の動物ということは、プロセスの中の「特異点《シンギュラリティ》」である。評論家ニール・エヴァーンデンは「自然界の異邦人」という言葉を使ったが、これも同じような概念について話している。人間は自然界のどこにも収まらない唯一特異の斬新性の種であるということだ。

生物はそれぞれ独自の適する環境があり、それによって生物としての機能を果たし、種を持続することができる。それぞれの生物は自分の世界の中で生きている。ところが人間という動物は住む世界があまりに多様化し、「人類としての適応しやすい環境」の定義を非常に難しくしている。人類は、ある意味で非常に特異な精神的柔軟性を持っていると言える。というのは、地球はあらゆる生命に住居を与えてくれるのに、人間はこれを競いの場、正確にいうならば「自分たちを分断させる場」と解釈しているのである。[cccxxiii]

人間は自分の需要に自身を適合させる「創作適合」の未完成品である。我々は完成してなくていい。未完成だから完成を目指して進める。完璧じゃないからこそ、特異な種であるのだ。

本書を通して、ガイア生物物理学とソフィア神話に整合性が多く見られるという考察を示すことができたのなら幸いである。グノーシス主義者は「人間」を表すのに「異人」の意味である「アロゲネス」という言葉を使った。この鋭い言葉の刃には、二通りの意味が込められている。まずは、人間が前地球生命体、つまり地球が出来上がる前から存在していて、どこか別の場所からここへやってきたという意味。もう一つは、人間がアルコンによって自分たちの本質を忘れてしまい、この宇宙で迷子になってしまい、居場所を探して彷徨っているということである。人間は地球上のどこでも余所者扱いされると言いたいのではなく、自分たちの創造能力と目標達成能力を誤用して、世界をそもそも誤った形で認識しているせいで、自分たちは「この世界のどこにも居場所がない」と感じてしまいがちな生き物ということを、本当は言いたいのだ。地球上に居場所がないと信じ込んでしまうから、地球上のどこにも存在しないような都合の良い想像上の環境に自分の居場所を求めたくなる。自分の窮地を救ってくれる存在を、地球外にのみ求めるようになってしまう。聖書に書かれた地球外からの救い主との約束を信頼してしまうような、逸脱した心理状態である。「神は愛する世界のために一人息子をお遣えになった。彼を信じる者は滅びることなく、永遠の命を得るだろう」ヨハネによる福音書はこう保証している。グノーシス主義は、もちろんこれに反論した。

偉大なるお力、すなわち総ての起源者たる永遠の存在が現れ、あなた方がこの場所を訪れる前に、あなた方に力をお与えになった。その力によって区別の難しいことを見分けられるようになり、群衆に理解されるのが難しいことも、あなた方には分かるようになる。そしてあなた方の中にいる「一なるもの」に、正気で誠実に向き合うことができるようになる。一なるものがはじめの救いであり、自らは救いを必要としない。（ナグ・ハマディ文書『アロゲネス』XI, 3.50）

「救い」は人類にとっての最重要項目ではない。「適応」が大事であるのだ。人間は自然界に適応できる。だがそのやり方は、ガイアが他の生き物のために用意しているような生き方ではない。彼女という自然の中で、我々人類は常に革新的でなければならない。これがソフィアの夢見においての「特異点」としての我々の役割である。我々の意外性にこそ、彼女は期待しているのだ。「人間《あなた》なら、きっとやってくれる」と。これこそが秘教徒の真意であった。

そして、アダムに隠されていたエピノイアの閃きが現れる。アルコンが決して手に入れることができない力。これが、ソフィアに足りないものを補う力である。（『ヨハネのアポクリュフォン』20・25）

有史以前から世界各地の先住民族は、自然と他種族のあり方を観察してきた。生き物はどのように環境に馴染むものなのか、その方法を学んできた。父権制宗教は我々に「全有機生命を収容する地球という抽象的な箱庭の世界の中で、互いに競い合い、傷つけあう」という弱肉強食の現実観を押し付けてきた。こうして加害者が一方的に増え続ける仕組みにして、先住民もろとも智慧の遺産を残らず抹消させた。それでもなんとか生き長らえた「生きる価値のある美しい未来」を夢見させてくれる正気の土着信仰ならばまだ見つけられることがあるものの、正直言って、「未完成の動物」の今後の将来を担う物語としては、力不足である。この先我々が生き延びるには、原住民の智慧を復活させるだけでは足りない。自然と他種への愛ある観察、共感、尊敬は、「人間の正しい生き方」について多くを教えてくれるが、この惑星《ほし》で私たちの居場所を見つけ出すには、それ以上の何かが必要なのである。

人間特有の天賦の才といえば「想像力」だ。世界各地域の人々を観察すると、場所によって独自の創造性や革新性を発揮していることが分かる。すなわち「局所的天才性」、あるいは「地元精神」とも言い換えられる才能である。ソフィア神話によると、女神は不死生命力ゾーイに、人類にエピノイアの才を植え付ける任務を課したという。神々から与えられた「神聖想像力」の能力を、我々は体細胞に宿しているのである。ホタルなどが持つ「生物発光」の能力と同じで、生まれつきの能力だ。人間精神には想像力と生命力が複雑に絡み合い、肉体に根付いている。いかに完璧な嘘であれ、その固い結合の前では空論に等しい。

原始人復活の時（贖罪神学の大量感染に抵抗する）

想像力と生命力の結びつきは凄まじい回復力《レジリエンス》を発揮する。歴史自体、特に西欧の歴史がその超絶的な弾力性を証明している。エウロパ先住民の智慧は他の民族（オーストラリアのアボリジニやグリーンランドのイヌイットなど）の智慧よりも優れていたと主張するのは、いささか誤解を招く表現かもしれないが、現に彼らの知恵の遺産は特に際立っていると言って過言ではない。エウロパ先住民たちは生まれつきの天才性を見事なまでに発揮していた。これこそが「社会生態学」の重要部分の体現である。彼らの人生は、神聖な体験で満たされていた。そこには人間以外の種族の世界も無視されずに含まれている。それでいながら自種族の文化の重要性にもきちんと目線が向けられている。社会を支配するよりも「持続」させるようにしたり、他人を政治で支配するのではなく、各人の潜在性を引き出すような指導をしたりと、文化面も重要視していないと実現不可能な生き方を、見事にやってのけていたのである。

人間の精神性《スピリチユアリテイ》の奥深い開発は、土着の秘教団の中で開花した。秘教徒はそれから何千年もかけて秘教学の守り手となって文明をリードし、人間的な芸術、実用科学、生態学的倫理を後世に教え伝えていった。彼らは脅威に対し武力で自衛することを知らず、結果いなくなってしまったが、土着精神は人間の本質であるために、その後も身を隠しながら生き残った。この僅か2000年の重要な時期に、想像力と生命力に満ちた「西欧精神」という天才的精神が再び帰ってきて、贖罪神学の大量感染に抵抗を示している。

スペインの地で土着の智慧の湧き水が噴き上がってきたのは、ヒュパティアの死からわずか3世紀後のことであった。スペインといえばその後、アメリカ大陸の新世界で先住民虐殺を主導した国である。同じ世紀中（紀元622年のイスラムの聖遷《ヒジュラ》を起点とした）、イスラム教徒の台頭によりアラブ神秘主義がヨーロッパに注入された。その影響により、西欧人は斬新な文学と芸術である「騎士道」を生んだ。騎士道的な愛、つまり上品で礼儀正しい純愛というのは、ヨーロッパが中世の最も暗い時期を経験していた中で生まれた、純粋な異教的現象であった。異教的というのは、それは土着の「免疫」現象であったのだ。その時代、封建的なキリスト教やイスラム教の性的アパルトヘイトという、忌むべき性差別教義が跋扈《ばっこ》していた。抑圧に屈しないために生まれた免疫が、騎士道的愛であった。ムーア人（イスラム教徒）の土地アンダルシアでは、「愛と英雄賛美」の高潔な人間精神が発生した。アラブ人の中にも、アブラハム三大宗教の強制に対し自然免疫を獲得した者たちが発生したことを示す出来事だ。最初のトルバドゥール叙事詩『アンタール』は7世紀に書かれた。プロヴァンスとアキテーヌ地域では500年間の騎士道精神の発展があり、そこから詩、音楽、文学の並々ならぬ才能が開花していった。この運動はイタリア、ドイツ、オランダ、イングランドにも広がり、やがて西ヨーロッパ全体に広がっていった。

中世は宮廷風恋愛《アモール・クルトワ》の全盛期で、エウロパの地では人間の才能が救済宗教のウイルスに対して免疫反応を示した。ロマンティックな愛を描くことで父系制宗教の女性差別構造をひっくり返し、騎士たちは名誉を讃えるには女性の存在が欠かせないことを主張するようになった。つまり、古代では女神によって権力譲渡の儀式が行われていたのが、事実上の復活を遂げたのである。アウグスティヌスからアクィナスまで専念してきた宗教的な説教よりも、よほど西洋社会を人間化する出来事であった。『トリスタンとイゾルデ』などの個人的な恋愛物語が、加害者の立場を支持する宗教にとって代わった瞬間であった。「生まれつきであったのか、それとも教えられたのかは分からないが、とにかく異教的な精神がまだ人々の間に根付いていて、情熱的な愛はヨーロッパのキリスト教に抵抗し始めた」こちらは『愛について——エロスとアガペ』を著したドニ・ド・ルージュモンの言葉である。

「戻ってきた異教倫理は、受け入れた人々に自分たちが何に直面しているかを教えた。「ＡＭＯＲ（愛）」の反対は「ＲＯＭＡ（帝国）」だ。『トリスタンとイゾルデ』（紀元１２１０年頃）の作者ゴットフリード・フォン・ストラスブルクは、恋人たちの人間的で肉欲的な情熱の方が聖なるミサよりも強力な「秘跡」であると、宮廷詩人の身で大胆にも宣言した。その後バチカンの執行部が町にやって来て、彼はその日以来姿を消した。事情はお察しの通りと思う。しかし、彼の残したメッセージは、神の愛を生活のどこにも見出せずに途方に暮れていた大勢の信者を鼓舞した。

教皇権全盛期時代の教皇イノケンティウス三世は、旧来のプロヴァンス文化を破壊し、神聖ローマ帝国の権威に公然と反旗を翻した者たちを、反逆の罪に問い、ローマ教皇庁の権威のもとで大虐殺を行なった。紀元1209年のフランス南西部ベジエでは、たった一日で3万人の非武装民間人が殺された。ちょうどその1000年ほど前に起きたフランス中部ブールジュでの大虐殺を思わせる出来事であった。ブールジュの方には教会は絡んでいなかったが、この時は教皇権があからさまに「異端浄化」を合法にしていた。カトリック教会はローマ帝国と同じように大量殺戮命令を下した。ということは、これは単なる教義が倒錯した挙句に起きた残忍な手口の結果ではなく、それを踏み台として先の先まで計画をしていた、裏の権力者の思惑があったということである。しかし、南仏の「愛の文化」が瞬く間に破壊されていった一連の事件は、少数の策謀家の仕業だけとは言えない。それは、巻き込まれた大勢の信者たちが「自分たちが正義」として信じてやまないことを、実行した結果なのである。

第二のエウロパ土着の天才性の復活はルネサンス期に起きた。知識階級による異教文化、文学、作法の再発見が起きたのだ。十字架の下で新世界の征服が進み、旧世界の先住民の中からは祖先が失ったものを取り戻そうとする動きが見え始めた。しかし、この時の先住民の免疫反応は微弱であった。異教徒の真似事だけでは15世紀に及ぶ心理的・歴史的な呪縛を打ち破れなかった。人文主義《ヒューマニズム》は失敗に終わった。原因としては、提唱者たちにアントローポス概念の応用知識が欠けていたこと。そして特に、15世紀もの間、キリスト教が人々の想像力を蝕んでいたので、信仰以前の生活感覚や人間の本質を取り戻すことが、非常に困難であったことだ。

第三の復興の波は、アメリカ革命と時を同じくして「ロマン派運動」の勃興として起きた。だが、人類のための大胆な突破口、神聖な能力である「想像力」の再生を宣言したのは、運動の渦中でほんの一握りの男女だけであった。運動の中心人物の一人が、イギリス人の詩人であり神秘主義者でもあるウィリアム・ブレイクであった。彼は想像性の力をイエス・キリストと同一視していた。もしブレイクがいつもお茶とビスケットを一緒に喫する生活をしていなければ、「中間者と出会った」と主張していたと期待せざるを得ない。cccxiv ロマン派の目的は教義や儀式、制度から解放された、人間の本来の宗教体験を取り戻すことにあった。1775年から1820年までの間、運動は白熱した燃え上がりを見せ、その後ゆっくりと痛みを伴う下降を経て燃え尽きていった。ロシア、イタリア、フランス、スペイン、ドイツ、イギリスのロマン派の反逆者たちが考案した理想世界案はついに実現されなかった。こうしてロマン派は岩礁に乗り上げ、解決した以上に多くの問題を後ろに残していった。それでも魂の生活に深く根ざした土着精神から抽出した智慧の閃き《インスピレーション》は、20世紀になっても多くの心を動かし、それは今でも脈々と受け継がれている。

ロマン派最後の後継者となったのが、アイルランドの神秘主義者Æ、ドイツの詩人ライナー・マリア・リルケ、イギリスの作家D・H・ローレンスなどのポストロマン派と謳われた知識人であった。ロマン派保守主義の多くはケルト人であった。この場合、人種的な意味だけでなく、文化的にもケルト由来であったということだ。元々ケルト人たちはキリスト教が普及する以前も、エウロパの地を文化的に統一しようとしていた。この時もそうだが、本来のケルト精神である「抵抗と創造的人生観の復活」は、何世紀にもわたってヨーロッパで導師的役割を果たしてきた。ケルト文学復興運動は、モダニズム詩の新境地を開いた詩人W・B・イェイツ（ヨーロッパにおける秘教学復興の重要人物でもあった）が主導した運動だが、彼がロマン派の最高峰であったと言っても過言ではない。

ロマン派後の小説家で詩人であったD・H・ローレンスは、結核で亡くなる前の最後の三ヶ月間に本書でも何度か引用した『黙示録』の聖書論を書いた。人生を終えるまでの最後の時間を過ごす間も、最後まで彼の関心は2000年も前に失われた異教徒の人生観を取り戻すことに集中していた。彼についての伝記には、次のように書かれている。「ローレンスがやりたかったのは、現代人が太古の異教徒の人生観を忘れているということを認めさせることだ。だから、古い民間宗教の人生観を、現代の人々に思い出させようとする本を書いた」cccxxv

ディープエコロジーの第一人者であるドロレス・ラシャペルの『未来の原始人』では、ローレンスの思想がこれからの人類の人生観と、新しい生態学《エコロジー》を先取りしていたとして、未来の「ガイア人的視点」について説いた。ローレンスの残した最後の小説『チャタレイ夫人の恋人』は、風紀を乱すとして有害図書指定された。だが、社会に蔓延する「偶像への愛」や「物知り自慢」などの、上辺だけの知識人を騙った「社会正義の教え」の強制よりは、ローレンスの道の方がよほど道徳的と言える。cccxxvi「他人は他人であって、自分ではない」という、個人意識だけの自己同一性が有害な社会病であることをローレンスは知っていた。彼ほど鋭い洞察力を持ったロマン派は珍しかったが、自然界に対するエロティックな感覚をここまで自然に表現できたのは、彼を除いて他に例を見ない。この感覚こそ、先住民にとっては普通の感覚であった。もう一人のロマン派詩人ウィリアム・ワーズワースは、多くの自然賛美の神秘主義的表現を残し、現代の生態学人気の火付け役と評されることもある。ニール・エバーデンはロマン派について「従来の信念だけでなく、信念を形成するプロセスそのものに挑戦した偉人たち」と述べている。戦いはまだ終わっていない。ヨーロッパには、まだ征服者のウイルスに抵抗できるだけの、「生得活力」がまだ残っているのだろうか。

静寂の知（女神の秘儀の現代への復活）

西洋文明は重い病気に罹っている。ここでは悪い報せが良い報せになる。知りたくない真実である、自分たち人間の逸脱歴史。それを知ることで、私たちは再びソフィアの修正に参加できる。グローバル社会が経験している、加害者を生み出し続ける宗教という社会病からの、我々自身の卒業となる「知」が、これである。父権主義宗教は我々に何を残したか？　それは、100世代にもわたる育児放棄、あるいは家庭内暴力だ。いつかは克服しなければならない。家庭はもうとっくに崩壊していたのだ。そして、ここ30年は多くの人々に目覚めが見られた。明るい未来へ期待が膨らむのを否定できない。

女神の秘儀の現代への復活は、魔法のように一瞬では起こらない。これは妄想ではなく、現実的な、目下の我々の課題なのである。ユートピアを妄想することではないし、与えられた力でなんでも簡単に解決するファンタジーでもない。本当の意味で、最後まで「人間とはなんなのか？」を問い続けた人生探究者の果たすべき使命である。ヒュパティアの殺害事件とともに始まった暗黒時代は、まだ終わっていない。今がカリ・ユガの最終章である。この最終章には、始まりと終わりがある。古い伝承が云った。「何人かは霊的な正道を歩むことで例外的な利を得るが、ほとんどは極端な社会的衰退と退化を経験する」問題は、智慧の女神の呼びかけに応えられるかどうかだ。沈黙の知から感じとることができるかどうかだ。その静寂には、確かに生きている光の声がある。光の教えの源泉が、そこにある。崇高な神秘の「電気的火」と「完静した心」による教え（ナグ・ハマディ文書Ⅵ、２）。それを現実世界で記録していった秘教徒のように、地球が生きていることを知り、その声に応えようとする者は、まだいるか？

我は知り得ない沈黙であり　時として思い出される知である
我は無限の音を出す声であり　多彩な形を表現する
我は我が名を表す言葉である
我はギリシャ人にとってのソフィア
未開人にとってはグノーシスである
どこまでも嫌われて　どこまでも愛されてきた者である
信じる神はなく　我が神性は一つきりではない女である
想われ　軽蔑されたのは我である
我は無学である　ゆえに我から学べ

我は我が求めし覚知であり　それを求める者は我を見つけるだろう。

謝辞

ヨーロッパへ避難場所を提供してくれ、かつ私の子供時代にはなかった、温かな幸福の住居を与えてくれたシャンタル・バレンティン・デボックさんに感謝の意を表明します。彼女の無類の配慮と忍耐と献身なしには、本書が世に出ることはなかったでしょう。Merci infiniment, 'tit tresor. あなたのおかげで西欧人の本当の歴史の第一章を書くことができました。

他にも私の知人や、名前も知らない、これから会うこともないであろう無数の人々にも、感謝を述べさせてください。皆様からインスピレーションとサポートをいただけたことで、本書がこうして出来上がりました。生徒の皆様がいなければ、私は皆様にとっての先生になれませんでした。私の傲慢を許容してくださり、私の冗談に笑ってくれて、私の思春期の気まぐれに耐えてくれて、ありがとうございます。そしてソフィアの未来展望を理解できず、受け入れらず、私の前に立ちはだかってきた方々にも、感謝申し上げます。1996年のネパールのポカラで、母なるヒマラヤ山脈から頂いた感謝の念を、地球上の多くの多様性を持つ人々にお送りします。こちらは単なる形だけの謝辞ではなく、心の中で認識された至高の寛大さを言葉にしたものです。だから、皆様には天の眼差し（ザンツァ・リングツーン）の究極の祝福を送らせていただきます。

ジョン・ラム・ラッシュ筆
女神バイラヴィの通過が起きた２０１３年秋、アンダルシアにて

用語集

ここでは、本書中に出てくる専門用語をアルファベット順に短く簡潔に解説してゆく。

【アブラハム系宗教　Abrahamic religions】ユダヤ教、キリスト教、イスラム教の一神教、父系制的価値観、歴史を一本の直線時間軸として捉え、道徳規範は神が定めたものとし、救い主が人の罪を贖ってくれるという思想の、女性蔑視の、支配者が常に政治的に有利で、人間は自然より優れた種であるので支配していいという、共通の信念体系を特徴とする宗教のこと。

【作用的　actional】人生経験と心理に内在する宇宙的過程を表すに使う造語。この場合、心と宇宙がお互いを映し出すという関係性にあることは実際の作用であり、宇宙的に制定済みであり、性質として相互作用的であり、受動的で静的な反射作用のことではなく、ただの比喩や象徴的な「対応関係」ではなく、実際に起きる行動を示す。

【熟練者　adept】高度な知覚と霊能力を使用できるまでに修行を積んだ行為の人物を表す用語。

「シッダ」と同じ。

【アイオーン　Aeon】イオンとも。ギリシャ語で「神」「神性」「過程」「発散」「時間周期」を意味する。グノーシス用語で全宇宙に遍在する意識であり、生気を入れて生命を動かす宇宙的過程である。アイオーンは聖書の父神のような物理的建造ではなく、「夢見」によって感覚を通して感じる世界を顕在化する。

【絶滅神学　annihilation theology】人類を救うためには、人類の絶滅もやむを得ないとする宗教的な考え。地上の自然界が破壊された後、救われし者たちは「新たな天国のような大地」に移り住み、罪を咎められた者たちは地獄に落ちると信じる。そして神の報いを受ける贖罪者の物語への登場を必要とする。

【アヌンナキ文書　Annunaki script】紀元前1600年頃の古代シュメール文明における石板に楔形文字で書かれた物語。地球に降りてきて、人間のゲノムを変え、人間と交配し、先進文明の技術を教えたことで神のように崇められた地球外種族が描写されている。「神権政治」にとっては模範的神話となっている。

【アノミア　anomia】ギリシャ語で「異常」を表し、「アルコン」による道徳的・心理的逸脱効果を示すグノーシス用語。

【アントローポス　Anthropos】ギリシャ語で「人間性」「人間種」を表す。秘教学の慣用句としては、「銀河中心（プレローマ）」のアイオーンが星間宇宙空間に放出した、複雑性を持つ人間ゲノムまたは種のテンプレートを持つ「胞子」のこと。ヒトという生き物の宇宙的生成基盤。

【反宇宙的　anticosmic】肉体を拒絶し、物質的なことを悪と非難する世界観を持つこと。グノーシス主義はこの考えを適用していると、世間からしばしば誤解される。

【アパトン　apaton】ギリシャ語で「欺瞞」を表す。グノーシス主義がアルコンの主な活動を表すための用語。

【アポカリプス　apocalypse】ギリシャ語で「封印解除」を表す。世間では、一回きりの「世界の終わり」の物語を示す。死海文書に書かれた古代ペルシャ発の「本源分裂二元論」の宇宙論がその典型。生命力は永遠に死と再生を周期的に繰り返すという、異教の秘教学には存在しない概念。

【アルコン　Archons】アルコーン、アーコンとも。ギリシャ語で「主要」「最初からの」を表す。ソフィアが地球になる前、素粒子に彼女が衝突した際に発生した無機質種族。太陽系全般に生息し、計算高く、仮想現実の心理テクノロジーに秀で、心理ステルス技術で人類の精神に侵入し、贖罪宗教という思想ウイルスを広めたサイボーグ種族。人間の過ちを修正できる範囲を超えて誇張させる、心の内側にいる介入力。ジャック・ヴァレが「欺瞞の使者」と呼ぶ存在。

【アシェラ　Asherah】古代カナン人にとっての木の女神、あるいは後に父神が人間に拝むのを禁じた神聖な森の代わりに、儀式用に木で象った女神偶像。ユダヤ教のメノラー（七枝の燭台）の原型。

【オートゲネス　autogenes】ギリシア語で「自己生成」「自己増殖」を表す。グノーシス用語で宇宙自然界の自己組織的、自己調節作用を示す。「創発 emergence」の項目も参照されたし。

【アバター　avatar】サンスクリット語で「降臨者」を表す。ヴィシュヌ神は十の姿で化身《アヴァターラ》で降りてくると言われるように、ヒンドゥー教神話では人類が危機に陥った時に救出のために地上に降臨するとされる神を示す言葉。大枠では「神性化身」を意味する。

【ベナール・セル　Bénard cells】ベナール渦とも。大気中の乱流あるいは生命生活圏に自然発生的に形成される六角形の集合体で、よく知られる散逸構造の一つ。「中間者（メソテース）」と関連性あり。

【生物神秘主義　biomysticism】「クンダリーニ」・ヨガ、トランスやダンス、神聖な性的交わり、幻覚作用のある植物「エンセオジェン」の摂取など、実践的手法で生命力の探求をし、自然界の流れを明確にしていくことを目的とする考えのこと。

【菩薩　bodhisattva】サンスクリット語で「調和のとれた覚醒」を表す。大乗仏教の倫理的理想像で紀元前200年頃に定義された。グノーシス主義でいう「啓示者」との関連性も見られる。凡庸世界から目を背けた世捨て人ではなく、全ての衆生を妄想から解放すべく、自己解放を差し控えることを決めた者。この決定を「菩薩の誓い」と言う。

【カオス理論　chaos, chaos theory】「創発 emergence」を参照されたし。

【キリスト　Christ】ヘブライ語の「メシア（油注がれし者）」をギリシャ語訳した言葉「クリストス」に由来する名。キリスト教の神学においては人間の形をしていて、人類史に実在の人物として登場し、人類を罪から贖うために神に遣わされた「唯一の神の息子」とされる。「救済者コンプレックス」の対象人物。ナザレのイエスと呼ばれる歴史上の人物として転生したとされる。つまり人間と神のハイブリッドであり、イエス（人間性）・キリスト（神性）の象徴名を冠す。人間の究極的模範とされ、世界的に人間性の神性的発露と信じられている。神の「犠牲（スケープゴート）」。

【クリストス　Christos】ギリシャ語で「油注がれし者」を表す。秘教学においては「銀河母体（プレローマ）」の神性であり、聖なる恵み（キリスト教の一部教派では「堅信」とされる）、つまりソフィアとテレーテが設定した「特異性（シンギュラリティ）」を、密封して外に送り出す役目を持つ。ヴァレンティノスの思索によると、アイオーン・クリストスもまた地球生命圏を組織化するソフィアの手助けをしたとされ、これを「キリストの仲裁」としている。一方でセト（セツ、セス）派によると、仲裁をしたのは「集積者エクレシア」であるという。「共生者 Symbiont」の項も参照されたし。

【教父　Church Fathers】初期のキリスト教の思想家。グノーシス主義者などの神秘主義者に対し、逸脱しつつも精巧な議論で「論争」を持ち出した人物の総称。

【共進化　coevolution】相補的かつ共生的な方法で、共に進化すること。

【複雑性・複雑性理論　complexity, complexity theory】現代の「カオス理論」の呼称。「創発emergence」の項を参照されたし。

【コプト文字　Coptic】紀元100年頃にエジプト人書記者によって発明されたコプト語の速記用文字。ギリシャ語のアルファベット（大文字のみ）に、エジプト文字のデモティック（民衆文字）から六つの文字を加えたもの。現存するグノーシス文書は、ギリシャ語原典をコプト語訳したもの。

【聖別　consecration】異教徒の秘儀における最高の目的であり、儀礼を通過した者はガイアとの共進化へと奉献しつつも、人間という可能性を最大限に引き出す導師役としても献身することになる。元々は「力を与えられる」という意味であり、「神格化」の意味ではない。

【修正　correction】逸脱を矯正・補正すること。ギリシャ語の「矯正（ディオトーシス）」のこと。グノーシス主義用語としては、女神ソフィア（自己創出的な惑星叡智）の出身地である宇宙的起源と地球上の生命を再接続するための献身のこと。外部神による救済主義の契約とは著しく異なる。

【偽りの神　counterfeiting god】グノーシス用語でデミウルゴス、つまりヤハウェ（エホバ）のこと。

【模造　countermimicry】ギリシャ語の「偽造《アンテイミモン》」のこと。グノーシス用語としては、盗んできたアイデアや価値観を否定的な意味合いにしたり、曲解したり、逆の意味になるように具現化することを表す。真正なものの本来の価値観を歪めたり、逆の意味にしたりする「偽物」を差し込むこと。

【十字架神学　cross theology】贖罪宗教思想を指す学者たちのスラング。

【死海文書　Dead Sea Scrolls】古代ユダヤ人たちのカルト集団「ゼデク派教団」の物的証言。羊皮紙にヘブライ語とアラム語で書かれた、初期キリスト教の「救済主義」の様相を示す資料。紀元前268年から紀元68年にかけて、エルサレムから南東48キロメートル先にある死海のほとりに構えられたゼデク派教団の主要前哨基地がローマ人に破壊された後に残されたもの。

【ディープ・エコロジー　deep ecology】自然界には人間による利用、あるいは人間がいるいないに関わらず、本質的な価値があると主張する社会倫理哲学。1970年代にアルネ・ネスとジョージ・セッションズが八つの項目の自然回帰プログラムとして提唱したのが始まり。欲望を満たすために人間が自然を保護しなければならないとする「浅はかな環境学《シャローエコロジー》」とは対照的な思想。

【神格化　deification】神位への昇格のこと。異教密儀では、心身で感じる悟りの光と出会うが、これを自分が神になるためと儀式の真意を誤解釈した考えが原因と思われる。「自己認識 identification」の項も参照されたし。

【デーマ界　dema】「素粒子密集帯（dense elementary matter arrays）」の略称。銀河系内に循環している無機質素粒子の場のことで、有機質で満たされる銀河核とは区別される。ディラックの「量子泡」に相当すると考えられる。

【デメテル　Demeter】デーメーテールとも。ギリシャ・ラテン語で「神母（dea-mater）」を表す。エレウシスの秘儀の守護神であり、神聖植物を使った精神作用のある調合剤の秘密を人間に教えた古代エウロパの女神。娘は冥界の女王ペルセポネーで「コレー（乙女）」とも呼ばれる。

【デミウルゴス　Demiurge】名前の意味は「半人前」「未熟」であり、これは既存のものを模造し、自分では何も生み出せない不完全な存在であることからそう呼ばれたため。「アルコン」たちのリーダー格で、サクラス（愚者）、サマエル（盲目）、「ヤルダバオート」とも呼ばれる。物質世界の創造者であると主張し、被造物に服従を求める偽の神。聖書に登場する父神ヤハウエ＝エホバと同一視される。

【ディアノイア　dianoia】ギリシャ語で「心を通して」を表す。神性知性「ヌース」による判断、推理力や認識のこと。自然界の自己意識で考える能力を指すのであって、自然界から切り離された自己意識で現象を分析することではない。「心を通して」自然を観察し、そこで視えたものと対話する能力。

【指示台本　directive script】語られた物語に自己投影した者が、その行間に組み込まれた信念体系に突き動かされる仕組みになっている物語の総称。

【支配者文化　dominator culture】リーアン・アイスラーやテレンス・マッケナが提案した用語で、権威主義的な民衆支配、中央集権的な組織、性別で階層分けし、自然は征服するものという思想、贖罪宗教の押し付けを含む、父権制社会的、文化的な支配構造のこと。

【夢見　dreaming】ドリームタイム、すなわち「永遠の今」に共感し想像するというアボリジニ文化の人類学的用語。宇宙的形成力が自然界と人間精神を形成していく過程であり、時間を超越した創造プロセス。現代物理学、数学、そして生物学では「発散」と呼ばれる。

【エコフェミニズム　ecofeminism】フランス人社会学者フランソワーズ・ドーボンヌが1974年に提唱した用語で、「自然を支配することは女性を支配することである」という主張が特徴。

【エコロジー　ecology】生態学。ギリシャ語で「家庭の科学」または「生息環境」を表す。生物と住む環境との相互関係性を研究する学問。本書では、この言葉で昨今の「エコ」や「地球に優しい」と謳う文化的・社会的・経済的な思想や活動などを指してはいない。

【エコソフィー　ecosophy】生態哲学。文字通り訳すと「生態知恵」人間種は自然界において他種族を支配できる上級種ではないということを前提とし、自然界と和解して調和のとれた生活を送るための知恵を求める学術用語として、アルネ・ネスが提唱した造語。

【エゴの死　ego death】異教の密儀で、個我の自己意識を一時的に喪失させることで自然界と溶け合い、快楽と忘我の恍惚状態に浸る通過儀礼《イニシエーション》。

【8　Eight, the Eighth】数字の第八。ギリシャ語で「オグドアド」。グノーシス主義では「黄道帯」、あるいは秘教団の幕内の仕事を担当する八人のメンバーを表す用語として用いられる。

【エクレシア　Ekklesia】ギリシャ語で「集積者」「かき集め役」を表す。ソフィアの地球生命圏の管理をサポートするために銀河中心から来たアイオーンのこと。役目を終えた後は、プレローマに帰って行ったが、謎多き徴《しるし》「共生者　Symbiont」を残していった。

【エレウシス　Eleusis】アテネの西方にある聖地で、キリスト教が始まる数千年も前から女神デメテルに捧げられたエレウシスの秘儀が行われていた場所。秘儀が実際に行われていた証拠もある場所としては、ヨーロッパ中で最も有名であり、関連する古文書も多く残っている。文書もなく用途不明でありながら有名なストーンヘンジとは対照的な遺跡。

【発散理論　emanation theory】感覚で感じる物質界は、充満した純粋意識という母体から溢れ発散して自然発生的に生じたとする、東洋の形而上学的概念。「夢見」の項も参照されたし。

【創発　emergence】現代的な用法としては、共有母体（深層構造界）の中で生命と意識が発展していくことを指す用語。その母体の中で、新要素が常に生まれては、全体の統合を目指して現出してゆく。

【創発神話　emergence myth】聖書の創造神話やダーウィンの進化神話とは別様の、ソフィア神話を表す用語。

【エンノイア　ennoia】ギリシャ語で「精神的意図」を表す。秘教学では、アイオーンが感覚的世界を生成し、その世界に自然発生的で自由形質の創造性の特性を吹き込んだ「創造意図の力」を示す用語。人間的な観点で言えば、自発的な行為を生み、目標へと導く「神的意図」、「自由意志」のこと。

【エンセオジェン　entheogen】エンテオゲンとも。文字通りに訳すと「内なる神性の生成」を表す。精神作用のある植物や菌類を表す用語。その摂取により人の意識は自然界にある神性へと開放される。

【エピノイア（の閃き）　epinoia, the luminous epinoia】文字通りに訳すと「超知性」を表す。秘教学では、ただの妄想や絵空事とは違い、その創造力を共進化という大義のために使用できる人間の能力のことを示す用語。

【エラー論　error theory】グノーシス主義の中でも非常に大事な概念。人間は間違いを犯すことによって進化するが、間違いが発見され修正されなかった場合、種が持つ特有の可能性から逸脱する危険にさらされることになる。その点において人間は他の種族と比べエラー（過ち）が自他の運命に与える影響が大きいと言える。「アルコン」は人間の犯した間違いを、度を越したものにして修正不可にすることから、この理論と密接に関連している。

【エーテル的キリスト　Etheric Christ】ルドルフ・シュタイナーが「中間者」を表すために導入したニューエイジ系用語。

【エウロパ　Europa】キリスト教が導入される以前のヨーロッパのこと。シェトランド諸島（スコットランド）やオークニー諸島（イギリス北部諸島）からイベリア半島の先端まで、フランスのブルターニュから東に向かってボスポラス海峡（トルコ北西部）までの領域を示す。それに加え、地中海北部の盆地やクレタ島、シチリア島、コルシカ島、サルデーニャ島、マルタ島、マヨルカ島、ギリシャの島々も含む。

【エウロパ人　Europans】キリスト教が導入される以前のヨーロッパに住んでいた先住民族。

【悪　evil】生命力を阻害するものの総称。人間の過ちによって生み出され、グノーシス主義にとっては回避可能なものとするが、ゾロアスター教などの二元論にとって、この世は宇宙の本源が二つに分裂して生まれた「本源分裂二元論」を信じているため、善と同じく悪はこの世界に必要な力だとしている。

【フラクタル　fractals】異なる規模における同様のパターンを表す。コンピュータに入力された方程式で生成され、各方程式の結果が次の方程式に反映される（反復《イテレーション》）でパターンが形成されていく。自然界に見られる共通の形成や（植物全体の形を再現するシダの枝のパターンなど）、大気中の流れに共通の構造が表される過程の、秘密であると考えられている。

【ガイア　Gaia】語源はギリシャ語の「土（Gê）」。古代ギリシャの詩人ヘシオドスの作品に出てくる「地球」の古称。ノーベル賞作家ウィリアム・ゴールディングが提案した言葉を作家ジェームズ・ラヴロックが採用したことで世間に知られるようになる。ディープエコロジーの主要活動家ドロレス・ラシャペルは旧来の父権制的な目論見があるとし、「抽象化が過ぎる」として、この言葉の使用を拒絶している。コプト文字では「ＫＡＺ」と書く。

【ガイア理論　Gaia theory】旧称「ガイア仮説」定義としては、地球上の生物および非生命要素の全ては元々単一の存在であり、生物の生命活動と成長が環境に対してただ受動的に起きるのではなく、環境に適応して全体として自己制御している一つの系であるとする論説。大気成分や酸性とアルカリ性の比率、海水の塩分濃度、それから温度などはガイア論的な自己調整、すなわち生命が地球を生命に適した環境にするよう調整している結果である。さらに地球は、そこに生息する生命体と調和するように生きている、感覚を持つ超有機体であるという考え方をする。

【ガイア・ソフィア原理　Gaia-Sophia principle】人間の生存本能と道徳的感覚は元々同一の能力として備わっているという主張を説明するための用語。根底には人間の善意と協力性が、残虐で生存のための闘争と結びつけられがちな「生存本能」とも、むしろ適合しているというディープエコロジー的な概念がある。それに加え、人類が自然、つまり他の種族とも親密な関係を結ばない限りは真の道徳性を得ることは不可能であると想定している。

【ジェノサイド　genocide】特定の人種や文化を意図的に集団殺害すること。または人類そのものを含む、種そのものの抹消プロセスを表す。

【グノーシス　Gnosis】覚知。ギリシャ語で「神のように知る」を表す。「知る」ということについて、時代と場所を問わない、「認知」の最高位とされている。ノエティック科学における達成目標。

【グノーシス主義者　Gnostic】ギリシア語で「gnostikos（複数形はgnostikoi）」、つまり「神の知ることを知る者」を表す。大まかに言うと異教の知識人のことだが、具体的には秘教学校の秘教教育人たち（telestai）を示す。プラトンは国家運営や社会統制の専門家、あるいは「神権政治家」の特別顧問を表す言葉として使用したが、秘教徒らはその用法を不適切だとして否定している。教父らは「ずる賢い」や「知ったかぶり」といった侮蔑の意味でこの言葉を使っていた。

【女神の秘儀　goddess mystique】ガイア理論に沿って発生したアニミズム的、神秘思想的、神話的或いは宗教的な概念の総称。

【神と自己の同一視　God-self equation】ギリシア教父アレクサンドリアのクレメンスが主張した、グノーシス主義者とは内側で神を悟った人であるという、誤った考えのこと。または、グノーシス主義とは、我々人間の本質は神聖というよりは実際に神であると教えているのだという考え。現在のグノーシス主義を名乗るニューエイジ思想が広くこの主張をしている。「エゴの死　ego death」や「自己認識　identification」の項も参考されたし。

【ＨＡＬ】コプト語で「シミュレーション」の意。「アルコン」の必殺技であり、ほぼ検知不可能な仮想世界に相手を閉じ込める力。

【ヘブドマド　Hebdomad】秘教学では地球以外の七つの惑星系、つまり「アルコン」たちとその長「デミウルゴス」（ヤハウェ・エホバ）の世界を表す用語。

【ヒエロス・ガモス　hieros gamos】「神聖な合体　sacred mating」を参照されたし。

【ヘレニズム時代　Hellenistic era】紀元前323年のアレキサンダー大王の死から紀元前30年までの期間を表す。帝国の南西部を継承した最後のプトレマイオス朝のファラオであるクレオパトラ七世は、コブラに自らの体を噛ませて自殺したという。

【異端　heresy】語源はギリシャ語の「選ぶ（heraisthai）」から。さまざまな教義思想を吟味してから自らの意志で入信を選択した教えを表す。他の選択肢を排除して信仰の対象を独占したり押し付けたりする正統的信仰とは異なる。異端者《ヘレティック》とはすなわち、何を信じるかを自分で選択する人の形容詞である。

【ヘルマス　Hermas】シュメール人の羊飼いの男神タンムズの俗称。生まれたばかりの子羊を肩に乗せている姿で描かれる。「魚座の時代」を表すアイコンとしてグノーシス主義者が最初に採用したものの、後にキリスト教によって仔羊なしで「敬虔な教徒像」として盗用される。

【ヘルメス文書　Hermetica】エジプトの秘教学における大司祭の位である「ヘルメス」の人物によって書かれたとされる文書のこと。グノーシス主義と似通った部分がある。15世紀に東ローマ帝国（ビザンツ帝国）の学者プレトンによって再発見された。

【大司祭　hierophant】大祭司、教皇、司祭長、ヒエロファントとも。ギリシャ語で「神聖を示す者」を表す。秘教学では、生徒たちを有機光に会わせた秘教徒の指導者を表す。

【ハイパーセプション　hyperception】密儀の中で、知覚が増強または集中するときを示す秘教学用語。カスタネダはこれを「高められた知覚」と言い表す。

【思想ウイルス　ideological virus】ユダヤ教、キリスト教、イスラム教に共通する救済主義的な信念体系の類推《アナロジー》。

【自己認識　identification】ディープエコロジーにとっては、自然界への共感を高めていくことで自己認識を拡大すること。秘教学はそれを、自己像の放棄によってのみ達成できる偉業としている。「エゴの死　ego death」の項も参照されたし。

【イルミナティ　Illuminati】古代においては「神権政治家」の顧問や舵取りをし、元は太母の巫女の仕事であった聖王への権限譲渡などの執務を代わりに行なった似非グノーシス主義者を指し、彼らを軽蔑をこめて呼ぶ際に使用される現代用語。プラトンはこうした者たちを「グノースティコイ」、「特別顧問」、「専門家」など、「高貴な嘘」の扱い方を心得る者として、信頼を寄せていた。

【基盤感覚　infrasensory】分子化学などの自然界を支える内なる働きを感じ取れるように改変された知覚を示す用語。外界に具体化した事象を五感によって感じ取ることとは異なる。つまり、五感が通常伝える情報以外の感覚的情報のこと。ゲーテはこれを知覚が「別次元で捉えること」と言い表している。

【秘教徒　initiate】文明的な生活技術、神々の性質、未知の世界、宇宙論、人類学などを教えた秘伝の番人。「求道者 telestes」と同義。

【秘儀参入　initiation】ラテン語の「始める（initiare）」が語源であり、ギリシャ語で「終わる、完遂する、達成する（telein）」の反対語である。人間の潜在性を引き出すという目的達成のため、そしてソフィアという生きる知性体との相互作用によって自然と共に進化を目指すための、古代の訓練法。

【仲裁人　Intermediary】人間と多種族の間を仲介する神秘的存在。アメリカ先住民族にとっての超自然的な力である「マニトゥ」に相当する。「共生者　Symbiont」の項も参照されたし。

【エホバ　Jehovah】ユダヤ教・キリスト教にとっての父神であり、グノーシス派にとっては狂ったアルコンの長である「ヤルダバオート」のことを指す。ヘブライ語の名前は「デミウルゴス」。

【イエス　Jesus】ヘブライ語でイェシュア。西暦紀元1世紀に実在していたとされる人物で、当時のいわゆるヒッピーのリーダーような、ヒーラー的存在と考えられており、急進的なラビであり、エッセネ派の伝道者であり、カシミール地方から来たヨギであり、イスラエルでの王位継承者と目された人物であり、ゼデク派教団のテロリストであり、ユダヤ人たちが待望した救世主であり、魔術師であり、洗礼者ヨハネの役割を不当に奪った偽教祖であり、グノーシス主義の秘教徒であり、ユダヤ人神秘主義者であり、金星から来た宇宙人であり、人の形をした神性としては唯一の受肉者とされている。「生きるイエス　living Jesus」の項も参照されたし。

【ケドシム　Kedoshim】ヘブライ語で「輝かしい」や「聖天使」を表す。死海文書では天の戦車を駆り光の子たちに仇なす闇の子たちと最後の戦いを繰り広げるという超自然的存在。

【コイノノス　koinonos】ギリシャ語で「仲間」または「伴侶」を表す。マグダラのマリアを表す用語。

【KROG】コプト語で「詐欺」や「不正」を表す。「アルコン」が人間の過ちを悪へと導くという、最も陰湿な惑わしの力。

【クンダリーニ　Kundalini】サンスクリット語で「渦巻く力」、「下部」または「小っちゃなクンダ」の意味。東洋の実践ヨガやタントラ秘伝においては、人体に隠れ住む超生命力とされ、DNAのもつれを引き起こしている存在だと考えられている。そしてクンダリーニが目覚めると絶頂感の感覚と共に「悟り」、言い換えると「ハイパーセプション」を開き、細胞記憶が蘇るという。マハクンダの小宇宙的な側面であり、地球の蛇の力（生命電磁場）であると考えられている。

【キュケオーン　kykeon】エレウシスの秘儀で使用された特殊な調合剤のギリシャ語名。発酵させた麦から抽出された精神作用物質「エルゴ（麦角菌）」に、消化を助けるために加えられたハーブであるペニーロイヤルミント（メグサハッカ）でできている。

【生きているイエス　living Jesus】コプト語の「IS ETONE」の逐語訳。正確に訳すなら「永遠の治癒者」となる。アイオーン「エクレシア」が地球生命圏へ介入した際、プラズマ的な印象が残されていった。それは一定期間の人類史に実在した人物のことを指すのではなく、始まりも終わりもない超自然的な存在のことを示している。

【エピノイアの閃き　luminous epinoia】「エピノイア　epinoia」と「ゾーイ　Zoe」の項を参照されたし。

【マカバイ反乱戦争　Maccabean revolt】紀元前168年のパレスチナで、あるユダヤ人暴徒によるユダヤ人司祭の殺害をきっかけとして起きたユダヤ人の民衆闘争。反乱は紀元前63年まで、ハスモン朝の始まる前から終わりまで続いた。その後抗争がまたも活性化するも、紀元70年にエルサレムが皇帝ティトゥスに壊滅させられ、ユダヤ人全員が街から追放されたことで収束した。インティファーダのユダヤ人版。

【マギ教団　Magian order】魔法使い（マギ）の語源であり、「高度な領域と接触できる者」や「大宇宙と交信する者」を表す。現在のイラン北西部で紀元前6000年頃に成立した先史時代のシャーマン司祭の教団。ゾロアスター教徒であったとされ、その地は後のグノーシス運動の地理的・文化的起源となった。つまり、ガイアと共進化を遂げることや、人類に教育を施す神聖な目的を誓った秘教団の最初の設立者であり、秘教学の守護者集団であった。よく混合されるが、政治界に進出し社会工学《ソーシャルエンジニアリング》を推し進める、いわゆる「イルミナティ」の黒魔術団とは区別されるべき存在である。

【マソラ本文　Masoretic Bible】ヘブライ語で書かれた標準旧約聖書の中でも現存する最古の完全な文書。紀元前1008年に書かれた写本。

【マーヤー　maya】サンスクリット語で「外見」「幻影」を表す。よく「錯覚」と誤解される。外見に縛られない物事の本質が鏡に反射されて映し出されるように現れるという意味での「霊的出現」のこと。例えば鏡の中には入れないが、鏡に映ることはできる。これが幻力《マーヤー》である。

【メルキゼデク　Melchizedek】ヘブライ語で「正義の王子」を表す。聖書で部族の長アブラハムに「選ばれし民」としての使命を授ける、突然現れた「親なし」の怪人物。聖パウロは彼のことを「キリストに油注ぎし者」、つまり救世主の背後に隠れた実権者であると評している。死海の「ゼデク派教団」にとっての霊的最高権威であり、神の報いの執行者。「ナーシー」とも呼ばれる。

【メシア　messiah】ヘブライ語で「油注がれし王」を表す。ユダヤ教特有な考えである「戦士王」であり、パレスチナにユダヤ人独立国家を打ち立て統治するとされる存在。もともとは古代の「王」の称号名で、神性を意味する名前ではない。芳香性のある聖油を塗るなどの「塗油式」は部族の次期族長となる男性に王権を授けるための儀礼として行われていたが、そのさらに前の時代には、太母神の巫女と次期王者候補の男性との間の「神聖な合体」の際に身体の一部に塗油が行われていた。キリスト教は父神によって地上に遣わされ、血の儀式をもって世界を救い、神の愛の伝言役とされた一人息子のことをメシアと呼んだ。この世の終わりに再び現世に表れることを期待されている神の復讐の使いであると信じられている。

【メソテース　Mesotes】中間者。仲介人。人類と他種族とを繋げる役割を持つ、眼には見えない空気のような存在。「種としての自己認識」への到達をサポートする。「共生者」の介入の残像が地球生命圏に残ったもの。「ベナール・セル」として現れる。

【メタノイア　metanoia】ギリシャ語で「知を超越する」を表す。「ヌース」の一部であり、知られる範囲を（メタ的に）超えて、知ることを指す。人の世界観や精神的見地はなにかの信念や規範に基づいていることが常であるので、固定観念を超えて、回心することをいう。

【モノゲネス monogenes】独生子。単一起源。ギリシャ語で「単一生成」を表す。人間の持つ可能性を宇宙的「特異点」として理解するグノーシス用語。特に失敗を多く繰り返し、その度に改善し、目標へと向かっていく人間の力を指している。

【一神教 monotheism】他の神々の存在を前提としながらも、その内の一柱を主神として崇拝する「単一神教」とは異なり、一人の神以外の神は認めないとする信仰形態。元々はユダヤ教も一神教ではなく、単一神教であった。

【秘儀 Mysteries】ギリシャ語の動詞「沈黙する、口を閉ざす、つぶやく（muein）」が語源。自然との快楽と忘我の交わりの儀式であり、キリスト教到来以前のヨーロッパや近東での土着女神信仰やシャーマニズムが生んだ伝統行事。文学、科学、芸術、工芸など、紀元前600年以降の古代世界のあらゆる教育機関の基盤となった。

【秘教団 Mystery cell】人類の進化のための計画に密かに取り組んできた中核メンバーと、その計画を外界に向けて文学、教育、職業訓練の形で伝える実行部隊のメンバーで構成される精鋭集団。エレウシスの遺跡にある16枚の花弁を持つロゼットの装飾に見られるように、通常は

16人一組で、男女8人ずつで構成される。

【ミステリースクール　Mystery School】秘教学校。現代でいうところの教育センターやキャンパスであり、それぞれの信仰に応じた寺院・神殿・殿堂に付属する。図書館、ワークショップ、体育館、それからアゴラ（講義や議論に使われる公共広場）などが併設されていた。

【秘教徒　mystes】小秘儀、大秘儀に関わらず、秘法を授かりし者のことをこう呼ぶ。

【神秘主義　mysticism】人智を超えた直観的で超現実的な体験の中で、天界の要素や神の心を見出そうとする思想。その中であらゆる存在との一体感を得ることを「感覚の海に浮かぶ」と言い表すことが多い。「生物神秘主義　biomysticism」の項も参照されたし。

【ナグ・ハマディ文書　Nag Hammadi Library】略称は「ＮＨＬ」。ナグ・ハマディ写本（ＮＨＣ）とも。13冊の革製冊子からなるコプト語で書かれた52の古文書。１９４５年12月に上エジプトで発見された。紀元１５０年から３５０年の間にエジプトと近東に、実に数多くのグノーシス派閥が存在していたことを示す資料の、原本であると認識されている。

【ナルシシズム　narcissism】魂や人類としての自己ではなく、肉体としての自己認識に執着すること。感染病のように広がる。自分を観察することを重視しすぎたあまりに、かえって物理的または感覚的な現実から自己認識を乖離させてしまう効果がある。魚座の時代において猛威を振るった社会病。

【ナーシー　Nasi】天罰執行人であるメルキゼデクのゼデク派教団の呼び名。

【第九　the Ninth】ソフィアが具現化し、惑星系のうちに囚われることになった大地を指す秘教学用語。ヨハネのアポクリュフォンによると、ソフィアはプレローマではなくデミウルゴスの領域で自らの失敗を修正するまでは第九世界に居続けることになったと記されている。女神は九つの階層を持つという詩人ロバート・グレーヴスらの見解とも一致している。

【ヌース　nous】ギリシャ語で「至高知性」、「宇宙創造の心」、「知性」を表す。秘教学用語としては、人類に与えられた天才性であり、この潜在能力を通して人は種固有の真のアイデンティティー（アントローポス）を知り、知恵の女神ソフィアと共生する。「メタノイア」、「ディアノイア」、「プロノイア」、「エピノイア」、「エンノイア」の力の源。「ノエティック」という言葉の語源でもある。

【有機光　Organic Light】神性光。天の光。白い光。神秘光、生命光とも。「ソフィア」の主な物質体であるが、惑星体（地球）としての彼女の姿ではない。秘法の情報源であり媒体。

【オージー　orgy】ギリシャ語で「仕事」、「営み」、「務め」を表す。秘教団の密儀で、精神作用物質の摂取による忘我・狂喜状態で性的儀式や乱交、蛇神崇拝の儀式を行う中で学びを得るというもの。

【異教徒　Pagan】自然志向の部族社会や文化に住む者の総称。宗教的な意味合いとしては、汎神論、多神教、アニミズムの世界観のこと。異教徒にとって人間文化は自然の中に有機的に存在するものである。

【ペイガニズム　Paganism】異教主義。原始宗教。土着信仰。本書においては主に古代エウロパの先住民族による、自然界を基盤とした女神信仰宗教を指す。

【パンスペルミア　panspermia】宇宙播種説。胚種広布説。生命の起源となる胞子（散布体）が宇宙空間を通って地球に到来し、全ての生物の祖先となったという論説。

【パリンジェネシス　palingenesis】ギリシャ語で「再生」、「転生」を表す。ギリシャ語で「再生」）自然の中で我を忘れることで途轍もない生命力を得ること。異教の小密儀と大密儀の両方で重要な心身効果をもたらす儀式的概念。

【ペシャー　pesher】注釈。死海文書に挿入される解説のこと。

【ポーステール　phoster】光を抱く者。秘密を明かす者。「啓示者 revealer」の項を参照されたし。

【魚座の時代　Piscean Age】「歳差運動」により春分点が在する星座が魚座になっている時代のこと。紀元前120年から紀元約2000年までの間を示す。過度なナルシシズム、社会全体の衰退、人間の種全体の退化の時代とされる。反面、人類全体が急速に真の潜在能力に目覚める時代であるとも言われている。

【ピスティス・ソフィア　Pistis Sophia】ギリシャ語で「ソフィア（智慧）の自信」を表す。グノーシス用語で、女神ソフィアが人類の大きな可能性に対して感じた自信のこと。また、復活したグノーシス主義賢者とマグダラのマリアとの対話を描いた「アスキュー写本」の題名でもある。

【プラネー　planē】ギリシャ語で「さまよい」、「正道を踏み誤る」、「過ちを犯す」を表す。グノーシス用語で、人間の過ちを見落とした結果本来の成長過程から逸脱してしまうことを表す。アルコンの欺瞞の影響力を示す用語。「惑星《プラネット》」の語源。

【プレローマ　Pleroma】ギリシャ語で「充満」、「豊富」を表す。秘教学用語で、アイオーンたちの故郷であり拠点を示す。反対の界であるケノーマ（不足、窮乏）にはアイオーンたちが螺旋状の銀河腕から「夢見」を向ける。銀河中心とそれを取り囲む銀河腕の構造は、トーラスの宇宙形成の現代科学的概念とも一致を見せている。

【至高体験　peak experience】心理学者アブラハム・マズロー（1908－70）が考案した用語で、超能力の発現などの人間の潜在能力開放を表す。秘教学における「テロス」の探究と同義。

【異端反駁　polemics】教父がグノーシス主義者や秘教徒、異教徒に対抗すべく生み出した批判文書群の総称。教父文学、あるいは325年のニカイア公会議に準じたアンティ・ニカイア文書とも呼ばれる。

【歳差　precession】地球の回転軸がゆっくりと移動することで引き起こされる天文学的現象で、恒星（星座）を背として春分点がずれること。25920年の周期があり、その時に春分点がある星座がその時代を表すとされている。牡羊座の時代、魚座の時代、水瓶座の時代などが有名。古代の秘教徒らはこれを基に人類の文化的、精神的指導を試みていた。

【原始生態学　primal ecology】人間以外の自然界を含む、この世界においての生態学的神秘性を学ぶことを表す用語であるが、文化教育的な意味合いも含む。社会統制よりも社会の持続性を第一とする学問。

【プロノイア　pronoia】ギリシャ語で「原初意識」や「基盤認識」を表す。現代では「摂理」、「神意」、「天帝」と解釈されることがほとんど。主観でも客観でもなく、無条件の意識母体を表す。

【散布体　propagule】宇宙空間を介して生命を輸送する胞子のこと。「パンスペルミア

panspermia」の項を参照されたし。

【心理宇宙並行性　psychocosmic parallelism】宇宙で起きることは全て人間の精神で起きることに対応した「作用的」な鏡像であるという概念。グノーシス主義にとって重要な心得の一つ。

【心理歴史　psychohistory】人間の精神史であり、歴史とは精神が作用した結果であるという考え方。逆に、歴史的な出来事によって精神や行動にどう影響を与えるかの分析をする。堕天、救済、黙示録などの神話的要素も多く扱われる。

【クムラン　Qumran】エルサレム南東部にある、死海写本が発見された洞窟がある場所の地名。

【贖罪者コンプレックス　redeemer complex】ユダヤ・キリスト・イスラム教のイデオロギーの核心を表す言葉。四つの要素で構成される。一つ目に女性の伴侶の存在感のかけらもない父神による世界創造。二つ目に、「選ばれし民」の正義の少数派が数々の試練を乗り越える（歴史的ドラマとして捉えられることが常）。三つ目に、創造主の息子（メシア）による救世。四つ目に、父神とその息子による人類への最後の裁き。これが「救済主義者」の信仰の基礎となっている。

【贖罪者倫理 redeemer ethics】新約聖書に記載されているイエス的道徳規範。すなわち悪に抵抗しないこと、悪人を赦すこと、加害者と和解すること、それから被害者である少数派は常に道徳的に優位な立場にあるので、それら正義の味方に同情すべきという教えである。要するに、被害者と加害者の共犯を道徳で正当化しようとしている教義。

【贖罪宗教 redemptive religion】贖罪者コンプレックスに基づく信念体系のこと。最後は全ての人間の不正行為が超人的な力によって正されるので、苦しみもいつか報われるという教義。

【啓示者 revealer】啓蒙者、黙示者とも。ギリシャ語の「ポーステール phoster」を現代語訳した用語。「光」には無知の闇を照らす「知の光」の意味合いがある。グノーシス用語で悟りを開いた導師のことを指し、仏教でいう仏陀や「菩薩」に等しい。

【啓示者周期 revealer cycle】各星座の時代に登場し、その時代特有の教訓や問題を通して人類を導く導師がいるという考えのこと。

【ロマン主義　Romanticism】自然への回帰（自然神秘主義）、人間の秘めた可能性の理想化、ヒューマニズム、平等主義、理性による分析よりも感情や情熱的な表現へのこだわり、現実を直観的に表すことを特徴とした社会文化、哲学、芸術的運動を表す。ヨーロッパで１７７５年から１８２０年まで続き、その後もポスト・ロマン主義の段階が長く続いた。アメリカでの先験主義運動を主導したエマーソン、ソロー、メルビルなど多数の作家に影響を与えた。さらに環境保護運動でも復活の兆しを見せた。

【サハオート　Sabaoth】ソフィア神話におけるこの惑星系の母星、つまり太陽の名前。

【聖王　sacred kingship】古代文明での主要社会的権威の男性。「神権政治家」であり、神聖不可侵の尊い存在とみなされる。父系制は主にこの制度を通して政治的勢力を伸ばしてきた。

【神聖な合体　sacred mating】父系制が一般的になる以前の社会では、神官が男性の聖王または大神官を「神権政治家」として任命していた。しかし元来の任命式は、王の座を与えていた裏方の力である「大女神」によるものであった。その霊的で性的な塗油式は「ヒエロス・ガモス」、すなわち聖婚であった。

【救済物語　salvation history, salvation narrative】救世主の救いとはどのようなもので、どのように達成されるのかを物語る歴史のこと。歴史という形にフィクションを織り交ぜることで、神の救済計画を物語にする。

【救済主義　salvationism】歴史に神の執り成しがあることを主張し、信じる者はたとえ今は苦しくともいつか救われるという価値観を人々に吹き込むような、全体主義的な信念体系。主流宗教であるユダヤ教、キリスト教、イスラム教はこの典型である。特色として人類の抱える問題を惑星外から来た異世界人による救済、人間の道徳を遠隔操作で操る裏の権威、そして神の報いがある。

【救済主義者　salvationist】学習を必須とする「覚者への道」とは全く対照的な、服従を強いる生き方を選んだ者のこと。

【サマディ　samadhi】サンスクリット語で「完全に居る」を表す。完全な、徹底的な悟りの境地であり、知の光に照らされた精神統一状態で宇宙意識へと導かれること。そこには二つの悟りがある。一つは個別の詳細な内容（なんでも知っているということは無知の極み）と、もう一つは全く何の内容を持たないこと（何も知らないということは全てを知ること）である。

【智慧文学　sapiential literature】（歴史書、預言文学と区別して）叡智文学。知恵の書。『ソロモンの知恵』が代表例。抑圧された智慧を擬人化し、謎に満ちた詩的な物言いでソフィアを物語る。詩篇、ベン・シラの知恵、いくつかの詩篇、シラハの知恵、雅歌などがある。

【スケープゴート　scapegoat】身元特定が困難で責任を問えない犯罪者の濡れ衣を着せられた無実の人間または動物のこと。「犠牲者　victimage」の項を参照されたし。

【細胞内共生説　serial endosymbiosis theory（SET）】生物学者リン・マーギュリスが提唱したダーウィンの進化論の代用理論。小さな生き物を取り込んだ大きな動物は、細胞の中の微生物と共に長い時間をかけて相互利益を生みながら共生するという説。

【シャクティ　shakti】サンスクリット語で「神聖な力」を表す。宇宙自然の感覚と物質性の両方を実現させる至高の力を表す。ヒンドゥー教のタントラでは、女神シャクティは男神シヴァと違い、世界を形成させる仕組みであると考えられている。世界を顕在化させるのは、世界を受動的に「目撃」する女神の行為で達成される。

【シャーマニズム　shamanism】自然界の超自然的な神聖美との直接的な触れ合いのこと。古代の宗教的体験や秘伝の元となった儀礼。この世界の「基盤感覚」などの異世界との繋がりを求めた古代式の恍惚儀式。狩人、ヒーラー、占い師、ダンサー、詩人など時代を超越した生業の者が感じるスピリチュアルな使命のこと。

【シッダ　siddha】サンスクリット語で「完成」を表す。霊能《シッダ》力を使用する訓練を受けた者。「熟達者」と同義。

【シモン・マグス　Simon Magus】数少ない名前を知られたグノーシス主義者。名前を出した理由は、キリスト教の教義に抗議するために公の場に出てきたからであった。

【シミュレーション　simulatio】「アルコン」の能力で最も秀でた能力。コプト語で「ＨＡＬ」と書く。

【個人意識　single-self identity】個我とも。他者を別個の存在と見做し自我境界内の意識こそが自分という人間であるという概念を表すための用語。固定した排外的なアイデンティティであるため、それが拡大することを許さない。したがって陶酔での忘我の境地で世界を目撃することを許さない。「ナルシシズム　narcissism」の項も参照されたし。

【二元性単一源説　single-source duality】「本源分裂二元論　split-source duality」の項を参照されたし。

【シンギュラリティ　singularity】現代物理学では、物質がブラックホールの中に落ちる時に密度と体積が無限大になる特異点のことを表す。秘教学では「モノゲネス」、つまりミスのしやすさとそこから改善して成長をしていく特異性の才能を表す。

【ソフィア　Sophia】ギリシャ語で「知恵」を表す。地球の生きている知性。グノーシス宇宙論や異教神秘論にとっての中心人物。「プレローマ」の女神ソフィアは「夢見」の力で惑星体「地球」に変身した。主な物質体として「有機光」の姿をとる。名前はギリシャ語であるが、ギリシャ神話には同名の登場人物は出てこない。古代ペルシャのアヴェスター語ではアナヒタと呼ばれた。

【ソフィア神話　Sophia mythos】「プレローマ」のアイオーン・ソフィアの神聖物語。なぜ地球に変身することになったのか一部始終が説明される。秘儀においては人類を導くための教材として使われる。全てはソフィアの「修正」に人間を参加させる目的のためである。ディープエコロジー学の宗教的一面となることを期待されている。

【SOREM】コプト語で「誤謬」「脱線」を表す。グノーシス用語で、人類が人生の正道から脱線して逸脱した行為に走ること。人間の性質であるミスのしやすさが原因のものもあれば、「アルコン」のサブリミナルな影響によるものもある。

【人類種としての自己認識　species-self connection】自己認識を自分が属する言語圏、家族、国、文化、人種、宗教などで形作った「個人意識」に固定するのではなく、人類種としての自己認識の感覚を引き起こすための用語。そのために「アントローポス」のような正統な人類像を学習に必要とする。何の宗教や文化にも属していない者が「中間者」と出会うことで体験すること。

【本源分裂二元論　split-source duality】ゾロアスター教やゼデク派教団のイデオロギーに見られる道徳や宇宙論。善と悪は同じ源から生じた宇宙の絶対原理であるという主張。神あるいは神の頭から、暴力的対立を引き出す。さらに人間の不正行為を正当化させ、苦しみを至高のものとする。「二元性二源論」と対立する理論。

【求道者　telestes】ギリシャ語の「telos」、つまり「完遂」、「目的」、「究極」を表す言葉に由来する、文字通り「道を追い求める者」を表す。グノーシス主義者の自称。「秘儀」を打ち立て、維持してきた者たちは自分たちをこう呼んだ。神々の意志や働きについての特別な知識を手に入れた「秘教徒」のこと。神学と宇宙学の専門家。

【求道法　telestic method】トランス状態で有機光と交信することで叡智を得ていた、秘教学導師の修行法。普遍法《マテシス》とも呼ばれる。

【テレーテ　Thelete】ギリシャ語で「目的のある最高位の力」を表す。「アントローポス」をアイオーン・ソフィアと共同設計した。

【テルマ　terma】チベット仏教の伝統で、自然界あるいは人間の心に隠された性なる教えのこと。悟りを開いた大師が、その教えを後世の探検家《テルトン》に宝として発見してもらうように隠したという。

【神権政治　theocracy】神々、またはその子孫による政治のこと。古代世界の大規模な農業基盤で戦争依存型の帝国社会を通常は指す。

【神権政治家　theocrat】現人神《あらひとがみ》としての民衆の王。神威の体現者。

【超越感覚　transentience】通天感覚。生きとし生けるものすべてへの共感に没入すること。種としての自己認識を前提条件としている。自己認識を全生命体へと注ぎ込むことで、自分自身に全生命が流れてきて、生命圏を認識できるようになること。

【転移　transference】元々は「ゼデク派教団」に限定されていたパレスチナの「贖罪者コンプレックス」が、キリスト教の全体主義的な救世イデオロギーに変換され受け継がれていくプロセスを示す用語。聖パウロ、聖ヨハネ、そして福音書を書いた文学ハッカーと、ローマ帝国の肥えた法律家たちが結託し、共同プロジェクトとして実施された。

【二元性＝二源論　two-source duality】グノーシス宇宙論の概念で、善と悪は同じ源から生じたのではなく、善と悪の二種類の異なる源を持つ知覚システムが重なるときに、悪も人生に現れる。作家フィリップ・K・ディックはこれを二つの起源から発せられたホログラムの例で説明した。

【犠牲者　victimage】社会が自己破壊しようとする衝動を防ぎ、秩序を守っていくためにも被害者が必要だという、人類学者ルネ・ジラールが著書『暴力と聖なるもの』で提唱した用語。古代、聖王が地域社会の中で犯された道徳の腐敗や失敗を赦し、是正するために自らを犠牲者に仕立て上げる儀式を行っていたことが由来。

【被害者と加害者の鎖　victim-perpetrator bond】傷つけられたり裏切られたりした人が、それを自分にやった人と感情的な絆を作ってしまい、同じ道徳性を身につけてしまうという最悪の悪循環。被害者は自らの資格を使って加害者側に回ろうとする連鎖反応を起こす。アメリカ新大陸でのヨーロッパ人による大虐殺の主な原因。

【ワッソン説　Wasson thesis】宗教的な精神作用とも言える。人類にとって本来の宗教体験とは、制度や教義体系としての宗教ではなく、精神作用のある植物や菌類を摂取することによって自然の神聖な力との直接的出会いから生じたとする説。

【智慧　wisdom】ギリシャ語で「ソフィア」、ヘブライ語で「コクマー」。自然界に情報を与え、人間の可能性を生じさせる、感覚的で自然創出的な神聖知性の活動。

【ヤルダバオート　Yaldabaoth】グノーシス用語で、「アルコン」のリーダーである「デミウルゴス」を表す名前で、聖書の父神ヤハウェやエホバと同一視される。人類の活動に反して活動する狂った神のこと。

【ゼデク　Zaddik】ヘブライ語で「正義」「正しい」を表す。ユダヤ過激思想による終末論などの危険な宗教的倫理観を伝える宗教。能力的にも道徳的にも、人間には決してできない完璧超人の基準を押し付けてくる概念。キリスト教やイスラム教に継承されたが、改変されている。ザディク、ツェデクとも。

【ゼデク派教団　Zaddikim】紀元前２００年から紀元68年まで死海の洞窟の「クムラン」に基地を置いていた超極端な終末思想の一派。人間嫌悪の選ばれし者たちによる救世という思想は、キリスト教の贖罪神学となって爆発的感染力を見せる。

【ザドク　Zadok】旧約聖書における「ゼデク」の派生で、「ツァドクの息子（サドカイ派）」。ソロモン時代からユダヤ人王に「塗油式」をしていた秘密の神職。

【狂信者　Zealots】「ゼデク派教団」の軍事派。異国の占領勢力からパレスチナを解放することとを目的とした、政治活動家やテロリスト。

【ゾディアック　zodiac】太陽の通り道である黄道上に配置された星座の帯のこと。実際には地球の軌道である。大きさは不均等であるが、へびつかい座を含む合計13の星座で成る。「黄道」を中心とした上下8度の帯を30度ずつ12等分した黄道を12等分した「黄道十二宮」とは異なる。「歳差」により春分点が黄道上を移動し、牡羊座、魚座、水瓶座の時代など、春分点にある星座がその時代を表す星座とされる。私たちは現在、紀元前150年から120年の間に始まった魚座の時代に生きている。その前は牡羊座の時代であった。

【ゾーイ　Zoe】ソフィア神話では、不死の生命力である純粋な女神ソフィアの発散。この場合の生命力とは、死を免れない地上生物とは区別される。生物発光や「エピノイア」の源。

【ゾロアスター教　Zoroastrian religion】古代世界の宗教の中で最も不可解で、論争の的になっている宗教。おそらく紀元前600年頃にペルシャ北部（イラン）で発生したとされている。善と悪は同じ起源を持ち、宇宙的原則のもとで対立しているという教義「二元性二元論」の元の主張者。「マギ教団　Magian order」の項も参照されたし。

読書と研究のすすめ

ここからはガイア理論、ディープエコロジー学、異教徒の秘儀、ソフィア神話を通したグノーシス主義の真意に関する書籍の中で、著者である私が選んだものを九つのカテゴリーに分けて紹介させていただく。各書籍には私の短い論評もつけてある。ほとんどの場合、最新版はインターネットで入手することができると思われる。いくつかの例外はあるものの、基本的には学者向けの複雑な学術書は載せず、より理解が容易で手に入りやすい書籍を厳選した。カテゴリー4から9には非グノーシス系ではあるものの、秘儀やグノーシス理論の理解と実践に役立つと感じた作品を提示してある。

カテゴリー1　一次資料

ナグ・ハマディ文書（略称：NHLまたはNHC）

ジェームズ・ロビンソン編集の『英訳ナグ・ハマディ文書（NHLE）』は1977年出版。

ただし現在では複数の出版社から発行されている。同じく学者向けの者としてオランダのライデンにあるE・J・ブリル社が独自出版したハードカバー版『The Coptic Gnostic Library (CGL)』がある。ブリル社はまた、全ページの写真が載った特大サイズ写本版も出版している。こちらは見開きで行ごとのコプト語対訳があり、詳しい注釈、用語集、さらに細かい学術的詳細な作業についても言及されているのが見所である。CGLの翻訳はNHLEとは異なっている。

それからCGLにはNHLEにはない重要なコプト語文書である『ピスティス・ソフィア（アスキュー文書）』、『無題の釈義』、二つの『ジューの書』も掲載されている。NHL以外のグノーシス文書として『ベルリン写本（BG）』があり、そこには『マリアによる福音書』、『ペトロ行伝』、それからNHLの草稿としての二つの写本『ヨハネのアポクリュフォン』と『イエスの智慧』（キリストのソフィア）を読むことができる。ベルリン写本はいずれもNHLEには含まれているので、アスキュー写本とブルース写本を読みたいのならCGLの参照を要する。2000年にブリル社は全5巻のペーパーバック版（それでも550ドルくらいと高価だが）を出版したが、この中にはブルース写本とアスキュー写本は除外されていた。G・R・S・ミードが翻訳した『ピスティス・ソフィア』はアスキュー写本の初期版であり、学会には正式なものとして認められていないが、参考程度に読むことはできる。CGL以外でブルース写本を読むことは困難であるが、一応1939年にオックスフォードで出版されたシャーロット・ベインズ訳の資料がある。

NHLEとCGL以外にコプト語グノーシス文書の完全英訳版はない。しかし、部分的な翻訳版ならばいくつかあり、一つがベントレー・レイトン翻訳の『The Gnostic Scriptures』だ。そこではNHLと他の古文書を対比することでグノーシス主義を描き出すという試みがされている。ウィリス・バーンストーン著の『*The Other Bible*』もNHLや関連資料からの引用をまとめた優れた編集の書物である。

写本の構成について

NHLには全52編の作品があり、内容は数行程度のものから40ページもあるものまで、長さは一様でない。学者たちは、写本にローマ数字のIからⅧまでの番号を振って管理している。各釈義にはアラビア語の番号とタイトルを付けて区別している。例えば、「ナグ・ハマディ写本コーデックスV『ヤコブの第二の黙示録』の4番目の釈義」は「V, 4」と表す。重複する資料もいくつかあり、特に長文の宇宙論『ヨハネのアポクリュフォン』はコーデックスⅡ、Ⅲ、Ⅳ、それからベルリン写本にも収録されている。CGLではそれぞれの文書ごとの訳があるが、

ＮⅡＬＥでは全部をまとめて一つの訳文に統合している。

各写本は学者たちの手によって真っ直ぐに並べられ、ページ番号が振られている。例えばコーデックスⅦには五つの教え（釈義）があり、パピルスの両端を１ページ分として合計１２７ページある。『大いなるセトの第二の教え』（VII, 2）はその中で49ページ目から69ページ目にわたる。ＮＨＬＥはページ番号が太字で示されている。各ページには平均して約30から36行の文章があり、行ごとに数字が振られている。ここまでで分かるように、最終的な表記法は「NHC VII, 2, 54.10」というように４段階ある。これはコーデックスⅦの『大いなるセトの第二の教え』54ページの10行目にある次の文章を示している。「私の過ちと感覚が行き届かない瞬間を狙って私を利用とする策を弄するが、私は奴らの思惑通りに屈しなかった」グノーシス賢者がアルコンの策略を暴露し、どのように阻止したかを示す大事な「教え」である。他にもよく「Treat Seth（セト教え）」などと略す場合がある。「Apoc Peter（ペトロ黙示録）の83.1–5」というと「VII, 3, 83.1–5」と同じ意味になる。内容を知っているのならこちらの方が分かりやすかったり、伝えやすかったりする。ちなみに「Apoc Peter の83.1–5」は十字架にかけられた「笑う救い主」について描いた有名な一節だ。「救い主は聴衆が生まれながらに盲目であると知り、その無知覚さ加減に笑った」グノーシス文書の中でも、救世主が大衆の無知を蔑んで笑う場面というのは面白い発見がある場面である。ここのセリフを抜き出しただけでも興味ある人を驚かせることができるので、ピンポイントで表せられる四段階表記法は便利だ。

ところでNHCの翻訳文を普通の本と同じようにただ最初から最後までを通して読むだけでは、あまり意味がない。この古文書を読むのは、すでに何が書かれているかをある程度理解した上で臨むべきである。不純物の含まれない本物のグノーシスが伝えたいことは、先程の引用文だけでは読み取ることができない。閃きこそあるものの、現存する資料の大部分は意味が分からない怪文書にしか見えないものだ。謎だらけで、濃密で、しかし支離滅裂なのだ。というわけで、NHCから明確で筋の通ったメッセージを引き出そうなどとは考えない方がいい。はっきり言って、この作品そのものは速記言語のコプト文字で書かれただけあって、即興で作られた混沌極まりない資料である。NHLの読書に臨む意欲のある方は、www.metahistory.orgの『グノーシス読書計画(Gnostic Reading Plan)』を参照して読み進めることをお勧めする。というのは、グノーシス派をキリスト教の一派とみなすことなく、その真意を説明している解説が他にないのだ。

ナグ・ハマディ文書以外の秘伝書

すでに述べたように、アスキュー写本、ブルース写本、ベルリン写本などのグノーシス文書がある。それ以外だとグノーシス派や秘教派に由来すると特定できるコプト語の現存資料はないが、ギリシャ語、ラテン語、ヘブライ語、シリア語、エチオピア語、アラム語なら資料は大量にある。ギリシャ語のものだとエドガー・ヘネッケが1904年に編纂した『外典福音書(NTA)』(ウエストミンスター出版社で全2巻。日本語訳に『新約聖書外典』がある)を推薦する。同書にはパピルスの断片、イエスに関する非聖書的な解釈、ユダヤ教とキリスト教共通の福音書、知られざるイエスの発言、復活後の弟子たちとの話し合い、それぞれの使徒たちの行為、そしてグノーシス的な福音書や、中には似非グノーシス的な資料を読むことができる。

新約聖書の正典として承認されなかった外典《アポクリファ》だけあって、キリスト教色が強いものの、中には非常にグノーシス的な資料もいくつかある。異教徒としてのユダヤ教徒が歩んだ背景を初期キリスト教の信条から垣間見ることができ、彼らの救い主イエスとその使徒たちの物語は、あちこちの異教の物語から盗んだアイデアをつなぎ合わせて造ったものであることが理解できる。NTAは教父たちの退屈な決まり文句の羅列ではあるが、そうした背景を見抜く上で重要な資料である。『ヨハネ行伝』には、最後の晩餐のときにイエスが「神秘の舞」を踊ったという場面が描かれる。その際、次のような言葉を発していたと記録されている。「舞手は世界に属す。舞わぬ人は、起きていることを知り得ない」450年頃の人物であるローマ教皇レオ一世はこのスキャンダラスな文書を「異常の温床」と非難し、すべての写本を燃やすよう命じた。

自らの信じる「苦しむ者はいつか救われる」の価値観が否定され、さらに世間が「気持ちよさ」の価値観の見直しを求めるきっかけになりかねないからである。さらに『ヨハネ行伝』では残酷な十字架刑を神秘の舞に置き換えている。NTAについてはこの部分をよく読んでおくべきだと言える。

旧約聖書にも外典は大量に存在する。外典とは標準旧約聖書を作る際に削除された文書のことであり、「偽典《スードエピグラファ》」とも呼ばれる。これらの外典を読むならば神学者エドガー・グッドスピードが編纂した『聖書の失われた書物とエデンの忘れられた書物』をお勧めする。その中にグノーシス主義とクムラン教団の繋がりを見ることができる『マカバイ記』が収録されているためだ（よって同書はカテゴリー3の推薦書とも言える）。エノク書とエズラの黙示録、イザヤの黙示録、バルクの黙示録には、ETやUFO神話などの異世界人にまつわる奇妙な話が描かれているのを確認できる。この地球外生命隊がアルコン（アヌンナキ）であり、「番人《ウォッチャー》」とも呼ばれている。智慧文学《サピエンシャル》である『ソロモンの頌歌』では、智慧の女神ソフィアに焦点を当てた神秘的な詩が示されている（サピエンティアはラテン語で智慧を意味し、ギリシャ語のソフィアと同義である）。ウィリス・バーンストーン編集の『*The Other Bible*』にもこのような頌歌を思わせる謎めいた記述がたくさんある。他にも www.gnosis.org などインターネット上には多くの資料を見つけることができる。

参考になりそうな古典

ギリシャ語古典の中でもカルキスのイアンブリコスが書いた『エジプト秘儀論』は本物の秘教学を最も正確に言い表しているとされている。紀元330年頃の人物である著者のイアンブリコスは、ヒュパティアのような新プラトン主義者で、シリア学派の指導者であった。残念ながら現存する唯一の英訳本はイギリスのプラトン主義者トーマス・テイラーが手がけたものだけで、しかも非常に難解なものとなっている（テイラー自身の著作である『*The Eleusinian and Bacchic Mysteries*』は現代のグノーシス観にはそぐわないものとして見られている。なぜなら当時伝えられていた秘教学を自分なりの寓話で言い表しているからだ。これだと光からの直接指導とは解釈によっては矛盾してしまうため信頼性が無いのである）。イアンブリコスはあまりグノーシス賢者として引き合いに出されることがない。「グノーシス主義からは何も得られなかった」と後年告白したプロティノスなどは不自然なほど引き合いに出されるというのに。NHCの理解力は、キケロやプルタルコスなどの有名秘教徒以外の古典も読むことで大幅に強化される。

NHLには、ギリシャ語からコプト語に翻訳されたプラトンの『国家』の一部（VI,5）が収録されている。これによって作品のうち少なくとも一つは紀元前400年頃のものと分かる。他の資料はおよそ紀元200年から350年に書かれたとされるので、同時にその異質さも分かる。6世紀から7世紀という時間差は大きな隔たりに思える。ここで問題なのは、他のNHCの文書にも「ギリシャ語原本」あるかもしれないという可能性を学者たちが無視しているということである。比較的新しいとされているものにも、実はプラトンの著作よりも古いものがあるのかもしれない。だがこれまでのところギリシャ語やラテン語古典とNHCの比較研究はほとんど行われていない。信じられないことに、グノーシス主義はバックボーンとなっている異教徒の知的遺産とは無関係であるというのが通説なのだ。

マルクス・アウレリウスの『自省録』はグノーシス的人生観に焦点を当てた異教倫理学文書の中では最高傑作であると言える。ストア派とは、要はグノーシスの「テレスタイ」の倫理学なのである。読むならマクスウェル・スタニフォース訳のものがやや誇張気味だが明瞭なのでお勧めする。

プラトンとプロティノスも古代西洋哲学で知らぬ者はいないスーパースターであるが、本物の異教グノーシス主義を研究したいのならば、信頼性は低く見積もった方がいい。誤解を招く参考文献とみなしても結構だ。両者ともに肉体の存在意義を軽んじ過ぎる傾向がある（プロティノスなどは身体を持っているだけでも恥ずかしいなどと述べている始末である)。秘教学が教えるような心身両方の啓蒙とは全く考え方が異なっているのである。

ヘルメス文書

グノーシス文書と同一ではないにしてもヘルメス文書はそれと互換性があると考えられている。学会のこの意見に対し（意外かもしれないが）私は異論を唱えている。ルネサンス期に登場した13種の文書群であるヘルメス文書は、エジプトの秘教学校が生んだ教えが原型であると考えられている。これらの作品はエジプトの知恵の神トートのギリシャ語名である「ヘルメス」にちなんで名づけられた。トート神は別名「三相神」、これは選ばれし司祭長の公式称号である。NHLには、ヘルメス文書『アスクレピオス』（VI, 8）が収録されている。グノーシス学者G・R・S・ミードはヘルメス文書大全『Thrice-Greatest Hermes』を著した。ヘルメス文書とNHCの比較論はここから始めると収拾がつかないと思われるので、とりあえず先に私の主張だけはさせてもらう。ヘルメス文書の淡々とした記述の中には、グノーシス主義の著作にあるガイア中心の神秘の智慧が見られない。ヘルメス文書には、グノーシス主義が論ずるようなデミウルゴスが悪意と欺瞞の偽神であるという記述はなく、神々が善意のために遣わしたという主張しかないということに注目すべきである。

副グノーシス異端論

「副」とつけたのは、グノーシス主義者とは名乗っていなくとも、ある程度グノーシス主義と秘儀の要素を見せたことで、弾圧された著者を表すためである。そのうち主要なものとしては、洗礼者ヨハネを真の救世主として支持し、救世主としてのイエスを拒絶した、1世紀ごろの異端派マンダ教徒と、3世紀ごろのゾロアスター教の二元性単一源論の復活であるマニ教徒である。前者についてはクライブ・プリンスとリン・ピックネットの共著『The Templar Revelation』を参照してほしい。イスラム教神秘主義スーフィズムは、「神の恩寵を受けし者」との関連性があるという見解から、副グノーシス異端派と見做してもいい。ユダヤ教のカバラ、あるいは中世のカタリ派もそうであると言える。他にも副グノーシス運動は数多くあるが、何しろ書ききれないほど多い。一度きりの人生では語り尽くせないほどに。

異端反駁、グノーシス反駁、教父文学

主にグノーシス主義を異端として非難するために教会の司祭らが書いた告発文。何十冊もの分厚い書類には、整合性に欠けた推論や感情論が堅苦しい論調で綴られている。読むなら

『*The Writings of the Ante-Nicene Fathers*』を勧める。「Ante-Nicene」は紀元325年の第一回ニカイア公会議以前を表す。ただしこの表題がつかない教父文学も数多く存在する。理由は、キリスト教はずっとグノーシス主義や土着宗教への批判に執着していたからだ。と言うより、今も続けているのだが。

異端反駁の主たる著者といえばユスティノス、テルトゥリアヌス、エピファニウス、エイレナイオス、ヒッポリュトス、オリゲネスなどがいる。ヒュパティアが殺害された年に『神の国』を著した聖アウグスティヌスもそうだ。ロバート・M・グラント著の『*Irenaeus of Lyons*』では四つの福音書のみが正典となり、他の全ての文書が忘却に追いやられた独裁的思想について非常に分かりやすい説明がされている。だが残念なことに、グラントの『*Against Heresies*』の翻訳は非常に読み応えがあるにもかかわらず、ソフィアの墜落やエクレシアの仲裁と共生者の生成などの重要部分がカットされてしまっている。これらグノーシス主義の重要な出来事に関する資料は、現状ではエイレナイオスの作品にしかない。よってgnosis.orgにある第一巻の第四章の完全英訳版を参照するしかない。

エピファニウスの『全異端反駁書《パナリオン》』では、グノーシス教団にスパイとして潜り込んだキリスト教徒が、参加者たちが聖なる秘跡として自らの性液を摂取するという乱交パーティーについてが不気味な雰囲気で描かれる。この部分は例外として、教父文学を読むことは誰にでも勧められる娯楽とは言い難い、極めて退屈なものである。他の例外に『*Clementine Recognitions*』で描かれるグノーシス主義者と初期キリスト教徒との出会いなどは、なかなか興味深い逸話としてある。こちらもgnosis.orgで読むことができる。

マグダラのマリア

彼女は「すべてを知る女性」であり、イエスが肉体を伴った愛を交わした伴侶《コイノノス》である。マグダラのマリアが『マリアによる福音書』（ベルリン写本）の作者であると考える学者も少なくはない。中世の彼女にまつわる逸話が過剰に装飾され、現代の都市伝説と化している場合も珍しくない。ペイジェント、リンカーン、リーらの共著『レンヌ＝ル＝シャトーの謎―イエスの血脈と聖杯伝説』で市民権を得た後、『ダ・ヴィンチ・コード』で大人気を博したことで「マグダラのマリア伝説」は人気絶頂期を迎えた（と思いたい）。空港小説は比類なきビジネス的成功を収め、それ以来マグダラのマリアを題材として扱う本は増殖してきたのだが、ほとんどは酷い出来の駄作である。騒ぎになる前に出た本の中で、この重要人物に関する最高のものとしては、今では絶版になっているマジョリー・M・マルバーン著の「*Venus in Sackcloth*」がある。リン・ピクネットの『*Mary Magdalene*』も悪くない出来だ。マリアとカタリ派との繋がりについて分かりやすくまとめられており、マリアの教えはイエスのものとは別物であったということが理解できるようになる。問題があるとすれば、「それは分かったけど、じゃあ我々はどうすればいいのか」が具体的に提示されていない点にある。マーガレット・スターバード著の『*The Goddess and the Gospels*』はマリアを父権制への対抗や理想的な結婚の象徴的人物として描いている点を除けば、基本的に従来と変わらない見方がされている。Metahistory.orgには『The Magdalene Connection』というマグダラのマリアに関する情報がたくさん見つかるセクションがあるので、目を通しておくのも良い。正統派グノーシス学者カレン・キングによる『マグダラのマリアによる福音書 イエスと最高の女性使徒』に対する私の異端的書評がwww.metahistory.org/SheWhoAnoints.phpにあるので興味がある方は読んでみてほしい。

カテゴリー2　グノーシス主義や神秘主義に関する学術書

エレーヌ・ペイゲルス著の『*The Gnostic Gospels*』（1979年）は数あるエジプト写本関連の書籍で最も人気の本と言っても過言ではない。確かにこの本のおかげで世間のグノーシス主義に対する認知度は格段に上がった。しかしながら、彼女流の解釈が普及しすぎたせいで固定観念が生まれてしまい、グノーシス主義の全貌について説得と理解がかえって困難になったとも言える。本のタイトルから読み取れるように、彼女はグノーシス主義を「Gnostic Gospels」、つまりキリスト教一派の福音書の一種とみなしていたのである。ということは、グノーシス主義はそれ以前からあった秘教とはなんの繋がりも無い、新興宗教の一派と言うに等しい。彼女の作風は自らの信念体系を根底から覆すことなく安心してグノーシス主義を理解したいというライト層にはピッタリだろう。私に言わせればこれもアルコン的な「模造」とそう変わらない所業である。グノーシス文書を利用して似非フェミニズムやよく分からないキリスト教的神秘主義を広めようとしているのは、教会がやっている捏造犯罪と同じようなものだ。

現代の学者は1887年に発行されたチャールズ・ウィリアム・キング著の『*The Gnostics and Their Remains*』を知らないことが多い。しかしその中ではペイゲルスなどの「専門家」と呼ばれる学者たちが提示する以上の、グノーシス主義と神秘主義のつながりについて実証可能なレベルで語られている。中には教父文書も情報源としているものがあるが、キリスト教時代までフランスとスペインで生き残ったレヴァントのグノーシス神秘主義を、非常に幅広く取り扱っている。「グノーシス主義はローマ帝国領域外まで届く大きな規模があり、ローマ帝国の没落後も長く存続していた」(p．337より)。しかし現代の専門家と呼ばれる者たちは、このような正当性のある書物ほど、全く光を当てようとしない。

ハンス・ヨナス著の『グノーシスの宗教 異邦の神の福音とキリスト教の端緒』はNHCが知られる前に書かれた本であることから、のちに出た書籍群には見られないような当時なりの考察が筆述されている。ヨナスはグノーシス主義が「反宇宙的」な説明をしているという、誤った言説を展開するが、その広範な知識は一見に値する。反宇宙的というのは、魂が物質に囚われているという考えや、肉体の拒絶、デミウルゴスによる物質世界の創造などの概念のことだ。彼はヴァレンティノス派の考えを支持しており、ソフィアが上下に分裂したという神話を論拠に、悪のデミウルゴスが地球に変身したアイオーン・ソフィア（大地）を支配したのだと説明した。同書の末尾には、グノーシス主義と実存主義について賛否両論の議論を呼んだエピローグがあり、難解ではあるがグノーシス主義をより理解するために是非読んでほしい書籍である。

他にも、カイロのコプト図書館でエジプト写本を発見したフランス人考古学者ジャン・ドレッセ著の『*The Secret Books of the Egyptian Gnostics*』や、クルト・ルドルフの『グノーシス―古代末期の一宗教の本質と歴史』をお勧めしたい。どちらもかなり濃い内容ではあるため長い読書時間を要するが、それだけの価値はある。この2冊をよくよく読めば、足りていない知識けほぼなくなるはずだ。G・R・S・ミード著の『*Fragments of a Faith Forgotten*』は教父文学を含む多様な関連資料をかき集めて出来た、NHL登場以前での集大成とも言える一大作品である。アスキュー写本（ピスティス・ソフィア）とブルース写本についても論じられている。P・パーキンス著の『*Gnosticism and the New Testament*』では、当時としては異例であったグノーシス主義に対する公正で寛容なキリスト教的視点からの見解が述べられている。ロバート・A・セガール編集の『*The Allure of Gnosticism*』では、グノーシス主義とユング心理学や現代文化との比較や、著名な仏教学者エドワード・コンツェによる仏教とグノーシス主義の比較研究など、豊富な情報が手に入る。しかし同書にはいくつかの重大な誤りが掲載されている。例えば、デミウルゴス（ユングがヤルダバオートのエゴと呼んだもの）は、プレローマで発生した神性顕現であるというマレー・スタインの主張だ。

より深遠なグノーシス主義を研究したい人には、難解だが必須の本として、カレン・キング編集の『*Images of the Feminine in Gnosticism*』と、マイケル・アレン・ウィリアムズ編集の『*Rethinking "Gnosticism"*』がお勧めである。前者は恐ろしくアカデミックな内容ではあるが、それでいてソフィア神話やグノーシス的なフェミニズムについて本質を突いている作品だ。後者はグノーシス主義にまつわる誤解や思い込みを解いてくれる見事な反論である。ウィリアムズは「反宇宙的グノーシス主義」という世間の歪んだ認識を完全論破し、グノーシス派を非難し続けてきた父権主義の所業がいつか裏目に出ると予見している。

実は「グノーシス主義運動」は歴史的に存在していなかったことにされている。ジョヴァンニ・フィローラモ著の『*The History of Gnosticism*』では、秘教学はキリスト教時代に発生した「はみ出し者の寄せ集め宗教団体」と主張されている。グノーシス学者というのはドレッセやルドルフもそうだが、自分が取り扱っている題材に対して安く見積もって見下す態度をよく取る。フィローラモもその例に漏れないが、それは自分自身の無知に起因する他人への尊大な態度である。キリスト教以前のグノーシス主義やマギ教団について触れている重要資料といえば、メアリー・セッテガスト著『*Plato Prehistorian*』が知名度は低いが素晴らしい本である。

分かり易いグノーシス主義関連本といえばジャック・ラカリエール著とトビアス・チャートン著の『*The Gnostics*』（どちらも同じタイトル）が読み易い。ラカリエールの方はグノーシス派の「星天」に関する知識が特に披露されている。序文は詩人ロレンス・ダレルと小説家ヘンリー・ミラーから寄せられた文で、グノーシス主義が20世紀を代表する文学者たちにも親しまれていたことを窺わせている。チャートンの方は情報量が豊富で、エジプトのグノーシス主義について3章にわたる論説を展開し、さらにウィリアム・ブレイクからジョン・レノンに至るまでの幅広い関連人物の紹介、それからカタリ派、トルバドゥール、ルネサンス期のヒューマニズム、ヘルメス主義、薔薇十字主義など、グノーシス主義と神秘主義（副グノーシス主義）が舞台裏で繰り広げていた生存競争についてを、克明に描いている。本物のグノーシス主義がそのまま保存されていたかについては議論の余地があるが、神秘主義の伝統に影響された者たちがいたことは確かだ。

ウォルター・ブルケルトの著作『*Ancient Mystery Cults*』（１９８７年）は、異教徒の密儀にまつわる書籍としては最高傑作の一つに数えられる。非常に簡潔明瞭で、エレガントな書き口の作品であり、是非一読を勧めたい本である。ブルケルトはきちんと自分が扱うテーマに対し敬意を示していることが、異教徒の信じていた「再生」の信仰とキリスト教徒の「贖罪」を明確に区別している点で判別できる（ちなみに同じことを歴史家ロバート・ターカンが『*The Cults of the Roman Empire*』で論じている）。秘教学に関するＮＨＬ登場以前の学術書としては、S・アンガスの『*The Mystery-religions*』（１９２５年）がある。しかし副題に「初期キリスト教の宗教的背景の研究」とあるように、アンガスもまた自分の扱う題材がキリスト教の付属物であると見ていることがすぐに窺える。資料としては膨大な情報量を誇るものの、第7章の結論に「キリスト教の勝利」とあるように、非常にキリスト教贔屓な性格の書物である。アンガスにとってキリスト教は多くの人々が感じている「人生はなぜ苦しいのか」という疑問に唯一の答えを提示してくれると盲信している。それはつまり、他の神秘主義には何も救いがないと考えているのと同じである。グノーシス主義そのものを掘り下げることはせず、グノーシス主義と神秘思想を結びつけるのは本の中でわずか1段落だけである。例えばイエスの原型は異教の医神アスクレーピオスであると主張しているが、同時に十字架神学が大衆に送られた救いのメッセージであるとも主張しており、それを根拠にキリスト教は秘教よりも優れているとし、キリスト教こそが世界で最も優れた宗教であり、他の宗教にとって代わるべきだと、勘違いも甚だしいことを述べているのである。

秘教学関連の副読本としては、カール・ケレーニイ著の『Eleusis』とジョージ・E・ミロナス著の『*Eleusis and the Eleusinian Mysteries*』を奨めたい。ルーサー・H・マーティン著の『Hellenistic Religions』も公平な観点での異教の概要を示す良い本だが、ベルケルトの書籍に比べやや劣ると言わざるを得ない。フローリス・タナーの『*The Mystery Teachings in World Religions*』や、ウィリアム・キングスランド著の秘教学古典である『*The Gnosis*』には注意が必要である。というのも、この2冊の論拠は初期キリスト教の神学者アレクサンドリアのクレメンスに由来する神秘思想の「憶測」であり、本物の秘儀に対する理解を攪乱する煙幕であるからだ。クレメンスが考案した「神は自己である」という方程式は、ニューエイジ系のジーン・ヒューストン著の『*Godseed: The Journey of Christ*』で「新秘儀」として祀り上げられることになった。同書で語られるような自己の中に神を見出すという心理テクニックは、スペースシャトルに乗り込むよりも遥かに簡単に、ガイア生物神秘主義の真髄から我々を遠ざけてしまう。

カテゴリー3　死海文書

ナグ・ハマディ文書と死海文書をここまで結びつけて論じている本としては本書が初めてと思われた読者もいることだろう。私が知る限り、両方の資料を交差させて論じている学者は他にほぼいない。しかし、「セトの息子」を暗殺リストのトップに掲げたり、実は反アルコン主義のスパイをゼデク派教団の基地に忍び込ませたりと、二つの文書の著者の間には少なからず因縁がある。ミラー・バロウズによる初期の著作『死海写本』(1955年)には「信条」と題された章がある。そこで著者はグノーシス主義の「知による救済」を、クムラン教団の信条と対比させている。すでに二つの文書を結びつける珍しい試みをしているわけだが、これではゼデク派教団の実質達成不可の超人思想の異常性と、グノーシス秘儀における常人の可能性の追求「テロス」の対立構図の、ほんの一端を垣間見たにすぎない。

古代パレスチナにおける贖罪者コンプレックスの最初の出現については、フラウィウス・ヨセフスの『ユダヤ戦記』が最も直接的な証言であると言える。エーリッヒ・フロムの『*The Dogma of Christ*』もヘロデ朝期の社会的不安定性をフロイト心理学的な解説を交えて痛烈に説明している良書である。他にも、死海文書関連ならば多くの良書があるが、お勧めするならばニール・アッシャー・シルバーマンの『*The Hidden Scrolls*』、ジョン・アレグロの『*The Dead Sea Scrolls*』、ジョナサン・キャンベルの『*Deciphering the Dead Sea Scrolls*』、ハーシェル・シャンクスの『死海文書の研究』あたりだろうか。特に最後の本は文書の正しい評価をするに大いに役立ってくれる。シャンクスは死海文書の謎を暴いた第一人者ではあるのだが、クムラン教団にとってイエスがどのような存在であったのかについては、見解を有耶無耶にしている。そこでこの問題については、イエスのリアルな人物像を徹底的に探求したヒュー・ションフィールドの『*The Passover Plot*』をお勧めしたい。また、ジョン・アレグロの『*The Dead Sea Scrolls and the Christian Myth*』も、世間の凝り固まった贖罪神話を分析批評するには不可欠な一冊だ。それから難解な一冊ではあるものの、ジョン・J・コリンズの『*Dead Sea Scrolls*』を読むことで、古代ユダヤ人たちがいかにして救世主コンプレックスに侵食されていったかを深く理解できるのでお勧めしたい。

死海文書の翻訳ならばマイケル・ワイズ、マーティン・アベッグ、エドワード・クックらによる『*The Dead Sea Scrolls: A New Translation*』が傑出している。本の随所に解説がついているので、首尾よく読めるのが大きな利点である。それとロバート・アイゼンマンとマイケル・ワイズによる『*The Dead Sea Scrolls Uncovered*』も良い翻訳ではある。

マイケル・ベイジェントとリチャード・リー著の『死海文書の謎』は、キリスト教の真の起源を隠すためのバチカンの隠蔽や偽情情報の拡散活動についての、一番人気のある証言である。論調の中に世間に旋風を巻き起こそうとしている意図が見えるものの、正確で徹底的な調査に基づいた緻密な研究結果のもとで出した知的な結論であることが分かる。同書の各所で引用されるD・H・ローレンス著の『黙示録論』は、ユダヤ・キリスト教の贖罪神学に埋め込まれた非人道的な虚無信念に対する見事な告発文書であり、それ自体がグノーシス主義的な脱構築文学の傑作であると言える。

カテゴリー4　非グノーシス文書から見るグノーシス

グノーシス、秘儀、それらの現代への復活。それがどのように起きるのか、リン・ホワイト・ジュニア著の『The Historical Roots of Our Ecological Crisis』（1966年）』、デイヴィッド・アブラム著の『The Perceptual Implications of Gaia』（1985年）、そしてデイヴィッド・スパングラー著の『The Meaning of Gaia』（1990年）の三大重要論文を是非参考にしてほしいと考える。これら論文を読めば、本書で議論してきた倫理的、方法論的な問題について本質を突く概説を読むことに等しいと言ってもいい。ホワイトの論文では、キリスト教が人間中心的で自然は支配されるものだという価値観を持っているというテーマに触れ、これがディープエコロジーを行き詰まらせている「自己と自然の合一を妨害するもの」であるという新概念が、この論文によって人々の考えに根付き始めた。ワーウィック・フォックス著の『*Toward a Transpersonal Psychology*』でこの「行き詰まり」に対する解決策を提示し、私はこれを批判してきたのだが、ディープエコロジーがこれから自然支配思想や独りよがりのナルシシズムから解放された真の宗教的次元を獲得するまでには、まだまだ時期尚早であり、明らかにされるべきことはたくさんあるのである。

先史時代のグノーシス主義については、マリヤ・ギンブタス著の『古ヨーロッパの神々』や『*The Living Goddesses*』などの革新的作品でサルベージされた「女神信仰」に垣間見ることができる。アン・バリンとジュールズ・キャッシュフォード共著の『図説世界女神大全』と、マーリン・ストーン著の『*When God Was a Woman*』は、この分野の理解には欠かせない書籍である。前者には女神ソフィアについて扱っている章と、ユダヤ教による神聖女性性への抑圧についての興味深い描写がある（ユダヤ教の女性性抑圧についてはラファエル・パタイ著『*The Hebrew Goddess*』が妥当な参考文献である）。ロバート・グレーヴスの『白い女神』はご存じかもしれないが、女神伝承に関しては他に比類するものがない神秘学の文学である。いずれの女神の輝きも、ソフィアの一面である。ラルフ・メツナー著の『*The Well of Remembrance*』はギンブタスのネオシャーマニズムの現代への復活を呼びかける声に応えた名著だ。ガイア理論的生物神秘主義とも親和性のある思想が示されている。

生態心理学関係の書籍を読むことは、現代のガイア的グノーシス主義の世界観を知るための良いヒントを与えてくれる。特にセオドア・ローザック著の『地球が語る―〈宇宙・人間・自然〉論』や、上級者向けではあるがアンディ・フィッシャーの『*Radical Ecopsychology*』が素晴らしい助言を提示してくれるだろう。アンソロジーも読めるならローザックによる『*Ecopsychology: Restoring the Earth, Healing the Mind*』を参照しておくとなお良い。あるいは現代のガイア生物神秘主義者の代表であるラルフ・メッツナー著の『*Green Psychology*』も有益な一冊だ。アラン・ハント・バディナー編集のアンソロジー「*Dharma Gaia*」も、仏教の観点から生態学を読み解くという面白い趣向を示した作品である。エドワード・ゴールドスミス著の『エコロジーの道―人間と地球の存続の知恵を求めて』は、生態倫理学の基礎文献になれる潜在性がある作品である。古代エウロパ人が自然界をどのように見ていたのかが如実に想像しやすくしてくれる。ゲーリー・スナイダー著の『野性の実践』でも、古代異教徒の教えを心得ることで自然をより正気な心で見ることができると助言されている。父権制宗教に対するグノーシス抗議がどのようなものだったのかを知るために、私はポール・シェパード著の『*Nature and Madness*』を随分と参考にさせてもらった。この本ほど、キリスト教に対する私の訴えを補完し、補強してくれる本は他になかった。

セオドラ・ローザック著の『*Where the Wasteland Ends*』はウィリアム・ブレイクをはじめとするロマン派を手本にした「古グノーシスの復活」のための強力な書籍である（ロマン主義に関する書籍で最高のものはM・H・エイブラムスの『*Natural Supernaturalism*』である）。文化生態学者ニール・エヴァーンデンは「エコロジー運動の先駆者」であったとして昔のロマン派運動を評価している。エヴァーンデンは『*The Natural Alien*』の著書で、他種への優越性は捨てて自然界の中に自分の居場所を見つけ、既存の価値観から解放されることで、人類はその独自性を発見するという持論を展開している。自然界に「自分が適合できる場所を創造する」という主張は、そうできなければ人類は滅びると予見するリン・マーギュリスの警告とも一致している。

最後に、「生態フェミニスト神学」のジャンルについて紹介したい。ガイア・グノーシス的世界観に近接するものとしては、ローズマリー・ラドフォード・リューサー著の『*Gaia and God*』が大問題について理解する上で最適だ。その大問題とは、ユダヤ・キリスト教神学とソフィア的ディープエコロジーの和解が困難、というより不可能であることである。読了後は、和解への努力は無駄であると思えてしまうかもしれない。だが、努力すること自体はいつでも有益なのだ。生態フェミニズムとガイア理論の和解を目指すならば、恐らく「シャーマニズム」を経由するのが最善ルートと思われる。これでお互いの真の起源を知ることにも繋がるだろう。シャーマニズムは異教秘儀の原点であるからだ。しかしながら、シャーマニズム単体を取り扱う書籍の中に推薦できるものがないのが難点だ。なぜなら、いずれの本でも「男性シャーマン」にしか焦点を当てておらず、それを持ち出しては論点がずれてしまうからだ。紹介できるとすれば一冊、バーバラ・テドロック著の『*The Woman in a Shaman's Body*』が、女性原理の叡智について正しい理論を展開しており、ガイア的視点を持ったままでのシャーマン理論と実践についての展望を垣間見せてくれるかもしれない。

カテゴリー5　ディープエコロジーとガイア理論

上記の作品群の中には、こちらのカテゴリーに属せるものもある。このカテゴリーでまずお勧めしたい書籍には、ディープエコロジー学の教科書とも言えるドロレス・ラシャペルの『*Sacred Land, Sacred Sex, Rapture of the Deep*』、それから『*D. H. Lawrence: Future Primitive*』も情報が豊富で豊かで共感を得られる良書である。D・H・ローレンスをディープエコロジー運動における先駆者として、説得力のある紹介をしている。（カテゴリー6の書籍も参照されたし）。デリック・ジェンセンのインタビュー集『*Listening to the Land*』や『*A Language Older than Words*』も、前項で紹介したスナイダーやゴールドスミスの著作と同様、ディープエコロジー学の教科書となるべき書籍である。

ガイア理論の発展の軌跡について最高の概説を提供してくれるのはローレンス・E・ジョセフ著の『ガイア――甦る地球生命論』である。それからジョン・ターニー著の『*Lovelock & Gaia*』も要点を知るに役立つ良書だ。タイラー・ヴォルク著の『*Gaia's Body*』は生物圏の科学により焦点を当てた、具体的な知識を得られる専門書である。理論の文化的、科学的な意味合いについてはウィリアム・アーウィン・トンプソン編集の『*Gaia: A Way of Knowing*』と『*Gaia 2: Emergence — The New Science of Becoming*』を参照すると良い。

ジェームズ・ラヴロック著の『地球生命圏――ガイアの科学』（1979年）とそれ以降の作品は目を通しておくべきだろう。特に『*Gaia: The Practical Science of Planetary Medicine*』（1991年）はガイア理論がどこから始まりどこへ向かっているのか、全容を把握しやすい作りになっている。リン・マーギュリスが息子のドリオン・セーガンと共著した『*Microcosmos*』と、それから既存の生物学とダーウィン進化論の批判を示した『*Slanted Truths*』は是非とも推奨したい。同書には、人類がガイア生命圏にとっての「梅毒」であるというマーギュリスの過激とも言える見解が示されている。ソフィア神話とガイア理論の類似性については Metahistory.org が詳しいので参考にしてほしい。

精神分析家でありオルゴン理論の提唱者である20世紀の科学者ヴィルヘルム・ライヒ（1897–1957）は普通、ディープエコロジーにもガイア理論にも関係がない科学者だと思われているが、彼の残した偉業は、どちらの分野においても実験的な進歩を提供してくれるような、人類史において重要な貢献であった。ライヒは「人間はなぜ過ちを犯すのか？　そこには人の過ちを作っているもっと大きな枠組みがあるのか？」という、グノーシス主義者を思わせる考え方をして、人はなぜ何らかの信念体系に固執するのかを調べ上げた。渾身の著作である『キリストの殺害』では、彼自身の最大の関心である「生命力への抑圧や、生命を否定したくなる思いはどこから来るのか」を追求しようとする彼の真剣な姿勢が示されている。『ファシズムの大衆心理』はナチスやゼデク派教団に共通して見られる「軍事的神秘主義」についての、見事な分析を読むことができる良書である。キリスト教が自然よりも個の精神を優越にさせようという傾向があるのを見て取れる。アインシュタインとの協議の結果、グノーシス的な科学的基準の枠組み作りを論じた意欲作『*Ether, God and Devil, and Cosmic Superimposition*』も名著である。同書で「感覚は自然科学の最大の謎である」と主張する一方で、「科学者が自らの感覚的認知力を否定する限り、誤りを犯し続けるだろう」と未来の科学者たちに警告を発している。自然についての真の知識は自然との感覚的接触によるものでなければならないというライヒの考え方は、エレウシスの秘儀であったような認知的啓示を想起させる。

最後に、ゲーテ式の自然観察技法について紹介する。こちらはグノーシス的技法に似ていて、ある意味古式グノーシスの再現としての技術と言える。ジェレミー・ナイドラー著の『*Goethe on Science*』は、有用な文章の宝庫だ。ルドルフ・シュタイナーの『*Goethe the Scientist*』も役立つ一冊である。アンリ・ボルトフト著の『*The Wholeness of Nature*』ゲーテ式の「集中的知覚」を徹底的に理論化した傑作だ。簡単に言ってしまえば「集中して見ないと世界の実像は捉えられない」ということで、普段の感覚の使い方をしていては感覚の本当の恩恵を受けられないということである。実のところ、自然は私たちの想像以上のものを、我々の感覚を通して与えてくれるのだ。それを達成すれば、自然現象がどのように起きているのかを深いところで認識でき、そこから得られる知識はどんな完璧に見える理論にも勝る。ボルトフトの本は現代のグノーシス自然科学の入門書である。

カテゴリー6　現代文学と現代文化

ＮＨＬＥの最新版にはリチャード・スミスによる後書きがあり、グノーシス主義がいかに現代の西洋文化や文学に深く浸透していったかを説明している。それからグノーシス主義の文学的継承者として、ブレイク、メルヴィル、ヘッセなどに加え、ドリス・レッシング、ロレンス・ダレル、それから第二次大戦後のアメリカ文学界で異彩を放ったグループ「ビート・ジェネレーション」を挙げて論じている。ここに名前を連ねる人物に加え、名前が入っていないフィリップ・K・ディックやロジャー・ゼラズニイなどのSF作家を含めれば、人物リストはゆうに3倍以上に拡大すると思われる。心理学の分野ではグノーシス主義の復活論者C・G・ユングを、哲学の分野ではドロレス・ラシャペルが高評価を与えたマルティン・ハイデガーが挙げられている。不思議なことにD・H・ローレンスの名がないのだが、本物のグノーシス的感性に触れたい読者には、是非ともローレンスの最後の詩に刻まれた美しい自然や動物の命の描写をご覧に入れたい。美しい詩を書くローレンスだが、「個としての自己観」や独善的で自己中心的なアイデンティティを容赦無く攻撃する冷酷な詩を書くこともある。「他者を愛せよと自分を強制する者は、自分の中に殺人者を生む」とまで言い放ったほどだ。本書の第十九章で私自身が述べたことを総括する一言である。

スミスはまた、グノーシス主義についてフィクションとノンフィクションの両方を書き残したアメリカの文学評論家ハロルド・ブルームの、後世への影響についても評価している。『*Omens of Millennium*』（1996年）では「神と人の合一こそがグノーシスである」と論じるなど、「神と自己の同一視論」を鵜呑みにしていたことが窺えるブルームだが、一方でグノーシス的価値観をかなり擁護していたようにも見える。なんとも珍しいことに、この本ではシャーマニズムの実践と精神作用植物《エンセオジェン》の摂取について一切先入観のない、ありのままが評価されているのである。ただしブルームはやや自己陶酔的な一面があり、理論も実情に疎い部分が見えているところがあるので、実際に宗教界や学術界に大きな影響を与えたかどうかについては評価が分かれるところだ。私から言わせれば、そこまでの影響はなかったように思える。

映画作品ならばニコラス・ローグ監督の『地球に落ちて来た男』（リチャード・スミスもリストに挙げている）と、『マトリックス』三部作（metahistory.orgでもレビューされている）がお勧めである。アーサー・Ｃ・クラーク著の『２００１年宇宙の旅』は映画にもなり、ミッションをハイジャックするスーパーコンピューターの名前がＨＡＬなのが面白いところだ。説明してきた通り、ＨＡＬはコプト文字で「シミュレーション」や「人工知能」を意味する言葉である。原作者のもう一つの著作『幼年期の終わり』も、「アルコンの乗っ取り」という数あるグノーシス的テーマの探求本の一つであり、傑作である。『ＳＦ／ボディ・スナッチャー』もアルコンによる肉体の乗っ取りの脅威をテーマに描いている作品だ。１９６３年の古いホラー映画だが『続・光る眼／宇宙空間の恐怖』もグノーシス的要素が見られ、www.Metahistory.org/camned.php で論評されている。

カテゴリー7　ETやUFO関連を含むソフィア宇宙論

カテゴリー6でも言及したフィリップ・K・ディック作のSF小説は、ソフィア宇宙論についてもある程度正確に再構築を試みられている。ディックはグノーシス主義と秘教学校での教えについて限定的な知識しか示していなかったため、中には重大な盲点もあるものの、理解していた範囲では非常に深い知識を擁していた。グノーシスを「脱抑制の指示」と定義したのは彼の偉業であると言える。「現実は二源ホログラムである」という比喩も、素晴らしいグノーシス主義的な現実についての説明である。彼の作品に見られるパトスの大部分はHAL、アルコンのシミュレーション能力に対する、断固とした「人間的抵抗」に起因するものだ。ディックは、惑星上の住人がシミュレーションを感知することができず、本物の猫と電子的複製物としての猫を見分けることも、真珠とプラスチックを識別することもできなくなるような世界を、既に予見していたのだ。そして現代社会を見ると、予言はすでに現実になっていることが分かる。

アルコンの「模造」能力について深くまで追求する一方で、ディックはアルコンそのものを描くことは、ついになかった。アルコンは描かれなかったが、彼の最高傑作である『ヴァリス』三部作では、正体はソフィアである人々が（少女の姿で）描かれる。面白いことに、ナグ・ハマディ文書と死海文書から引き出された概念を融合するという試みがされ、グノーシスとクムラン教団の要素が奇妙に絡み合う思想の作品に仕上がっている。三部作の二作目である『聖なる侵入』は、二人の子供が宇宙を「遊戯場」にして、神の知恵比べをするというストーリーだ。三部作の三作目である『ティモシー・アーチャーの転生』では、クムラン教団が摂取していた「聖餐」とは「ベニテングダケ」という幻覚作用を起こすキノコであったという、ジョン・アレグロ的な異端的な説を採り入れている。ディック本人による『釈義』には、グノーシス哲学、ソフィア、デミウルゴスに関する難解な文章が長々と綴られている。まさにグノーシス思想が育んだ文学の巨匠であり、必読書である。

ゼカリア・シッチンによるシュメール神話の神々アヌンナキは異星人であったという話はサイエンスフィクションか何かの話と思われつつも、一方で非常に多く学者が真面目に研究に取り入れている。彼自身が古代ヘブライ語や楔形文字、その他六つの古代言語を読める言語の達人であることから、学者としての立場を覆すことは容易ではない。しかしながら、そこが彼の捏造の場となっているのである。彼がどのように根拠のない推論を一般論になるよう工作しているかは、容易に見て取れる。『地球年代記』シリーズはシュメール遺跡の石板に書かれた言葉を全て鵜呑みにして、アヌンヌナキ、つまり宇宙人アルコンを我々人類の本当の支配者として受け入れさせようと読者に強いてくる、危うい作品である。『人類創成の謎と宇宙の暗号』で示されるような、古代人が分子化学や遺伝学の知識を持っていたという説は、アヌンナキがそれを地球に持ち込んできたからであって、グノーシス主義（と私）が主張しているような、人間の潜在能力によって獲得した知識ではないのである。シッチンは非常に賢く、著作も読んでいて楽しいのだが、あまりにも「アヌンナキ＝アルコン説」で持て囃されすぎに思う。ネット上で散々に言われているほどに無学な人物とは言えないが、どこの本屋にも彼の本が目立つように山積みにされているのは疑問である。2005年1月、私の論文『グノーシス的宇宙人侵入論』がmetahistory.orgに掲載されて以降、「ET＝アルコン説」が一定の立場を示し始めた。それでもこの界隈には、ETとUFOの現象についてのメタ的な論評はほとんどと言っていいほど皆無である。アルコンが神のふりをして人間を騙し続けている宇宙人であるというグノーシス的な見解は、まだまだ認知度が低すぎる現状だ。

私を除いて、アルコンとアヌンナキを同一視した稀有な作家は『The Song of the Greys』で有名なナイジェル・カーナーと、『*Oracle of the Illuminati*』を著したウィリアム・ヘンリーの二人だけである。R・A・ブーレイ著の『*Flying Serpents and Dragons*』は、慎重な古代宗教の研究と、そこから得られた爬虫類人アヌンナキによるパレスチナ由来のカルト宗教への侵入についてを克明に描いている。よってブーレイの方がシッチンよりも数段高く評価されるべき人物のように思う。ETとUFO現象にまつわる最高の批評と思われるものは、ジャック・ヴァレの『*Messengers of Deception*』と三部作『*Dimensions, Confrontations, Revelations*』である。ヴァレによるETとUFO現象が「人類の精神支配システム」であるという分析は、グノーシスの教えと大きな互換性がある。ジョン・A・キール著の『UFO超地球人説』も明晰な分析を見せてくれ、多くの読者の心を揺さぶると思う。アーサー・デイヴィッド・ホーンの『*Humanity's Extraterrestrial Origins*』やクリスチャン・オブライエン著の『*The Genius of the Few*』も、ヤハウェを悪質な爬虫類の暴君《アルコン》であり、究極の悪の根源であるという説を、根拠を提示しながら冷静に論じている素晴らしい良書である。この手の話の深い部分については、metahistory.orgでレキシコン（Lexicon）欄の中にある「Biblical UFOlogy」の項目を参照してほしい。

ソフィア宇宙論は、地球外惑星系のアルコンについての議論だけで構築されているのではなく、地球上の自然界との密接な関係性を築くことも、理解者に対して提案する。言ってみればそれは、「自家製宇宙論の勧め」である。ソフィア宇宙論を理解するにあたって最良のアプローチとは、人類の智慧からそれを読み解くことだ。ノンフィクションだと「創発《エマージェンス》」に関わる重要な話をしているウィリス・ハーマンとエリザベト・サトゥリス共著の『*Biology Revisioned*』、フラクタルに関する書籍でジョン・ブリッグスの『フラクタルな世界――科学と芸術にみる新しい美学』、それからF・D・ピートとの共著の『鏡の伝説――カオス・フラクタル理論が自然を見る目を変えた』、そしてプラズマ宇宙論についてはエリック・J・ラーナー著の『ビッグバンはなかった』をお勧めする。いずれも最先端の知識の結晶であり、それが故に急進的な論調でしばしば論争の的になっているが、大凡理にかなった話である。

ソフィア宇宙論の実践に関して言えば、これはゲーテ以上のガイドはいないと言える（次点でライヒ）。先述したような光とのコロイド理論などのゲーテの形態学は、神秘主義の方法に最も適合する科学的アプローチである。集中的な観察は、感覚知覚の自明な内容に深く入り込むことによって、ガイア＝ソフィアの知識を開始するための最良の現代的なアプローチである。

カテゴリー8　精神作用植物にまつわる作品

ラルフ・メッツナーが書いた『*Sacred Mushrooms of Vision*』が単一の著者としてはこのカテゴリーでは最高傑作と言える。随筆『Visionary Mushrooms of the Americas』は精神作用物質の流行のきっかけを作ったオルダス・ハクスレーやワッソンから、テレンス・マッケナに至るまで全体的に網羅している。また、トーマス・J・リードリンガー編集の『*The Sacred Mushroom Seeker*』では、R・ゴードン・ワッソンが１９５５年にメキシコでキノコのシャーマン、マリア・サビーナ（１８９４－１９８５）と出会ったことで生まれた運動についての概要や評価が示されている。ワッソンの著書『聖なるキノコソーマ』は、それこそジェームズ・

フレイザー著の『金枝篇』や、マーティン・バナール著の『黒いアテナ―古典文明のアフロ・アジア的ルーツ』などの一級品と肩を並べるほどの文学的傑作で、宝の山であると言えよう。『*Persephone's Quest*』はワッソンがG・S・クラムリッチ、カール・ラックと共同執筆した書籍であり、エレウシスの秘儀についても多くを触れている。こちらも神聖植物論の決定版の一つと言える内容だ。

インターネット上にも大量の情報があり、日々精力的な議論が交わされているものの、残念ながら大多数のものは「神聖植物」としての使用よりもトリップを目的としたレクリエーション使用を関心の的にしている。最も洗練されたサイケデリック・サイトと思われるのは deoxy.org であろう。真面目に霊的実践法について研究をしたいなら、csp.org を訪れてみるといい。

カテゴリー9　東方神秘主義（タントラ、大乗仏教、ゾクチェン）

グノーシス主義者としてこのカテゴリーを理解するには、まずはジョン・ウッドロフの書いた本を全て読んでおきたいところだ。『*The Serpent Power*』、『*Shakti and Shakta*』、『*The Garland of Letters*』は東洋の神秘主義と神性示現の理解に繋がる必読書である。ウッドロフは各所でグノーシス主義とタントラの類似性を自由に展開している。クンダリーニ（サーペント・パワー）に関する研究を読むことは、異教神秘学における心身啓蒙の仕組みを理解し、実践するに不可欠であると言える。ウッドロフの本では有機光の神性示現で受け取ったメッセージを明確に言語化したタントラ文書から多数の引用がされている。

仏教学者だとジョン・レイノルズが最も適切にグノーシス主義と仏教を結びつけていると言える。『*The Golden Letters*』や『*Self-Liberation through Seeing with Naked Awareness*』が推薦書である。ヘルベルト・V・ギュンターの作品もまた有益である。特に『*The Life and Teachings of Naropa*』、『*Yuganaddha*』、『*Kindly Bent to Ease Us*』ではニンマ派の大成者ロンチェンパについての三部作であり、お勧めできる。ラマ・アナガリカ・ゴヴィンダ著の『チベット密教の真理』（1960年）は、チベット仏教の理解に最も読みやすい内容となっている。I・K・タイムニ著の『*The Science of Yoga*』はパタンジャリが編纂したとされる『ヨーガ・スートラ』の解説書であり、もしナグ・ハマディ写本が無傷で読めたのならばこのようなものだったはずだと想像してしまう。比較神話学者アラン・ダニエルーは著書の『*While the Gods Play*』と『シヴァとディオニュソス 自然とエロスの宗教』で南アジアの古代シャーマニック方法論とグノーシス主義を関連付けて論じている。

最後に、本書の主題に関する私の他の著作も紹介させていただく。『*The Seeker's Handbook*』

（1991年）にはグノーシス主義についての簡潔な随筆があり、その中で多くのグノーシス主義とソフィア関連の数々のテーマについて言及している。『*Twins and the Double*』（1993年）では、古代のシャーマンたちが神聖植物の使用により人体の分子構造や遺伝子に働きかけていたことについて論じ、「犠牲」がどのようなメカニズムで働くかを説明し、秘教学が探求していたオカルト現象などについても考察している。『*The Hero*』（1995年）ではシャーマニズムと女神信仰の大きな関係性について説明している。これはグノーシス主義と秘教学の関係性に受け継がれていった、先史時代の文化的原点である。それから「アモール信仰」、つまり中世に古代異教徒の人生観が蘇ったという文化的現象の謎についても説明している。

そして『*Quest for the Zodiac*』（1999年）では、計13個ある本物のゾディアックと、計12星座からなるいわゆる「黄道十二星座」の違いについて説明している。また、「至高体験」の際に「知と術の継承」が有機体の進化的系統樹として発生するということについて論じている。私はこの理論こそがかつて古の秘教徒たちが行っていた、人間の潜在能力を最大限に引き出すための奥義だったのではないかと考えている。

2006年5月、フランダースにて

ジョン・ラム・ラッシュ

著者について

【著者　ジョン・ラム・ラッシュ】

比較神話学者・作家・教師。現代の人生観や歴史観の方向性を正し、神話研究者の第一人者として活躍する。ジョセフ・キャンベルの真の後継者と評されるジョンは、世界中の神話やグノーシス主義、キリスト教が普及する以前にあった秘教学、そして錬金術、デンデラ星座学、占星術を駆使した「世界時代」の読み取り、神聖植物を使ったシャーマニズムなど、独特ながらも多岐にわたる分野で専門知識を披露する。旅行家でもあり、イギリス、ギリシャ、ノルウェー、フランス、スペイン、ベルギー、そして日本に滞在経験がある。

1981年にはニューメキシコ州サンタフェに「創作神話研究所（ICM）」を設立、グノーシス主義、トルバドゥール風な性的心理学、メソアメリカの暦、自然のサイクル、女神儀式などを教え、錬金術の「大いなる業」の学習プログラムを作成した。グノーシス主義的、異教徒的な視点からガイア・ソフィアとの再接続と共同未来創世を目指す metahistory.org の設立者でもある。過去の著書にThe Seeker's Handbook: The Complete Guide to Spiritual Pathfinding（Crown, 1991）、Twins and the Double（Thames & Hudson, 1993）、The Hero - Manhood and Power（Thames & Hudson, 1995）、Quest for the Zodiac（Starhenge Books, 1999）、Not in His Image: Gnostic Vision, Sacred Ecology, and the Future of Belief（Chelsea Green Publishing, November 2006）がある。本書は２０２１年9月発売のNot in His Image 15周年記念版の翻訳書である。

統発生的に）ありのまま表している話であると考えている。アレゴリー（寓喩）を読むと、人は逆にそうした人間の現実性から離れてしまい、霊的現象や、魂の救済法などの、現実離れした世界の方に目がいってしまいがちである。秘教徒の最後の生き残りの一人として知られるプルタルコスは、アレゴリーを批判し、神話は実際の歴史的出来事を描写していると主張した。「寓喩で神聖自然を表す者は軽蔑されるに値する。詩人たちが口にするような意味のない寓話とは違い、神話は実際に起きた出来事を表しているのだ」『イシスとオシリス』より。

cccxxv John Worthen, *D. H. Lawrence: The Life of an Outsider* (London: Allen Lane, 2005), 406.

cccxxvi "Kissing and Horrid Strife," in *The Complete Poems of D. H. Lawrence,* ed. David Ellis (Wordsworth Poetry Library, 2001), 596.

も目撃談が書かれている。

cccxi Francesca Fremantle, *Luminous Emptiness* (Boston: Shambhala, 2001), 49.

cccxii I can locate no printed source for this article. It is easily available on the Internet.

第二十五章

cccxiii Lovelock, Gaia: *The Practical Science of Planetary Medicine,* 31.

cccxiv Margulis and Sagan, *Slanted Truths,* 63.

cccxv Jeremy Narby, *The Cosmic Serpent* (New York: Jeremy P. Tarcher/Putnam, 1998), 138.

cccxvi AE, *The Candle of Vision* (Wheaton, IL: The Theosophical Publishing House, 1965).

cccxvii *Slanted Truths,* 63.

cccxviii Joscelyn Godwin, *Athanasius Kirchner* (London: Thames & Hudson, 1779), 14.

cccxix British Museum registration 1843,0724.3.　この宝物について詳しく説明しているウェブサイトを7つほど見たが、その中で sophiasmirror.blogspot.com/2018/06/words-of-gold.html と www.nzepc.auckland.ac.nz: ka_mate11_jenner.pdf を参照。

cccxx Cited in Friedrich Hiebel, *The Gospel of Hellas* (New York: Anthroposophic Press, 1949), 28.

cccxxi Ibid. 33.

第二十六章

cccxxii Joseph, *Gaia,* 234.

cccxxiii Neil Evernden, *The Natural Alien* (Toronto: University of Toronto Press, 1999), 103.

cccxxiv キャスリーン・レインの『Blake and Antiquity』と、ゴルゴノーザの『City of Imagination』を参照。レインは文学研究にかなりの量の神秘要素を取り入れていた。難解な素材を豊富に扱うために、ケンブリッジ大のプラトン主義者トーマス・テイラー（1758－1835）が復活させた古代末期のアレゴリー的手法を使っている。例えば、デメテルとペルセポネの神話などを示し、その話が暗示する異教的テーマを、言葉通りに解釈される文章の裏に隠すという手法である。しかし私は、古代神話とは人類の長い歴史の中で起きた出来事を（系

そこには我々自身が考えられないものもあるという。型が私たちに神と感じられるのは、私たちが型の通りにできた存在だからであり、型が無から私たちを創造したり、型に似せて別の型から作ったのではない。ドン・ファンは、人間の型の前でひざまずくことは、傲慢さと自己中心的な人間性の臭いがすると意見した」『The Fire from Within (London: Black Swan, 1984), 281』より。ナグ・ハマディ文書の中でもいくつかの文書や、教父文書にも、熟練者と呼ばれた者の中にはこの「人間の型」をはっきりと理解していなかった者がいたと、私は考えている（特にヴァレンティノス派）。あるいは、人間の型が魔法やサイキック能力を使う超常的存在だと思っていた節があると感じている。

第二十四章

cccii Lynn Margulis, *Slanted Truths* (New York: Springer-Verlag, 1997), 249.

ccciii Cited in Lawrence E. Joseph, *Gaia: The Growth of an Idea* (London: Arkana, 1990), 56.

ccciv Misia Landau, *Narratives of Human Evolution* (New Haven and London: Yale University Press, 1991), x, 12; citation, xi.

cccv アンリ・ボルトフの『*Goethe's Theory of Perception*』では、通常感覚では見えない現象の全貌も、自然を集中して観察することで見えてくるとゲーテが説明していたことを論じている。巻末の読書と研究のすすめを参照されたし。

cccvi Lynn Margulis and Dorian Saga, *What is Life?* (Berkeley, CA: University of California Press, 1995), 59-60.

cccvii Fritjof Capra, *The Web of Life* (London: Flamingo, 1997), 13.

cccviii James Lovelock, *Gaia: The Practical Science of Planetary Medicine* (Oxford: Oxford University Press, 2000), 11.

cccix Santmire, *The Travail of Nature,* 209.

cccx UFO現象について優良な目撃談を載せているのが、ジョージ・C・アンドリュース著『*Extra-Terrestrials Among Us*』(Woodbury, MN: Llewellyn Publications, 2002)、ジャック・ヴァレー著『*Passport to Magonia*』(McGraw Hill/Contemporary, reprint edition, 1993)、ハロルド・ウィルキンス著『*Flying Saucers on the Attack*』(Citadel Press, 1954)、ジェームズ・R・ルイス編『*The Gods Have Landed*』(Albany, NY: SUNY Press, 1995) である。古代の年代記だと、紀元前332年にアレキサンダー大王がタイアの街を包囲した際に、上空に「巨大な銀の盾」を見たという。もっと古いものだと、紀元前1350年のエジプトのパピルスに

第二十三章

ccxcvi 「急進的聖書学者ジェラルド・マッセーは、1287本に及ぶ初期キリスト教文書の綿密な調査の結果、3世紀以前の時代のものにはChrestまたはChreistの名前自体が出てこないと過去に立証されているとした」 Lloyd M. Graham, *Deceptions and Myths of the Bible* (Carol Publishing Group, 1997), 411を参照。

ccxcvii The Panarion of Epiphanius of Salamis, translated by Frank Williams (Leiden, The Netherlands: Koninklijke Brill, 2009), 184.

ccxcviii これについて、オルダス・ハクスリーはアメリカ先住民（主にペヨーテ信仰者）の幻覚体験を研究していた。「彼らはキリスト本人のビジョンを見ているのかもしれない」『The Doors of Perception (London: Vintage, 2004) 44』を参照。確かに、ペヨーテ信仰はイエスを教団の慣わしに取り入れたことで知られているが、かといって福音書に出てくるイエスが実在の人物であった証明だとか、パウロが言ったような「キリストは私たちの中で永遠に生きる」の発言と結びつけようとするのは、論点がずれていると言える。それは単に、新大陸での大量虐殺の被害者側が、ヨーロッパから来た加害者の心理的イメージを、どのように吸収していったかを示している例に過ぎない。ここで主張しておきたいのは、メソテースとの出会いの真の本質的内容自体は、多くの時代、多くの文明でも確かに存在している神秘体験であるにもかかわらず、宗教的な先入観や押し付け信念のために、残念ながらそれら貴重な出会いの体験の真の意味が欠落してしまうということだ。よって神秘体験があったと聞くと「どうせ今回も、何かの宗教教義で解釈されたのだろう」と思ってしまうのである。

ccxcix John Gribbin, *Deep Simplicity* (London: Allen Lane, 2004), 41.

ccc F. David Peat, *Turbulent Mirror* (New York: Harper & Row, 1990), 137, figures 3A, 3B, 3Cを参照。「サハラ砂漠の航空写真には、この大気中のベナール海が残した痕跡が写っている。対流渦の痕跡は雪原や氷山にも現れる」

ccci ドン・ファンの辛らつな発言は一見の価値があるが、本当に注目すべきは、中間者との出会いの本質を突いていると思われる考えが述べられている点である。カスタネダは次のように書いている。「彼（ドン・ファン）は云った。人間の型を見て、それが何であるかを理解する冷静さを持つ者こそが、未来を見据える者であると。人間の型はこの世の創造主ではなく、我々が考えつく限りのあらゆる人間的属性のパターンであり、

cclxxxvi Alexandra David-Neel, *The Secret Oral Teachings in Tibetan Buddhist Sects* (San Francisco: City Lights, 1967), 114.

cclxxxvii Carlos Castaneda, *The Active Side of Infinity* (London: Thorsons, 1998) を参照。この話が作り話だったかはともかく、カスタネダの「新聞」の話はグノーシス主義に大いに関係がある話である。特に、『無限の本質　呪術師との訣別』に書かれたドン・ファンの言葉に注目したい。「新聞は宇宙の本質であり、そのまま受け取られるべきだ。本当にすごい、怪物的だ。宇宙はこれで我々を試している」

cclxxxviii Burkert, *Ancient Mystery Cults,* 93.

cclxxxix Socrates Scholasticus, *Ecclesiastical History of the Church in Seven Books* (London: Henry G. Bohn, 1853), 238.

第二十二章

ccxc Jeffrey Burton Russell, Satan: *The Early Christian Tradition* (Ithaca and London: Cornell University Press, 1981), 16 を参照。バートンのゾロアスター二元論やその他神学的二大勢力のジレンマに対する研究と洞察は非常に優れていると言えるが、彼もグノーシス主義についてはありがちな偏った考え方を持っていた。「グノーシス派の派閥は無数にあったが、共通していたのは、世界がその起源からして悪であるので救済されることはないという信念であった」(64) しかし最近では Michael Allen Williams の『Gnosticism』に見られるような教父文書の偽情報の看破とグノーシス派の再評価の動きが高まり、ラッセル的見解、すなわち大半のグノーシス派研究者を名乗るものが未だに堅持する信念は、時代遅れのものになりつつある。

ccxci Russell, *Satan: The Early Christian Tradition,* 82, note 10.

ccxcii 17世紀ごろに書かれたとされる錬金術大全『*Artis Auriferae,*』はC・G・ユングも『*Psychology and Alchemy*』などで「大いなる業」を表すために引用している。

ccxciii Karl Kerenyi, *Dionysos: Archetypal Image of Indestructible Life* (Princeton, NJ: Princeton University Press, 1996).

ccxciv See Willis W. Harman and Elisabet Sahtouris, *Biology Revisioned* (Berkeley: North Atlantic Books, 1998), 201ff.

ccxcv Jean Houston, *The Hero and the Goddess* (New York: Ballantine Books, 1992), 7 を参照。ヒューストンは秘儀を自己と神の同一視を目指す秘法であったという誤った解釈を展開している。

心的な考え方に負けてしまわないように、「自己実現型」の教育法にシフトすることで、集団力学の考え方を有利に保とうと試みていたのではないかと、私は強く信じている。しかし、キリスト教改宗者やそれを後押しするローマ帝国の激しい弾圧により、秘教徒たちの新時代の教育計画は試すことなく潰えた。

第四部

第二十一章

cclxx John P. Conger, *Jung and Reich* (Berkeley, CA: North Atlantic Books, 1988), 3.

cclxxi Florentino Garcia Martinez and Eibert J. C. Tigchelar, *The Dead Sea Scrolls Study Edition* (Leiden: Brill, 1991), 833-35 を参照。ヘブライ語文書を織り込んでの翻訳文。不足していた単語が補われている。

cclxxii White, Abegg, Cook trans., *The Dead Sea Scrolls: A New Translation,* 435. See also Schonfield, *The Passover Plot,* 30.

cclxxiii NHLE, 251.

cclxxiv NHLE, 265.

cclxxv HLE, 265–66.

cclxxvi White et al., *The Dead Sea Scrolls: A New Translation,* 435.

cclxxvii NHLE, 251.

cclxxviii Baigent and Leigh, *The Dead Sea Scrolls Deception,* 35.

cclxxix John Keel, *UFOs: Operation Trojan Horse* (London: Abacus Books, 1973), 181.

cclxxx Jacques Vallee, *Messengers of Deception* (New York: Bantam Books, 1980), 110.

cclxxxi George P. Hansen, *The Trickster and the Paranormal* (Xlibris Corporation, 2001), 32.

cclxxxii H. V. Guenther, *Yuganaddha* (Varanasi: Chowkhamba Sanskrit Series, 1969), 64.

cclxxxiii Ibid., 20.

cclxxxiv H. V. Guenther, *The Life and Teaching of Naropa* (Oxford: Oxford University Press, 1963), 79.

cclxxxv Long Chen Pa, “How Samsara Is Fabricated from the Ground of Being,” in *Crystal Mirror,* vol. 5 (Emeryville, CA: Dharma Publishing, 1977), 345-64. Translation and notes by Kennard Lipman.

違いないと私に断言してくれた。

cclviii Wise, Abegg, Cook trans., *The Dead Sea Scrolls: A New Translation,* 381.

cclix Collins, *Apocalypticism in the Dead Sea Scrolls,* 36.

cclx Bentley Layton, *The Gnostic Scriptures* (London: SCM Press Limited, 1987), 6-7, map 1.

cclxi Troger, "The Attitude of the Gnostic Religion Towards Judaism as Viewed in a Variety of Perspectives."

cclxii Mead, *Fragments,* 159.

cclxiii Dalai Lama in *Dharma Gaia.*

cclxiv Fabrice Midal, *Chögyam Trunpga, His Life and Vision,* 212.

cclxv Lawrence, Apocalypse, 19.

cclxvi グノーシス主義の傲慢については*Rethinking* "*Gnosticism*を参照。著者のウィリアムズは*The Standing Race*の著者でもあり、その中で異教文明に見られる彫刻のポーズがグノーシス派の影響を受けたものであると論じている。

cclxvii レヴァント・グノーシス派の最後の砦の一つがアンティオキア郊外のダフネであり、そこでは異教徒とキリスト教徒の間の緊張が特に高まっていた。Sacred Landscapes" by Beatrice Caseau, in *Late Antiquity,* ed. Bowersock, Brown, and Graber (Cambridge, MA: The Belknap Press of Harvard University, 1991), 21-59を参照。

cclxviii Hermes Kriophorus: see *The New Larousse Encyclopedia of Mythology* (Hamlyn, 1983), 88.

cclxix 神秘主義者たちは「牡羊座の時代（紀元前1800年から120年）」を天の羊の頭と角の特徴に表されているように、人間の脳回路の成熟期間であると読み取った。それと同時に、このような特定脳機能の飛躍的進化に伴う二つの危険性についても予見していた。その危険性とはすなわち、大脳内での模型製作（モデリング）能力の肥大化と、地球外の神を崇拝する権威主義の人間規範の押し付けである。魚座の時代になり、ナルシシズムが台頭するなど、新しい時代の世情に直面しながら、秘教徒たちも校風や教育法を時代のニーズに合わせて変化させていけるよう努力を重ねていた。もしかして、未来の社会では人々が自己紹介をする際に学歴などの社会的役割を表す称号で自分を語るようになっているかもしれないと、すでに予想していたかもしれない。世間では「自分だけは救われたい」という個人的な執着心が高まっている状態であった。そんな中で、テレスタイたちは秘教学校の教えが自己中み出すシステムは父権制宗教の要となるが、その犠牲者イメージだけでは、本物の宗教体験にはなり得ない。暴力は単なる宗教的支配の道具の「中心であり魂」であるが、聖なるものではない。よってこの場合の宗教は人間の社会的構築物の一つに過ぎない。

第十九章

ccxlvi Watts, *Beyond Theology,* 108.

ccxlvii Bill McKibben, in *Harper's* (August 2005): 31-37.

ccxlviii Walter Kaufmann, *The Faith of a Heretic* (New York: New American Library, 1978), 154.

ccxlix Theodore Roszak, *Where the Wasteland Ends* (Berkeley, CA: Celestial Arts, 1989), 241.

第二十章

ccl *Meditations,* book 9.

ccli Gary Snyder, *The Practice of the Wild* (Washington, DC: Shoemaker & Hoard, 1990), 19.

cclii David Abram, *The Spell of the Sensuous* (New York: Vintage Books, 1997), ix.

ccliii Naess, cited in Fox, *Towards a Transpersonal Ecology,* 217. Originally given as a lecture at Murdoch University, western Australia, 12 March 1986.

ccliv Fabrice Midal, *Chögyam Trunpga, His Life and Vision* (Boston: Shambhala Publications, 2004), 210ff.

cclv 1Qm, Col. 14, in Wise et al., *The Dead Sea Scrolls: A New Translation* (San Francisco: HarperSanFrancisco, 1999), 163.

cclvi Ibid., 160.

cclvii 2001年8月、ベルギーのルーヴェン・カトリック大学にて、フロレンティーノ・ガルシア・マルティネス氏との会談の中で、この箇所の翻訳が大きく分かれていることを知った。「セスの息子」を「名誉の息子」と訳す学者もいて、その場合、三つあるうち二つの「敵」の素性が分からなくなり、ややこしいことになってしまう。Theodor H. Gaster, *The Scriptures of the Dead Sea Sect* (London: Secker & Warburg, 1957), 274を参照すると分かるように、その時もマルティネス教授は「セイル」と訳した方がマソラ本文の民数記24：18「セイルもまた敵の所有物となった」という部分と一致するので、ここは「セイル」で間

ccxxxv William Irwin Thompson, *Transforming History* (Great Barrington, MA: Lindisfarne Books, 2001), 44.

ccxxxvi Cited in Fox *Toward a Transpersonal Ecology,* 216.

ccxxxvii Ibid., 144, note 9.

ccxxxviii John D. Turner, "A Response to 'Sophia and Christ'" in *Images of the Feminine in Gnosticism,* ed. Karen King (Harrisburg, PA: Trinity Press International, 2000), 186.

ccxxxix René Girard, *Violence and the Sacred* (Baltimore: Johns Hopkins University Press, 1981), 44.

第十八章

ccxl Las Casas cited in James DeMeo, *Saharasia* (Greensprings, OR: Orgone Biophysical Research Lab, 1998), 383.

ccxli Alan Watts, *Beyond Theology* (New York: Vintage Books, 1964), 127-28.

ccxlii René Girard, *Things Hidden from the Foundation of the World* (Stanford, CA: Stanford University Press, 1987), 104.

ccxliii Girard, *Violence and the Sacred,* 95.

ccxliv Ibid., 82, 135を参照。20世紀初頭に出版されたジェームズ・フレイザー卿の人類学の名著『The Golden Bough』では、原始的スケープゴート儀式が主な題材として描かれた。しかしジラールの「犠牲」を社会病として分析する着眼点は、フレイザーの研究を全体的に上回っている。救済主義に対するグノーシス的な批判として、多くのことを学ぶことができる。

ccxlv Girard, *Things Hidden from the Foundation of the World,* 162を参照。このような衝撃的な心理現象を体系化して説明できたのは恐らくジラールが最初で最後の人物であった。彼の作品は膨大な量があるため、その中からこの定式を抽出するのは、なかなか労力を要するが、それだけの価値はあると言っておこう。しかし、これだけ見事な論説を展開した後にジラールはなぜかカトリック信仰に立ち返ってしまっている。彼は、人間社会の悩みの種である暴力の応酬を終わらせるためには、悪に抵抗しないイエス・キリストが正しかったとしている。「聖なるもの中心であり魂は、暴力である」フランス人知識人にはよく見られる現象であるが、ジラールも例に漏れず「悪童コンプレックス」を抱えていたと思われる。というのは、ブルジョワに対し、いかにショックを与えようかを重視するあまり、宗教的暴力を分析するにあたり、しばしば重要なポイントをズラして伝える癖があるのだ。犠牲者を生

注

第三部

第十七章

ccxxiv Williams, *Rethinking "Gnosticism,"* 11より。余談だがこの本は世の中に溢れる間違いだらけのグノーシス主義観を正す、良書であり、一読をお勧めする。

ccxxv H. Paul Santmire, *The Travail of Nature: The Ambiguous Ecological Promise of Christian Theology* (Minneapolis: Fortress Press, 1985), 22.

ccxxvi Shepard, *Nature and Madness,* 54-55.

ccxxvii Lawrence, *Apocalypse,* 42.

ccxxviii 「サハラシア」とは、アルジェリアから北アフリカ、サウジアラビアを含む中東に広がり、北上してカスピ海に至る広大な帯状の土地のことを呼ぶ。*Saharasia* (Greensprings, OR: Orgone Biophysical Research Lab, 1998) を参照。

ccxxix William G. Dever, *Did God Have a Wife?* (Cambridge, UK: William B. Eerdmans Publishing, 2005), 201, 211.

ccxxx 仏教では摩耶夫人をよく木の女神として描く。Joseph Campbell, *The Mythic Image* (Princeton, NJ: Princeton University Press, 1981) を参照。

ccxxxi Jeffrey Burton Russell, *The Prince of Darkness* (Ithaca, NY, and London: Cornell University Press, 1988), 22.

ccxxxii Letters of St. Augustine, no. 47, cited by Baigent and Lincoln in *The Elixir and the Stone,* 51.

ccxxxiii Barbara Walker, *The Woman's Encyclopedia of Myths and Secrets* (San Francisco: HarperSanFrancisco, 1983), 634.

ccxxxiv ここでは、『The Drama of the Gifted Child』、『For Your Own Good』などの著書がある、世界的な児童擁護者のアリス・ミラーを紹介する。権威主義な子育てで自己愛を剥奪したり、長期的な心傷を負わせたりすることは、アブラハム三大宗教に歴史的な要因があるとして、現在と過去を鮮やかに関連づけている。宗教と両親の影響を関連づける貴重な研究については、Matthias Beier の *A Violent God-Image,* an introduction to the work of Eugen Drewermann (New York and London: Continuum, 2004) を参照されたし。

ジョン・ラム・ラッシュ
著者プロフィールは362Pに記載。

翻訳者　Nogi
日本生まれ、現在マダガスカル在住。父親。真実の探求家。女神司祭。人間として正しい生き方を追求するうち、翻訳や夢見を通して現代人に自分のメッセージを訴えかける方法に気づき、活動中。
ブログ nogi1111.blogspot.com
ツイッター @NOGI1111_

本作品は、1冊の原書を日本語版では上・下2冊で構成しております。

NOT IN HIS IMAGE by John Lamb Lash

Japanese translation published by arrangement with John Lamb Lash through
The English Agency (Japan) Ltd.

地球の簒奪者

偽の神との訣別［下］

女神ソフィアを知る【グノーシス秘教徒】はこうして消された！

第一刷　2022年6月30日

著者　ジョン・ラム・ラッシュ

訳者　Nogi

発行人　石井健資

発行所　株式会社ヒカルランド
〒162-0821 東京都新宿区津久戸町3-11 TH1ビル6F
電話 03-6265-0852　ファックス 03-6265-0853
http://www.hikaruland.co.jp　info@hikaruland.co.jp

振替　00180-8-496587

本文・カバー・製本　中央精版印刷株式会社

DTP　株式会社キャップス

編集担当　伊藤愛子

ISBN978-4-86742-097-3